数字税务师（DTA）系列教材

数字税务师中级教材

企业税务管理

数字税务师教材编委会　韩海敏／主编

图书在版编目(CIP)数据

企业税务管理/数字税务师教材编委会,韩海敏主编.—上海:立信会计出版社,2021.8
ISBN 978-7-5429-6881-4

Ⅰ.①企… Ⅱ.①数…②韩… Ⅲ.①企业管理-税收管理-中国-教材 Ⅳ.①F812.423

中国版本图书馆 CIP 数据核字(2021)第 153343 号

策划编辑	王斯龙
责任编辑	王斯龙
封面设计	南房间

企业税务管理
QIYE SHUIWU GUANLI

出版发行	立信会计出版社			
地　　址	上海市中山西路 2230 号	邮政编码	200235	
电　　话	(021)64411389	传　　真	(021)64411325	
网　　址	www.lixinph.com	电子邮箱	lixinaph2019@126.com	
网上书店	http://lixin.jd.com		http://lxkjcbs.tmall.com	
经　　销	各地新华书店			
印　　刷	上海天地海设计印刷有限公司			
开　　本	787 毫米×1092 毫米　1/16			
印　　张	16.75			
字　　数	387 千字			
版　　次	2021 年 8 月第 1 版			
印　　次	2021 年 8 月第 1 次			
印　　数	1—1 500			
书　　号	ISBN 978-7-5429-6881-4/F			
定　　价	48.00 元			

如有印订差错,请与本社联系调换

"数字税务师"系列教材编写委员会

总 指 导：杨培丽

主 编：韩海敏

副 主 编：赵 凯 山西省财政税务专科学校

委 员（排名不分先后）：
    田志伟 上海财经大学
    李恒群 东北财经大学
    田 雷 东北财经大学
    张久慧 国家税务总局税务干部学院（大连）
    庄佳强 中南财经政法大学
    解洪涛 中南财经政法大学
    李 琳 中南财经政法大学
    宫映华 上海国家会计学院

前　言

随着数字时代的到来,全社会在各个层面都将进行数字方向改革的探索。在税务领域,以国家"以数治税"为思想引领,税务机关进行了深入而精确的税务数字化改革,不仅体现在税收的日常征管方面,还进一步体现在税务稽查方面。国家税务总局依托税务大数据工具,发展协税护税网络,打造"信用+风险"双轮驱动的征管新模式,犹如天网监控着纳税人申报信息、申报质量。企业税收违法问题的查处技术日趋完善,涉税数据共享、交叉比对、构建模型、风险制导等一系列管理措施的施行,让"放管服"得以落地。通过针对性开展违法打击活动,让"放"得到保障、让"服"得以实施,让"无事不登门"真正落实到日常征管,让"登门必大事"成为事后惩戒的监管手段。正因为整个征管模式和环境发生了重大的变化,急切需要我们纳税人构建一套企业数字化税务管理系统。不论是对日常涉税业务风险的把控,将风险排除在萌芽状态;还是在事中进行风险的排查、税负率的把控乃至事后对风险的接受,风险管理的补救,都务必需要我们对企业税务进行实时管理、系统管理、精确管理。而不是依然和过去一样粗放式管理,抱着侥幸心理。税务的大数据已经可以做到"运筹案头数据之间,知晓你家存货贵贱"的地步了。

鉴于此,上海东方数字财税技术发展研究院在全国首次推出了"数字税务师"认证项目(Digital Tax Agent,DTA)。通过建立权威的行业评测模型,联合国内知名财经院校编写了国内首套以数字化方向为内容的专业教材,赋能全国的财务会计朋友。通过对专业教材的学习,可以申请数字化税务管理能力认定,DTA按照行业能力标准模型和能力等级的要求,对申请对象进行测评,证明其数字化税务管理水平。

本书立足企业税务管理岗位职责,以企业生命周期为主线,以企业税负预算管理为目标,从企业资本运营税务管理、企业日常运营税务管理、企业资产处置税务管理、企业重组税务管理、企业注销税务管理五个维度,按照业务描述、政策分析、管理策略和风险防范的逻辑顺序进行布局和编写,并对相应业务量身定做实际工作案例,旨在打通税务管理理论、实务和工作过程的"最后一公里"。当然,在实际工作中企业税务管理需要结合智能税务软件,不能停留在财务的角度进行分析处理,而是要基于本行业税务特征建立本企业的税务管理体系,从而提高效率。

本书可作为企业内部税务管理部门、税务中介机构相关人员和其他税务管理者的工作手册,高等院教师、科研工作者的参考资料,也可以作为各院校会计、税务、财务、企业管理及相关专业学生的教材或参考书。

本书是数字税务师(中级)认证项目系列教材之一。数字税务师(中级)认证项目系列教材包括《税收筹划基础》《企业涉税风险》。在编写过程中,作者研读了大量的相关法律文件和税务专家的论著,同时将几十年为企业进行税务服务积累的经验和心得凝聚在本书中。尽管如此,受作者的学识水平的局限,书中难免有错误和不足之处,恳请广大读者批评指正。

目　录

第一章　企业税务管理基础 ·· 001
　　第一节　企业税务管理概述 ·· 002
　　第二节　企业税务管理部门(岗位)的职责 ·· 006
　　第三节　企业税务管理部门(岗位)与其他部门(岗位)之间的关系 ··········· 009

第二章　企业资本运营税务管理 ·· 013
　　第一节　企业设立税务管理 ·· 014
　　第二节　企业融资税务管理 ·· 029
　　第三节　企业投资税务管理 ·· 042
　　第四节　企业集团资金统筹税务管理 ·· 068

第三章　企业税负预算管理 ·· 077
　　第一节　企业增值税税负管理与控制 ·· 078
　　第二节　企业所得税税负管理与控制 ·· 082
　　第三节　职工薪酬个人所得税税负安排 ·· 089

第四章　企业日常运营税务管理 ·· 093
　　第一节　企业采购环节税务管理 ·· 094
　　第二节　企业销售环节税务管理 ·· 111
　　第三节　企业成本费用的税务管理 ·· 157
　　第四节　企业商务合同税务管理 ·· 174
　　第五节　企业人力资源税务管理 ·· 183

第五章　企业资产税务管理 ·· 197
　　第一节　流动资产税务管理 ·· 198
　　第二节　非流动资产税务管理 ·· 211

第六章　企业重组税务管理 ····································· 227
第一节　企业法律形式变更税务管理 ······················ 228
第二节　企业债务重组税务管理 ···························· 229
第三节　企业合并税务管理 ··································· 232
第四节　企业分立税务管理 ··································· 235

第七章　企业税务注销管理 ····································· 241
第一节　企业纳税地点变更税务注销管理 ··············· 242
第二节　企业注销清算税务管理 ···························· 243
第三节　企业破产清算税务管理 ···························· 251

参考文献 ··· 259

第一章 企业税务管理基础

第一节　企业税务管理概述

一、企业税务管理的概念必要性和特点

（一）企业税务管理的概念

企业税务管理是指企业在生产经营活动中对涉税业务和纳税事务进行分析和研究、筹划和计划、监控和处理、协调和沟通、预测和报告等全过程管理的行为，是企业管理的重要组成部分。一方面，企业通过税务管理，以保证企业纳税合规、合理、及时，确保企业纳税风险最小化和公司及投资人利益的最优化；另一方面，企业在不违背国家税法，不损害国家利益的前提下，充分利用税收法律法规所提供的包括减免税在内的一切优惠政策，实现少缴税或递延纳税效应，从而降低税收成本，实现税收成本最小化。税务管理应当渗透到企业经营管理的各个环节，作为企业的一项重要管理任务。在国外，纳税人为有效减轻税收负担，专门聘请税务顾问研究税收政策和征管制度的各项规定，利用优惠政策，达到节税的目的。在我国，随着市场经济体制的建立，国家治理体系和治理能力现代化的推进，企业之间竞争日趋激烈，企业税务管理显现出其重要意义。

（二）企业税务管理的必要性

第一，企业的纳税义务是由于企业涉税业务的经营而产生的，换言之，企业经营的任何一个环节只要涉及"税"，那么这个环节就有进行税务管理的需要。从这个意义上说，企业税务管理应当渗透到企业经营管理的各环节之中，而不是独立于企业经营管理之外。

第二，企业要面对的"税"多种多样，其规定也纷繁复杂且经常变动，而税法的罚则又非常严厉，企业稍有不慎，就可能招致高额罚款。从这个意义上说，税收成本是一种具有高风险和高弹性的成本，所以从成本控制的对象看，税收成本更需要管理和控制。

（三）企业税务管理的特点

（1）企业税务管理是一种依法的自律性管理，与税务机关依职权进行税务管理不同。税务机关的税务管理是国家税收管理机关依据税法，就税收参与国民收入分配活动的规律，对税收进行有计划、有组织的管理、监督和协调，保证税收职能作用得以实现的一种管理活动。税务机关的税务管理具有强制性的特征，应收尽收是税收管理机关税务管理的目标。而企业税务管理则是企业的一种自律行为。企业进行税务管理，主要是为了在保证税收风险最小的前提下力争税收成本最小化。本书中所讲的税务管理主要是指企业税务管理。

（2）企业税务管理是一种融合自身生产经营特点的内部组织行为，它是通过依法规范自身业务流程、约束自身涉税行为、优化自身纳税方案等来实现其管理目标的内部组织活动。

（3）企业税务管理的依据主要是税收法律法规和各项税收部门规章，同时还要考虑企业所在地的税收环境。

【他山之石】   税务经理"自炒鱿鱼"为哪般

近期,有一些大企业的税务经理"炒自己鱿鱼",辞职离开让人羡慕的公司。问其原因,既不是工资待遇低,也不是工作强度大,而是公司领导层不重视税务管理。税务经理因管理层不重视税务管理而辞职,是企业控制环境不良的突出体现,值得反思。

北京市某央企税务经理孙女士致电《中国税务报》记者,说道:"在一个管理层不重视税务管理的环境中工作让人觉得非常压抑。特别是一些事关公司长远发展的重要事项迟迟得不到改进,多次提出的建议常常被漠视,我唯一能做的只有辞职了。"

员工辞职出现新理由

在不少大企业管理层的观念中,财务工作远比税务工作重要。对此,孙女士深有体会。

孙女士告诉记者,他们公司的管理层认为,在日常税务管理中,只要把税款计算正确,及时申报纳税就可以了。一旦出现问题,找税务机关沟通解决即可,完全没有必要花费大量的人力和物力去开展一系列系统性的管理工作。正是在这种观念的主导下,集团公司各业务部门和各地分公司、子公司对税务管理的重视程度越来越低,人才流失日益严重,逐渐积聚了不少潜在税务风险。孙女士说,她发现近年来越来越多的大企业都开始高度重视税务管理,并且提出了一系列新理念,采取了一系列新措施,但她所在的集团公司却在税务管理上原地踏步,甚至在某些方面出现倒退。这让孙女士非常着急,但似乎又无能为力——管理层对税务管理的原有观念根深蒂固。

从记者采访的情况看,孙女士反映的情况并非个案。一位长期从事企业税务管理工作的李女士告诉记者,她原来在一家央企从事税务管理工作,辞职的主要原因是管理层轻视税务管理,导致很多工作难以展开。比如,李女士发现公司向员工支付的工资、福利和补贴较多,有一部分税务处理不合规,应该及时作出调整,否则存在税务风险。但是,当她提出这一问题时,人力资源管理部门认为她"多管闲事",公司管理层对她提出的风险应对建议"一笑了之"。类似的情况频繁出现,李女士最终选择了辞职,跳槽到某著名互联网企业担任税务经理。

到新任职的公司工作不到一个月,李女士就发现与之前供职的公司相比,现在的公司对税务工作明显重视得多。一方面,公司总部设有专职负责税务工作的税务总监和税务管理部,整个公司的税务工作都由税务总监统筹管理,十分高效;另一方面,公司对税务风险非常重视,只要是可能带来税务风险的不确定事项,公司都会召开专题会议研究,直到找到合规的解决途径;同时,一旦税务管理部提出税务管理建议,人力资源、营销、研发和行政等其他部门都会毫无怨言地积极配合。"作为一个税务专业人士,能在这样的环境中从事税务工作,不得不说是一件幸事。"李女士说。

采访中,一些业内人士坦言,重视税务管理是一种全新的趋势。正是因为这样的新趋势,使得既有扎实专业功底,又有丰富工作经验的税务经理和税务总监非常紧俏,税务管理人才缺口逐渐增大。在这种情况下,税务管理人才的流动就成为必然。那些重视税务管理,能够给税务管理人才一展拳脚的大企业,自然会受到更多的青睐。

企业管理层需要反思

以前,大企业管理层考核税务工作,主要看税务管理团队的节税额;现在,越来越多的大企业管理层认为,重视税务风险管理,防患于未然才是根本。因此,有关专家建议税务管理理念仍然逡巡不前的大企业,当税务岗位员工提出辞职时,有必要进行反思。

有关专家分析,一方面,近年来OECD成员国不断在税务管理上探索,其以风险为导向的税务管理理念逐步被越来越多的国家所接受;另一方面,大企业在实践中逐步体会到,相较于以往以节税为主要目标的税务管理旧理念,以防范税务风险为主要目标的税务管理新理念具有更强大的实用价值,更有助于提升企业的整体管理水平和社会形象,因此在具体的工作中自然不遗余力。

在以风险为导向的税务管理新理念下,税务岗位员工的工作价值观的确发生了变化。当记者问及什么样的公司最值得期待时,孙女士脱口而出:"当然是重视税务管理的企业啦!"孙女士表示,她现在非常期待到一家具有良好税务管理环境的大企业工作。在她看来,只有在这样的环境中工作,自己的税收专业知识和多年的工作经验才能真正有用武之地,并让企业的税务管理价值逐步显现出来。"公司税务管理价值的显现过程,也是我个人工作价值的体现过程。"孙女士说。

"其实,只要大企业管理层重视税务风险管理,员工一定会给企业带来惊喜。"北京中税网税务师事务所总裁王冬生说。他告诉记者,他的一位朋友原来一直担任某大企业税务总监,由于业务能力突出,能够结合公司的战略规划、重大重组和业务模式提出规避税务风险、创造税务价值的可行方案,先后由税务总监提升为负责报表和内审的高级总监,后来又被提拔为集团副总裁。这个案例充分说明税务工作在企业管理中是具有巨大价值的,企业管理层应该给税务岗位员工广阔的空间。"目前,业内由财务总监升任副总裁的居多,由税务总监升任副总裁的则凤毛麟角,这从一个侧面说明大企业税务管理仍有较大作为空间。"王冬生说。

有关专家表示,美国COSO内部控制框架的八个要素中,排在第一位的就是内部环境,而且是其他风险管理要素的基础。其中,管理层的工作理念和经营风格,又是内部环境的重要组成部分,属于内部控制"基础中的基础"。因此,大企业要想真正重视税务管理,应该从管理层做起,通过升级管理理念和改进工作风格,为整个企业的税务管理注入全新动力。

(资料来源:《中国税务报》,2017年3月4日,作者张凯,有删改。)

二、企业税务管理的目标及内容

(一)企业税务管理的主要目标

(1)企业所有的税务规划活动均应具有合理的商业目的,并符合税法规定。

(2)企业的经营决策和日常经营活动应当考虑税收因素的影响,符合税法规定。

(3)企业的纳税申报、税款缴纳等日常税务工作事项和税务登记、账簿凭证管理、税务档案管理以及税务资料的准备和报备等涉税事项均应符合税法规定。

(二)企业税务管理的内容

企业税务管理从内容上看主要包括两个方面:一是企业涉税活动管理;二是企业纳税

实务管理。从企业税务工作过程来看,企业税务管理的内容可作如下划分。

(1)涉税信息管理,主要包括企业外部和内部的税务教育和培训,税收政策的收集、整理、分析、研究等。

(2)税负规划管理,包括企业年度纳税计划的制定、企业税负成本的分析与控制、企业重要经营活动或重大项目的税负测算、企业纳税方案的优化和选择等。

(3)涉税活动管理,包括企业资本运营税务管理、企业日常运营税务管理、企业资产处置税务管理、企业重组税务管理、企业税务注销管理等。

(4)纳税程序管理,包括税务登记、纳税申报、税款缴纳、发票管理、税收备查资料整理、出口退税、税收抵免、延期纳税申报、非常损失报告等。

(5)税务行政管理,一般包括涉税资料保管、税务稽查应对、税务听证申请与跟踪、税务复议办理与跟踪、税务司法诉讼与跟踪等。

三、企业税务管理的原则和方法

(一)企业税务管理的原则

1. 法律遵从原则

一般的企业管理是通过企业自行制定的规章制度、内控体系来实现的,而企业税务管理则必须站在税法及有关涉税服务相关法律的角度来考虑企业的利益。税法运用上有一条重要原则,即当相关法律法规和财务制度与税法发生矛盾时,企业应按税法规定计算并申报纳税。从这一角度看,企业的经营决策、管理措施、内部规章与税法相抵触或不一致,在纳税环节必须按税法规定进行矫正,依法纳税。这就要求我们在经营活动过程中,在不影响企业整体利益的情况下,尽量缩小内部规章制度与税法强制性规定的差距,减少纳税调整工作量,提高税务管理效率。

2. 业税一体原则

有一个不争的事实,企业的纳税义务是在生产经营过程中产生的,企业税负是企业生产经营中的一项必然成本。企业的纳税义务和企业的业务是密不可分的,企业税务管理只有贯穿企业生命周期全过程,才能把企业的涉税风险降到最低。任何一个管理漏洞都可能给企业带来额外的税收负担。而对每一项具体业务,税务管理必须做到事前筹划、事中监督、事后落实的全方位、多角度、立体式管理。

3. 全员参与原则

企业税负与企业经营活动有关,而企业的每一项经营活动都是由企业不同岗位的员工集体完成的。比如企业的研发项目,从项目立项、审批、方案制定、经费预算到项目研究、实验、量产,从企业的决策层到车间一线工人几乎全覆盖。换句话说,企业税务管理人人有责。

(二)企业税务管理的方法

1. 目标管理法

目标管理法是以税务管理目标的设置和分解、目标的实施及完成情况的检查、奖惩为手段,通过员工的自我管理来实现企业的经营目的一种管理方法。企业在确定当年收入、成本、费用等管理目标的同时,研究同行业税负特点和未来税负变化规律,结合自身基期税负情况,找出降低税负的有效途径,制定科学的税负降低方案,并将任务分解到每一个工作岗位,建立税务管理目标责任制,以保证税务管理目标的实现。

2. 方案比选法

方案比选法是指在企业设立、重组、资本运营及其他重大经营决策之前预先进行税收方案的比较和遴选,将每一种方案与企业的整体经营进行结合,寻找最适合的一种管理方法。我们需要注意的是,税负最低的方案不一定是最优方案,最优方案未必是最合适的方案。同样一个方案,在甲企业可能是最适合的方案,在乙企业可能根本无法实施。

3. 程序管理法

程序管理法是指通过制定规范的税务管理手册,执行严谨的业务操作程序,及时进行涉税事务处理,适时控制涉税风险的一种税务管理方法。严格地说,每一个企业都应该有自己的税务管理手册,同时应确定规范的操作程序。当然,对于税务管理力量不足的企业,可以聘请专家或专业组织为本企业制定程序。当每一涉税事项决策环节完成后,在税务管理手册的指导下,严格执行业务操作程序,必然会使企业的税收风险降到最低。

4. 比较分析法

比较分析法是指企业在进行纳税申报前将各项纳税指标和相关联的指标进行比较分析,按照逻辑关系进行合理性判断,将纳税申报误差降到最低的一种管理方法。企业的纳税指标和相关指标密切联系。以应税收入为例:一般情况下,增值税纳税申报表中的销售额和当期增值税开票系统显示的开票金额具有一定的逻辑关系,即纳税申报表反映的销售额应大于或等于增值税开票系统汇总的开票收入金额。如果在纳税申报时发现纳税申报系统显示报表的销售额小于已开票收入金额,那么一定要查明造成这个结果的原因,以防范各种数据录入错误以及财务信息系统和纳税申报系统偶然出现的系统风险。同时,我们还要对企业当期增值税纳税申报表的销售额与所得税纳税申报表中的营业收入数和利润表的营业收入数进行比较,如果三者之间相差较大,就要进一步查明是否属于法律法规或制度之间的差异,进一步保证纳税的正确性。

5. 风险过滤法

风险过滤法是指企业运用税务机关预设的税务风险识别指标体系进行自行模拟"体检",寻找税务管理的漏洞和薄弱环节,对各项纳税指标进行及时矫正和优化的一种管理方法。

第二节 企业税务管理部门(岗位)的职责

在我国的企业管理体系中,企业税务管理还没有形成一个成熟的管理体系,在大多数企业中还没有设立专门的税务管理部门。虽然在一些大型企业中设立了税务管理部门,但只是作为财务部门下的子机构,其主要职责仅限于纳税申报、税务公关和稽查应对。随着国家税收法治化建设不断推进,税务管理体制不断完善,税务信息化管控手段不断加强,过去通过税务公关解决目前的税务风险的方法和手段已完全失灵。随着大数据时代的到来,企业资源信息化程度越来越高,企业纳税手段越来越智能化,过去纷繁复杂的纳税申报工作已经去手工化,仅需要一键操作。在这种新的税务环境下,企业税务管理组织及职能应引起我们深入研究和探讨。企业税务管理组织架构,受文化基础、需要应对的税务不确定性类型、企业发展阶段等客观因素影响。同时,更需要考虑企业领导风格、企业所处特殊情况的影响。

一、企业税务管理组织设置

(一)大型集团企业的税务管理组织设置

大型集团企业层级较多,涉及的纳税主体庞杂,至少应该在总部设置税务总监,下辖一名税务经理和多名税务专员,负责集团整体税务制度建设、税收筹划、对下属公司的督导、税务IT系统开发、法规培训、政策指导、税企关系维护等。集团下属企业均应配有相应的税务团队(比如税务科),负责自身的税务工作,接受集团指导和考核。大型集团企业的税务管理组织架构如图1-1所示。

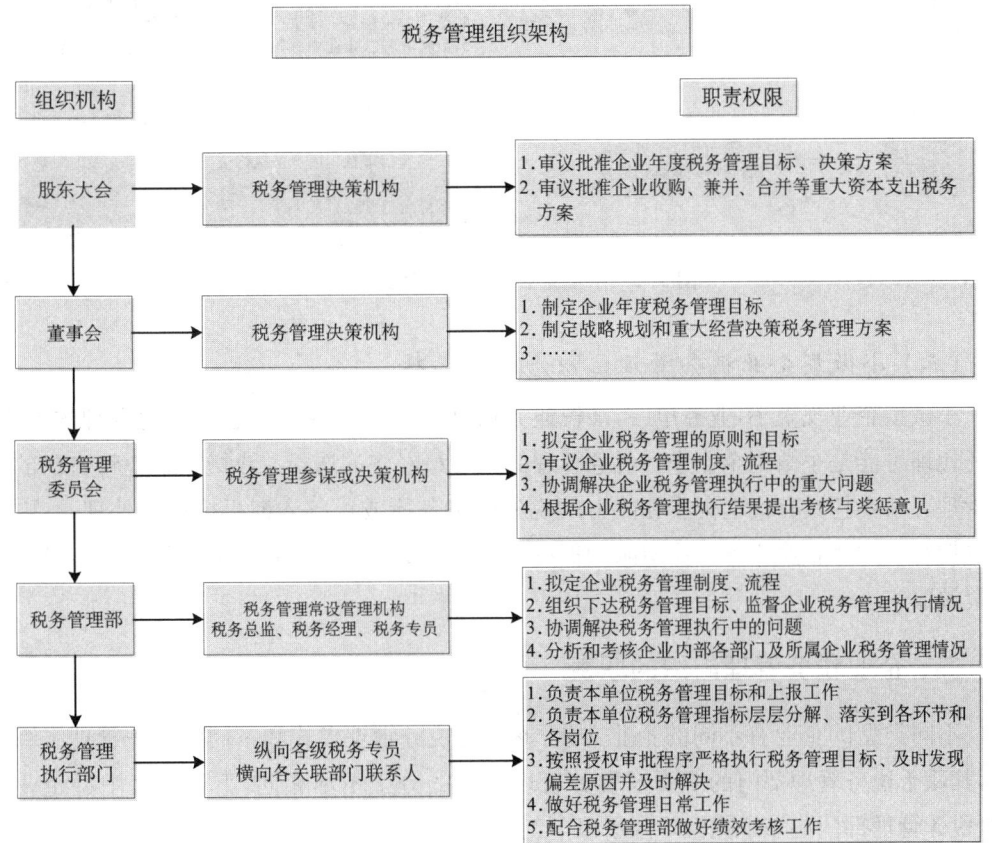

图1-1 大型集团企业的税务管理组织架构

(二) 中型企业税务管理组织设置

中型企业虽然具有一定的规模,但纳税主体相对较少,业务范围相对比较集中,企业整体组织结构相对简单,没有必要再单独设置税务总监,只需要设置一名税务经理和多名税务专员,进行税务管理事务的统管。中型企业的税务管理组织架构如图1-2所示。

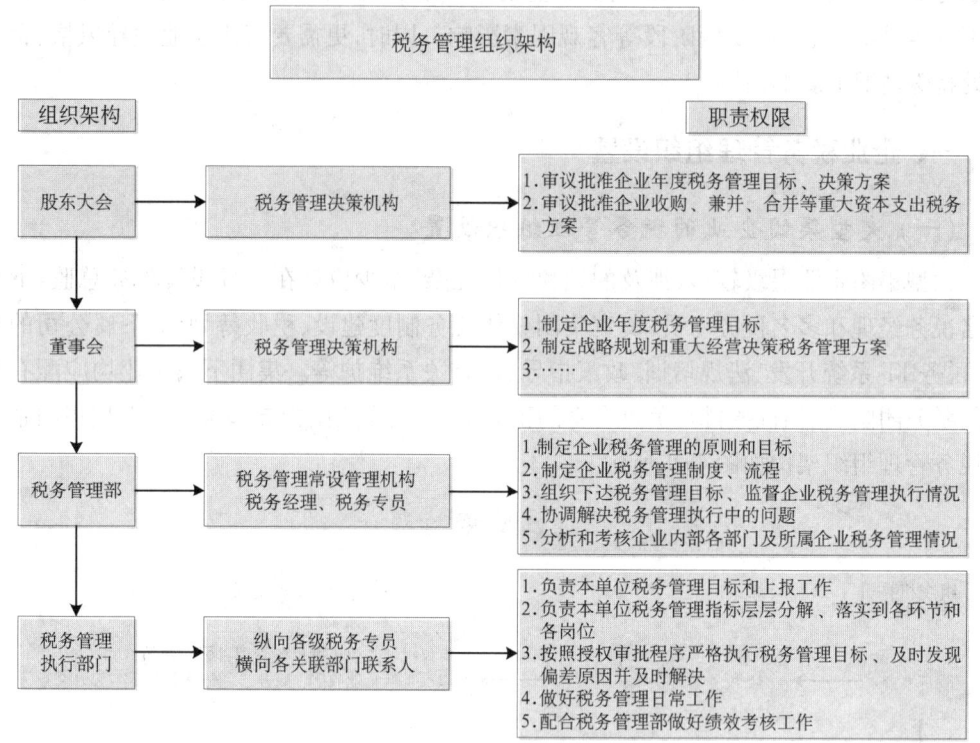

图1-2 中型企业的税务管理组织架构

(三) 小微型企业税务管理组织形式的选择

小微型企业规模小,业务单一,涉税业务相对固定,可以采用财税一体化管理的方式。委托代理可能是小微型企业进行税务管理的一种最经济的选择。小微型企业将自己的税务管理事项委托具有代理资质和能力的税务师事务所或税务咨询机构进行处理,一方面可以拥有与大型企业税务专业团队相似的技术支持;另一方面降低了税务管理人员的人力资源成本。

二、企业税务管理组织的职责

不同类型的企业有不同的企业文化、不同的税务管理模式和不同的税务管理组织形式,其赋予税务管理部门的职责及税务管理人员的分工不尽相同,下面以大中型企业为例,税务管理部门应该承担但不限于以下工作职责:

(1) 收集、整理、筛选、研究与本企业有关的税收法律法规。

（2）制订和完善企业税务管理制度和其他涉税规章制度。

（3）结合企业信息化管理系统，编制企业税务管理流程手册。

（4）参与企业战略规划和重大经营决策的税务影响分析，提供最优税务管理建议。

（5）组织实施公司税务风险的识别、评估，监测日常税务风险并采取应对措施。

（6）指导和监督有关部门、各业务单位以及分、子公司开展税务管理工作。

（7）建立税务管理的信息和沟通机制。

（8）组织企业内部税务知识培训，并向企业其他部门提供税务咨询。

（9）承担或协助相关部门开展涉税会计核算、纳税申报、税款缴纳、账簿凭证和其他涉税资料的准备和保管工作。

（10）处理企税之间关系，做好企业有关税务法律事务的应对工作。

三、税务管理人员的基本要求

企业涉税业务人员应当具备必要的专业资质、良好的业务素质和职业操守，遵纪守法。企业应当定期或不定期对涉税业务人员进行培训，不断提高其业务素质和职业道德水平。

第三节 企业税务管理部门（岗位）与其他部门（岗位）之间的关系

企业税务管理的过程贯穿于企业发展的全过程，渗透到企业的每一项业务中，企业税务管理部门和财务部门共同与企业的供产销各职能部门存在着紧密联系。

一、税务管理部门和财务部门的关系

从传统意义上讲，企业财务部门的职责主要包括财务预测与决策、财务预算与控制、会计核算与监督、财务分析与评价，税务管理职责也被作为财务部门的职责之一来考虑。在财务预算编制过程中，企业往往把收入、成本和利润指标放在重要位置，却忽略了税收成本的预算，即使做了税收成本预算，也往往是按照标准税率进行估算，并未根据企业供产销的实际情况作可行性分析，制订切实可行的税务管理目标，企业把涉税业务核算仅作为财务核算的一个环节进行处理，特别是在近年来财务核算与税务核算趋同化观点的影响下，忽略了一般财务核算与涉税业务核算的不相容性。在财务分析过程中，企业只考虑税负对财务指标的影响结果，却很少分析税负本身的合理性。总而言之，目前的税务管理主要是被动地接受而没有主动地面对和积极地适应。

基于以上现状，企业应该将税务管理职责从财务部门分离出来，成立专门的税务管理部门，以会计核算为纽带，在企业信息化、智能化管理模式的推进过程中建立新型的财税管理体系。

二、税务管理部门与销售部门的关系

销售部门的主要工作职责是根据企业的近期和远期目标、财务预算要求，协调各部门的关系，提出销售计划编制原则、依据，组织销售部人员分析市场环境，制定和审核销售预算，提出产品（或服务）价格政策实施方案并组织贯彻实施。税务管理部门一般不会干涉销售部门正常的销售行为，但销售部门在签订销售合同过程中，涉及的产品（或服务）销售方式的选择、销售价格的确定、收付款方式的约定等条款必然与企业的税负相关联，则应和税务管理部门紧密联系。例如：企业双方签订服务合同还是产品销售合同必然会产生税目的变化及一系列税务活动程序的调整；销售价格高低可能直接影响到税负的高低甚至是有无；合同标的以含税价格反映还是不含税价格反映会直接影响到印花税计税依据的确定；收付款方式的约定必然会影响到纳税义务发生的时间等。因此，销售部门在销售活动过程中，应以企业销售计划和税务管理目标为基础，以销售合同的签订与履行为纽带，建立紧密的合作机制。

三、税务管理部门与采购部门的关系

采购部门的主要职责是制定采购管理制度和采购流程、制定并实施采购计划、采购成本的预算与控制和供应商的选择与管理等。企业的采购计划和企业的整体规划紧密联系，采购计划的制定和实施对企业能否正常生产经营起着至关重要的作用，但供应商的选择、发票开具方式的选择、运输方式的选择会直接影响到增值税税负的高低、所得税税前扣除金额和时点。因此，采购部门在采购计划的制定、供应商的选择等方面应充分征求税务管理部门的意见。例如，对于不含税采购价格不变、其他条件基本相同的情况，采购部门可直接作出选择一般纳税人的判断，但这往往是一般税收筹划教材或相关工具书给出的一种理想模式。在企业的实际工作过程中，采购的各个环节都是千变万化的，并不会按照预设的理论模型来发展，因此，当与税负有关的因素发生变化时要争取税务管理部门的配合，争取企业整体利益最大化。

四、税务管理部门和人力资源部门的关系

人力资源管理是通过决策、计划、组织、指挥、控制、评估、协调、激励等管理职能对组织中的人与人、人与事、事与事之间的关系进行协调，以激励人的创造力，发掘人的潜能，以实现组织的愿景、目标和个人愿望的过程。人力资源部门的主要工作职责就是人力资源规划、招聘与配置、培训与开发、绩效管理、薪酬福利管理、员工关系管理。"用人"必然会产生人力资源成本，就会涉及职工薪酬和劳务费用的选择。对人力资源部门来说，人尽其用是其管理的核心目标，但以劳动合同形式还是以劳务合同形式体现，都会对企业和员工的税负产生重大影响。因此，人力资源部门在多种新型用工形式的选择上必然要和税务管理部门携手合作。即使在用工形式确定的情况下，支付职工薪酬或劳务报酬的方式也会对税负产生影响。企业规模越大，用工形式越多，税务管理工作的重要性就越高。人

力资源部门负责人力资源需求的计划拟定,税务管理部门提供用工形式的方案和纳税策略,财务部门进行人力资源成本预算。方案确定后,人力资源部门负责人员的招聘和考核,财务部门负责人力资源成本的核算和职工薪酬的发放,税务管理部门负责个人所得税全员全额申报和代扣代缴等。这三个部门既分工又合作,按照规定按时足额发放员工工资,正确执行有关工资分配政策,履行劳动合同的各项条款,帮助员工做个人所得税筹划和管理,充分调动员工的积极性。

五、税务管理部门和生产运营部门的关系

生产运营部门的职责是在保质保量提供合格的产品或服务的前提下,通过改革创新,不断节约成本,提高经济效益。大部分生产运营部门有关人员认为,税务管理部门是管发票的,生产运营部门既不采购,也不销售,和税务管理部门应该没有交集,企业成本核算是财务部门的事情,税务管理部门只需要和财务部门沟通就行,不应该插手生产运营部门的事情。这种想法在企业中普遍存在。可企业一定要清醒地认识到,税是生产经营过程中产生出来的,而不是财务部门算出来的。以研发费用所得税加计扣除为例,研发项目是由企业的技术部门进行立项,股东会或董事会审批通过后进行研发,并经过研究、开发、小试、中试和批量生产等环节。如果没有税务管理部门对相关人员进行研发费用所得税加计扣除的专业辅导,没有整个环节所有人员的积极配合,没有税务管理人员对相关备查资料的跟踪收集和整理,那么加计扣除的工作根本无法实现。有的企业研究成果已经形成无形资产,但无法确认研发费用;有的企业有立项、有成果、有核算,但由于各部门之间没有紧密配合,各行其是,出现研发过程和财务税务核算严重脱节的现象,而这些现象在企业中比比皆是,不胜枚举。

通过以上分析,我们不难发现,税务管理部门和企业的各个部门均存在既分工又合作、密不可分的关系。

课后练习

1. 结合你的工作实际或实践经验,谈谈税务管理方法在实践中的具体运用。
2. 试论述税务管理部门与企业其他部门之间的关系。

第二章

企业资本运营税务管理

资本运营又称资本运作。通常意义上的资本运营,就是对一切有形与无形的存量资产,通过流动、裂变、组合、优化配置等各种方式进行有效运营,以最大限度地实现增值。对于资产拥有者来说,资本运营表现为投资,可以使自己的存量资产保值增值;对于接受投资一方来说,资本运营则表现为融资形态。但不论是投资或融资都必须通过市场主体即企业来完成。本章仅就企业设立、融资、投资和企业集团资金统筹四个方面的税务管理进行阐述。

第一节　企业设立税务管理

一、企业设立组织形式的税务管理

企业设立的组织形式主要分为三大类:一是按照《中华人民共和国公司法》(以下简称《公司法》)设立的公司制形式,包括有限责任公司、股份有限公司;二是非公司制形式,包括合伙企业、个人独资企业;三是设立非独立法人分公司。

(一) 公司制企业的税收政策分析

1. 公司制企业的基本特征

公司制企业是依据《公司法》设立的以营利为目的的企业法人,是有独立法人财产,自主经营,自负盈亏的法人企业。出资者按出资额对公司承担有限责任。

公司制企业的主要形式分为有限公司和股份有限公司两种,其主要区别表现在以下三个方面:①公司设立时对股东人数要求不同。设立有限责任公司必须有 2 个以上股东,最多不得超过 50 个;设立股份有限公司应有 3 个或 3 个以上发起人,多者不限。②股东的股权表现形式不同。有限责任公司的权益总额不作等额划分,股东的股权是通过投资人所拥有的比例来表示的;股份有限公司的权益总额平均划分为相等的股份,股东的股权是用持有多少股份来表示的。③股份转让限制不同。有限责任公司不发行股票,对股东只发放一张出资证明书,股东转让出资需要由股东会或董事会讨论通过;股份有限公司可以发行股票,股票可以自由转让和交易。

公司是企业组织形式中的较高级形式,是现代企业制度中最重要的一种企业形式。公司的优势包括:由多人投资,实现了投资主体的多元化;投资规模一般比较大,实现了筹集资金的规模化;由于公司设置了专门的股东会、董事会、监事会和经理等管理机构,内部管理实现了科学化;所有出资人以自己的出资额为限,对公司的债务负有限清偿责任,实现了经营风险最小化。公司企业形式符合投资人追求收益最大、风险最小的要求,因此公司制企业在现代资本社会化大生产中发挥了重要作用。但公司也存在一些弊端,在公司因经营管理不善造成亏损,虽然股东利益因承担有限责任而得到保护,但债权人却因此蒙受较大的损失;管理层次多,影响效率,容易产生道德风险。

2. 公司制企业经营成果的税收政策分析

(1) 根据《中华人民共和国企业所得税法》(以下简称《企业所得税法》)第一条规定,

在中华人民共和国境内,企业和其他取得收入的组织(以下统称企业)为企业所得税的纳税人,依照本法的规定缴纳企业所得税。也就是说,依照中国法律成立的公司,无论是有限责任公司还是股份有限公司,均应在我国缴纳企业所得税,这是我国税收管辖权属人原则的体现。

(2) 根据《企业所得税法》第四条规定,企业所得税的税率为25%;第二十八条规定,符合条件的小型微利企业,减按20%的税率征收企业所得税。根据《财政部 税务总局关于实施小微企业普惠性税收减免政策的通知》(财税〔2019〕13号)第二条规定,从事国家非限制和禁止行业,且同时符合年度应纳税所得额不超过300万元、从业人数不超过300人、资产总额不超过5 000万元三个条件的企业,年度应纳税所得额不超过100万元的部分,减按25%计入应纳税所得额,按20%的税率缴纳企业所得税;对年应纳税所得额超过100万元但不超过300万元的部分,减按50%计入应纳税所得额,按20%的税率缴纳企业所得税。另《国家税务总局关于落实支持小型微利企业和个体工商户发展所得税优惠政策有关事项的公告》(国家税务总局公告2021年第8号)第一条第一项规定,对小型微利企业年应纳税所得额不超过100万元的部分,减按12.5%计入应纳税所得额,按20%的税率缴纳企业所得税。从以上政策分析,只有非小微企业所得税税率为25%。小微企业政策从2008年以来经过多次调整,小微企业标准不断提高,优惠力度不断加大,政策实施时间由阶段性政策变为确定性政策,结合国家"放管服"和"减税降负"政策发展趋势来看,国家未来对小微企业的税收支持力度也许还会更大。

(3) 根据《企业所得税法》第二十六条及《中华人民共和国企业所得税法实施条例》(以下简称《企业所得税法实施条例》)第八十三条规定,居民企业直接投资于其他居民企业取得的股息、红利等权益性投资收益免征企业所得税,不包括连续持有居民企业公开发行并上市流通的股票不足12个月取得的投资收益。根据《中华人民共和国个人所得税法》(以下简称《个人所得税法》)第二条和第三条规定,个人取得利息、股息、红利所得,按20%的税率缴纳个人所得税。

3. 公司制企业经营成果的税负预测

根据以上税收政策,企业设立公司制企业收益税负大概分三种情况:

第一,根据企业未来发展规划,只要企业满足从业人数超过300人或资产总额超过5 000万元,居民企业投资人所得税综合税负为25%,居民个人投资人所得税综合税负为40%。

第二,如果企业未来满足小微企业条件,预计年度应纳税所得额不超过100万元时,居民企业投资人所得税综合税负自2020年12月31日止为5%,自2021年1月1日起为2.5%。居民个人投资人所得税综合税负为24%。

第三,如果企业未来满足小微企业条件,预计年度应纳税所得额在100万元至300万元时,居民企业投资人所得税综合税负为2.5%~8.3%,居民个人投资人所得税综合税负为24%~26.6%。

(二) 非公司制企业经营成果的税收政策分析

1. 非公司制企业的基本特征

1) 个人独资企业的基本特征

个人独资企业是指由一个自然人投资,全部资产为投资人所有的营利性经济组织。个人独资企业不具有法人资格,也无独立承担民事责任的能力。但个人独资企业是独立的民事主体,可以以自己的名义从事民事活动。同时,个人独资企业的分支机构的民事责任由设立该分支机构的个人独资企业承担。

由于投资者既是企业的所有者,又是企业的经营者,因此个人独资企业是所有权与经营权集于一身的企业组织形式。这类企业设置程序简单,表现为设立条件从宽,设立程序从简,企业的注册资本和投资人的出资数额、出资方式均未有强制性规定。由于所有权与经营权集中在投资人手里,决策迅速、效率高。同时又由于规模小,机动性和适应能力强,容易规避经营风险,因此该类企业发展迅速,成为西方国家数量最多的企业形式。但由于该类企业是由一个人投资设立的,注定其资金规模较小,不能适应社会化大生产的需要,抗风险能力较弱。由于由投资人个人对外承担无限责任,也加重了投资人的经营风险,一旦规避不及,将造成倾家荡产的严重后果。

2) 合伙企业的基本特征

合伙企业是由两个或两个以上的自然人通过订立合伙协议,共同出资经营、共负盈亏、共担风险的企业组织形式。合伙企业分为普通合伙企业(包含特殊的普通合伙企业)和有限合伙企业。合伙企业是由几个人、几十个人,甚至几百个人联合起来共同出资创办的企业,不同于所有权和管理权分离的公司企业,它通常是依合同或协议组织起来的,结构较不稳定。无论什么形式的合伙企业,都必须有无限合伙人。无限合伙人对整个合伙企业所欠的债务负有无限责任,有限合伙人仅以出资额为限承担有限责任。合伙企业不如个人独资企业自由,决策通常要合伙人集体做出,但它具有一定的企业规模优势。

2. 非公司制企业经营成果的税收政策分析

(1) 根据《企业所得税法》第一条规定,依照中国法律、行政法规成立的个人独资企业、合伙企业不适用该要求。

(2)《中华人民共和国个人所得税法实施条例》(以下简称《个人所得税法实施条例》)第六条规定,个人独资企业投资人、合伙企业的个人合伙人来源于境内注册的个人独资企业、合伙企业生产、经营的所得,按规定缴纳个人所得税,适用5%~35%的超额累进税率。

(3) 非公司制企业经营成果的税负测算。无论是个人独资企业还是合伙企业,未来的个人所得税核算是以每个投资人为纳税单位。个人独资企业的所得当然属于投资者的所得,个人独资企业按规定缴纳个人所得税后,成果也当然为投资人所有,投资人可以自由支配,不再缴纳任何税收。合伙企业既不是企业所得税纳税主体,也不是个人所得税纳税主体。财税〔2008〕159号文件规定,合伙企业生产经营所得和其他所得采取"先分后税"的原则,即合伙企业取得经营成果后,要按照合伙协议约定的收益比例,把经营所得划分给每一个合伙人,再按每一个合伙人进行计算和纳税申报。下面我们以个人独资企业的经营所得为标准进行税负测算,合伙企业税务管理者未来要根据合伙人的多少进行调整。

第一,经营所得在 30 000 元以内的,经营成果所得税负为 5%。

第二,经营所得为 30 000~90 000 元的,经营成果所得税负为 5%~8.3%。

第三,经营所得为 90 000~300 000 元的,经营成果所得税负为 8.3%~16.5%。

第四,经营所得为 300 000~500 000 元的,经营成果所得税负为 16.5%~21.9%。

第五,经营所得为 500 000~1 000 000 元的,经营成果所得税负为 21.9%~28.5%。

第六,经营所得为 1 000 000~3 000 000 元的,经营成果所得税负为 28.5%~32.8%。

第七,经营所得超过 3 000 000 元的,经营成果所得税负为 32.8%~35%。

(三) 非独立法人分公司的税收政策分析

1. 分公司的基本特征

分公司是指在业务、资金、人事等方面受本公司管辖而不具有法人资格的分支机构。分公司一般具有以下主要特征:①分公司是由隶属公司依法设立的;②分公司没有自己独立的财产,与隶属公司在经济上是统一核算的,其在经营活动中的负债由隶属公司负责清偿。其实际占有和使用的财产是总公司财产的一部分,列入总公司的资产负债表中。③分公司不是公司,它的设立不须依照公司设立程序,只要在履行简单的登记和营业手续后即可成立。④分公司不独立承担民事责任,没有自己的章程,没有董事会等形式的公司经营决策和业务执行机关;⑤分公司没有独立的名称,其名称只要在总公司名称后加上分公司字样即可。

2. 分公司有关税收政策聚焦

(1) 根据《中华人民共和国税收征收管理法》(以下简称《税收征收管理法》)第十五条规定,企业,企业在外地设立的分支机构和从事生产、经营的场所,个体工商户和从事生产、经营的事业单位(以下统称从事生产、经营的纳税人)自领取营业执照之日起 30 日内,持有关证件,向税务机关申报办理税务登记。税务机关应当自收到申报之日起 30 日内审核并发给税务登记证件。市场监督管理机关应当将办理登记注册、核发营业执照的情况,定期向税务机关通报。根据国办发〔2016〕53 号,通知要求从 2016 年 10 月 1 日起正式实施"五证合一、一照一码"。"五证合一"是指"营业执照""组织机构代码证""税务登记证""社会保险登记证"和"统计登记证"的协同登记制度,是在"多证联办"的基础上,通过建立审批信息共享平台,整合各发证部门的受理窗口、申报表格、材料规范、审批流程、打印发照等,达到"一表申请、一窗受理、一次告知、一份证照"的改革目的。

(2) 根据《中华人民共和国增值税暂行条例实施细则》(以下简称《增值税实施细则》)第四条视同销售货物行为的第(三)项规定,设有两个以上机构并实行统一核算的纳税人,将货物从一个机构移送其他机构用于销售,但相关机构设在同一县(市)的除外。《国家税务总局关于企业所属机构间移送货物征收增值税问题的通知》(国税发〔1998〕137 号)规定,《增值税实施细则》第四条视同销售货物行为的第(三)项所称的"用于销售",是指受货机构发生以下情形之一的经营行为:①向购货方开具发票;②向购货方收取货款。受货机构的货物移送行为有上述两项情形之一的,应当向所在地税务机关缴纳增值税;未发生上述两项情形的,则应由总机构统一缴纳增值税。如果受货机构只就部分货物向购买方开具发票或收取货款,则应当区别不同情况计算并分别向总机构所在地或分支机构所在地缴纳税款。《国家税务总局关于企业所属机构间移送货物征收增值税问题的补充通知》(国税函〔1998〕718号)第一条进一步明确,以1998年9月1日为界限,此前企业所属机构发生国税发〔1998〕137号通知所称销售行为的,如果应纳增值税已由企业统一向企业主管税务机关缴纳,企业所属机构主管税务机关不得再征收此项应纳增值税。如果此项应纳增值税未由企业统一缴纳,企业所属机构也未缴纳,则应由企业所属机构主管税务机关负责征收;属于偷税行为的,应由企业所属机构主管税务机关依照有关法律、法规予以处理。1998年9月1日以后,企业所属机构发生销售行为,其应纳增值税则一律由企业所属机构主管税务机关征收。

(3) 根据《中华人民共和国消费税暂行条例实施细则》(以下简称《消费税条例实施细则》)第二十四条规定,纳税人到外县(市)销售或者委托外县(市)代销自产应税消费品的,于应税消费品销售后,向机构所在地或者居住地主管税务机关申报纳税。纳税人的总机构与分支机构不在同一县(市)的,应当分别向各自机构所在地的主管税务机关申报纳税;经财政部、国家税务总局或者其授权的财政、税务机关批准,可以由总机构汇总向总机构所在地的主管税务机关申报纳税。根据《财政部 国家税务总局关于消费税纳税人总分支机构汇总缴纳消费税有关政策的通知》(财税〔2012〕42号)规定,纳税人的总机构与分支机构不在同一县(市),但在同一省(自治区、直辖市)范围内,经省(自治区、直辖市)财政厅(局)、国家税务局审批同意,可以由总机构汇总向总机构所在地的主管税务机关申报缴纳消费税。

(4) 根据《跨地区经营汇总纳税企业所得税征收管理办法》(国家税务总局公告2012年第57号)第二条规定,居民企业在中国境内跨地区(指跨省、自治区、直辖市和计划单列市,下同)设立不具有法人资格分支机构的,该居民企业为跨地区经营汇总纳税企业(以下简称汇总纳税企业),除另有规定外,其企业所得税征收管理适用本办法。第二十三条规定,以总机构名义进行生产经营的非法人分支机构,无法提供汇总纳税企业分支机构所得税分配表,应在预缴申报期内向其所在地主管税务机关报送非法人营业执照(或登记证书)的复印件、由总机构出具的二级及以下分支机构的有效证明和支持有效证明的相关材料(包括总机构拨款证明、总分机构协议或合同、公司章程、管理制度等),证明其二级及以下分支机构身份。二级及以下分支机构所在地主管税务机关应对二级及以下分支机构进行审核鉴定,对应按本办法规定就地分摊缴纳企业所得税的二级分支机构,应督促其及时就地缴纳企业所得税。第二十四条规定,以总机构名义进行生产经营的非法人分支机构,无法提供汇总纳税企业分支机构所得税分配表,也无法提供本办法第二十三条规定相关证据证明其二级及以下分支机构身份的,应视同独立纳税人计算并就地缴纳企业所得税,不执行本办法的相关规定。第三十二条规定,居民企业在中国境内没有跨地区设立不具有法人资格分支机构,仅在同一省、自治区、直辖市和计划单列市(以下称同一地区)内设立不具有法人资格分支机构的,其企业所得税征收管理办法,由各省、自治区、直辖市和计划单列市税务局参照本办法联合制定。居民企业在中国境内既跨地区设立不具有法人资格分支机构,又在同一地区内设立不具有法人资格分支机构的,其企业所得税征收管理实行本办法。

从以上几个政策分析,我们基本可以得出一个常规定性的结论,分支机构属于增值税、消费税的独立纳税人,但企业所得税以法人为单位,总分支机构进行汇总纳税,与是否独立核算无关。

【特别提示】　　　　　分公司是否属于新公司

从工商登记角度而言,根据《中华人民共和国公司登记管理条例》第四十五条规定,分公司是指公司在其住所以外设立的从事经营活动的机构,分公司不具有企业法人资格;第四十七条规定,公司设立分公司的,应当自决定作出之日起30日内向分公司所在地的公司登记机关申请登记。根据《中华人民共和国企业法人登记管理条例》第二条规定,具备法人条件的下列企业,应当依照本条例的规定办理企业法人登记:①全民所有制企业;②集体所有制企业;③联营企业;④在中华人民共和国境内设立的中外合资经营企业、中外合作经营企业和外资企业;⑤私营企业;⑥依法需要办理企业法人登记的其他企业。因此,就工商登记法律规定及其实践而言,新办公司或者企业是指该公司或者企业本身,设立分公司或者分支机构根本不构成新办公司或者企业。

从税收征管角度而言,根据《财政部 国家税务总局关于享受企业所得税优惠政策的新办企业认定标准的通知》第一条规定,享受企业所得税定期减税或免税的新办企业标准:①按照国家法律、法规以及有关规定在市场监督管理部门办理设立登记,新注册成立的企业;②新办企业的权益性出资人(股东或其他权益投资方)实际出资中固定资产、无形资产等非货币性资产的累计出资额占新办企业注册资金的比例一般不得超过25%。其中,新办企业的注册资金为企业在市场监督管理部门登记的实收资本或股本。也就是说,从税法要求新办企业要有注册资本的立法本意分析,分公司应不属于新办企业。

(四)企业设立组织形式的选择策略

(1)企业投资人要对企业未来投资的产业或项目进行风险评估。如果未来经营的产业或项目属于风险系数较高的投资项目或投资周期长、回报率低的产业或项目,预计短期内不会产生经营所得,不会产生企业所得税,那么选择公司制比较有利,可在没有税负或税负较低的情况下,最大程度规避企业的经营风险。

(2)如果经营风险不大,企业需要对未来的经营规模进行可行性分析。如果企业的经营规模在小微企业标准范围内,公司制与非公司制税负相差不大,企业投资人可综合考虑进行决策。如果企业发展到一定阶段,成为规模企业,则可以通过企业法律形式变更进行调整。

(3)如果经营风险不大,属于目前的朝阳行业或者是国家鼓励行业,企业所得税和个人所得税均可享受减免税政策时,企业投资人应选择个人独资企业或合伙企业。

(4) 分支机构在设立初期需要大量投资,多数处于亏损状态,而经过一段时间的发展以后则一般处于盈利状态。因此,一般在设立分支机构初期采取分公司形式,待分支机构盈利后再做法律形式变更。

当然,以上策略是在理想状态下的一种判断,每一个企业设立时一定要根据具体情况具体分析,作出科学合理的选择。税收筹划或安排仅是其中一个考虑因素,千万不要夸大税务管理应有的作用。

【案例2-1-1】 小王中学时候便梦想着开一家属于自己的企业,并且到30岁时能够成为百万富翁。如今他已经29岁了,虽然下一年他很有可能成不了百万富翁,但他却打算用现有的5万元成立一家企业。小王开始在自己的社区内寻找建立成功企业的点子。尽管他有许多兴趣爱好,但却没有任何一种兴趣和爱好能够帮他建立一家企业。经过一番考察,他意识到自己还是应该致力于销售产品而不是提供服务,但是他仍然为销售何种产品而发愁。何况只有5万元资金,能成立一家什么类型的企业呢?这样的一家企业又能选择何种组织形式呢?小王为此向财税咨询公司进行咨询。

【税务管理建议】

咨询公司根据小王现有的经济状况和自身条件,建议他居家注册一家个体工商户或者个人独资企业,从生活日用品等风险较小的产品开始经营。这样,小王不用负担高额的房租,还可以自由使用资金,由于投入较小,利润也不会太高,缴纳个人所得税时除可扣除正常的经营成本费用外,还可以享受个人所得税固定扣除、专项扣除和专项附加扣除,税负可以降到最低。同时,咨询公司提醒小王,个体工商户是以家庭财产担保承担无限连带责任,而个人独资企业是以个人财产承担无限连带责任。

小王接受了咨询公司的建议,注册了一家个人独资企业,开始了自己的创业之路。

【案例2-1-2】 朱先生准备设立一家企业,预计该企业年盈利500万元,朱先生原计划创办一家有限责任公司,公司的税后利润全部分配给股东。朱先生就此事向税务专家咨询。

【税务管理建议】

税务专家按照500万元利润进行了初步测算:

如果设立有限责任公司,该公司需要缴纳企业所得税125万元(500×25%),则税后利润为375万元(500-125)。如果税后利润全部分配,朱先生还要缴纳个人所得税75万元(375×20%),最终获得的税后利润为300万元(375-75)。综合税负率为40%[(125+75)÷500]。

税务专家建议,如果经营风险不大,可以考虑设立个人独资企业,该企业本身不需要缴纳企业所得税,个人所得税税负最高不会超过35%。如果按500万元估算,朱先生需要缴纳个人所得税税额=500×35%-6.55=168.45(万元),税后纯利润=500-168.45=331.55(万元)。综合税负率=168.45÷500=33.69%。这样朱先生的所得税综合税负会下降6.31%。

朱先生认为,自己从事的行业利润率比较高,但经营风险也比较大,虽然个人独资企业会少负担6.31%的所得税,但与无限责任相比,自己还是可以接受的,最后朱先生还是成立了一家一人有限责任公司。

【案例2-1-3】 赵某和王某拟成立A企业,由王某来负责办理有关事宜并负责未来的经营,每月支付王某固定工资8 000元(不考虑专项扣除)。他们二人都是稳健的投资人,准备经营的项目风险不大,均在可控范围之内。二人准备出资200万元,其中赵某出资120万元,王某出资80万元,经营成果按出资比例分享。赵某和王某经过市场调查发现,同类企业每年销售收入在500万元左右,成本费用在400万元左右。王某就本身情况向财税咨询公司咨询,希望从税收负担角度分析,看看成立有限责任公司还是成立合伙企业对其更为有利。

【税务管理建议】

咨询公司为王某提供了两种组织形式下税负分析及投资建议。

1. 成立有限责任公司的税负分析及税后收益

(1) 根据以上信息,假设收入为500万元,允许扣除项目金额400万元(包括王某的工资),利润和所得均为100万元,则根据现行企业所得税有关政策规定,公司每年应纳企业所得税5万元。

(2) 假设税后利润全部分配,则王某可分得个人所得税税前利润=950 000×40%=380 000(元)。

(3) 根据个人所得税法规定,王某应缴纳个人所得税税额=380 000×20%=76 000(元)。

(4) 王某税后利润=380 000−76 000=304 000(元)。

(5) 王某每月工资收入8 000元,年工资收入96 000元,王某没有其他综合所得,无专项扣除,年度专项附加扣除金额30 000元,王某年度应纳个人所得税=(96 000−60 000−30 000)×3%=180(元)。

(6) 王某工资薪金税后收入=96 000−180=95 820(元)。

(7) 王某每年税后收入=304 000+95 820=399 820(元)。

2. 成立合伙企业的税负分析及税后收益

(1) 王某在合伙企业取得的收益应按"经营所得"缴纳个人所得税。

(2) 根据《关于个人独资企业和合伙企业投资者征收个人所得税的规定》:合伙企业每一纳税年度的收入总额减除成本、费用以及损失后的余额,作为自然人合伙人个人的生产经营所得,比照个人所得税法的"经营所得"应税项目,适用5%~35%的五级超额累进税率,计算征收个人所得税。王某应当在取得年度利润分配时,就其全部所得按照个人所得税法规定的"经营所得"项目,计算并缴纳个人所得税。

在税款计算时,合伙企业的自然人合伙人全部生产经营所得,包括企业分配给投资者个人的所得和企业当年留存的利润。根据《关于个人独资企业和合伙企业投资者征收个人所得税的规定》：合伙企业凡实行查账征税办法的，其个人合伙人生产经营所得比照《个体工商户个人所得税计税办法》（国家税务总局令第35号公布，第44号令修订）的规定确定。但"投资者的工资不得在税前扣除"，只允许扣除其他从业人员工资。

《个人所得税法》取消了原"个体工商户生产经营所得"中业主费用的扣除项目。《个人所得税法实施条例》规定，个体工商户业主、个人独资企业投资人、合伙企业个人合伙人，取得经营所得的纳税年度内没有综合所得的，在计算个人所得税应纳税所得额时，可以扣除基本减除费用6万元。因此，王某虽然在合伙协议中约定在A企业工作，取得的工资也应当认定为王某从该企业取得的经营所得，金额为96 000元（8 000×12）。

(3) 根据《关于个人独资企业和合伙企业投资者征收个人所得税的规定》：个人独资企业的投资者以全部生产经营所得为应纳税所得额；合伙企业的投资者按照合伙企业的全部生产经营所得和合伙协议约定的分配比例确定应纳税所得额，合伙协议没有约定分配比例的，以全部生产经营所得和合伙人数量平均计算每个投资者的应纳税所得额。

根据《财政部 国家税务总局关于合伙企业合伙人所得税问题的通知》的进一步规定，合伙企业生产经营所得和其他所得应"先分后税"，合伙人按照"协议约定、协商决定、出资比例、合伙人数"四个原则依序分配并确定应纳税所得额。因此，王某的经营所得包括两个方面：一是按照约定比例从A企业当年经营利润中分配的所得400 000元。由于合伙企业存在多个合伙人的特点，如果在合伙协议中约定按照企业利润分配所得，则每个个人合伙人在计算企业利润前取得的符合会计准则核算的工资支出，尽管按照税法规定需要并入每个合伙人应纳税所得额，按照"经营所得"缴纳个人所得税，但不需要在计算企业利润时先行调整。待企业按照约定分配好"生产经营所得和其他所得"后，再对每个个人合伙人进行所得调整。二是按照约定从A企业取得的全年"工资"收入96 000元。

综上，王某从A企业取得的经营所得=（500－400）×40%＋9.6＝49.6（万元）。因王某没有综合所得，年度专项附加扣除3万元，不考虑专项扣除，王某年度个人所得税"经营所得"应纳税所得额=49.6－6－3＝40.6（万元），应纳税额＝40.6×30%－4.05＝8.13（万元）。

(4) 王某每年税后收入=496 000－81 300＝414 700（元）。

3. 差异

成立合伙企业的税后收入大于成立有限责任公司的税后收入，差额=414 700－399 820＝14 880（元）。

4. 指导建议

如果不考虑其他经营风险，从利益最大化的角度来考虑，成立合伙企业对王某更有利。

二、企业设立出资方式的税务管理

根据《公司法》第二十七条规定，股东可以货币出资方式，也可以实物、知识产权、非专利技术、土地使用权作价出资的方式。每种出资方式应遵守相应的规定。从税收口径可以重新划分为货币、货物、不动产及土地使用权和其他无形资产四个类型。出资方式税务管理应包括出资方的税务管理和接受投资方的税务管理。下面我们从货币、货物、不动产及土地使用权和工业产权四个方面就接受投资一方的税务管理问题进行阐述。投资一方的税务管理问题在本章第三节详细说明。

(一) 接受货币出资的税务管理

1. 货币出资方式的基本特征

货币出资方式是指股东直接用资金向公司投资的方式。股东应当按期足额缴纳公司章程中规定的各自所认缴的出资额。股东以货币出资的,应当将货币出资足额存入公司在银行开设的账户。在我国成立企业,货币出资均以人民币为基本货币,注册资本均以人民币为货币计量单位;货币出资可以直接实缴出资,也可以按企业章程约定认缴出资。章程中对未来所有者权益分配有按实缴出资额和按认缴出资额享有受益权两种不同的约定。

2. 接受货币出资的税收政策分析

(1) 根据《中华人民共和国印花税暂行条例》(以下简称《印花税暂行条例》)第二条、《中华人民共和国印花税暂行条例施行细则》第七条、第八条规定,载有固定资产原值和自有流动资金的总分类账簿,或者专门设置的记载固定资产原值和自有流动资金的账簿,按账载金额的 0.5‰贴花。

(2) 根据《国家税务局关于资金账簿印花税问题的通知》(国税发〔1994〕25 号)规定,生产经营单位执行"两则"后,其"记载资金的账簿"印花税的计税依据改为"实收资本"与"资本公积"两项的合计金额。其"实收资本"和"资本公积"两项合计金额大于原已贴花资金的,就增加部分补贴印花。

(3) 根据《财政部 国家税务总局关于对营业账簿减免印花税的通知》财税〔2018〕50 号规定,自 2018 年 5 月 1 日起,对按 0.5‰税率贴花的资金账簿减半征收印花税,对按件贴花 5 元的其他账簿免征印花税。

(4) 根据《中华人民共和国印花税法(征求意见稿)》中税目税率表列示,资金账簿印花税应按资金账簿按实收资本(股本)、资本公积合计金额的 0.25‰计算。

(5) 根据《印花税暂行条例实施细则》规定,记载资金的账簿按固定资产原值和自有流动资金总额贴花后,以后年度资金总额比已贴花资金总额增加的,增加部分应按规定贴花。

根据以上政策分析,资金账簿印花税应按实收资本(股本)、资本公积合计金额的 0.25‰计算缴纳印花税成为常态政策。

3. 接受货币的出资税务管控

(1) 印花税的计税依据为实收资本和资本公积之和,不能仅以注册资本计算缴纳印花税。

(2) 认缴注册资本只有实际缴纳时才计算缴纳印花税,防止以认缴注册资本为依据提前纳税。

(3) 资金账簿印花税按年计缴。以后年度注册资本实缴增加时,应按期缴纳印花税。

【案例2-1-4】 甲、乙、丙三人作为出资人成立A公司，注册资本1 000万元，均以货币出资，三人认缴出资比例分别为40%、30%、30%。按公司章程约定，首次出资30%，2021年3月出资20%，剩余出资部分用以后年度企业盈利部分转增。2020年5月，A公司收到三人出资300万元，财务部门收到资金后按规定进行了账务处理并于当月按1 000万元进行了注册资本印花税申报。2021年1月，A公司为了加强企业税务管理，专门成立了税务管理部门。税务管理部门对各项税务事项进行审核时发现2020年印花税多申报缴纳1 750元(7 000 000×0.25‰)。

【税务管理建议】

一般情况下，发现多缴税款有两种处理途径，一是申请退税，二是以后各期抵减应纳税额。税务管理部门认为，按照《税收征收管理法》第五十一条规定，纳税人超过应纳税额缴纳的税款，纳税人自结算缴纳税款之日起3年内发现的，可以向税务机关要求退还多缴的税款并加算银行同期存款利息，也就是说这笔税款申请退税的最后期限为2023年4月。由于剩余的700万元出资没有确定的收款时间，抵减印花税计划无法确认，该行为产生的税额相对较小，应选择申请退税。税务管理部门安排人员到税务机关征收大厅办理了纳税申报表更正手续，随后办理了退税手续。

(二) 接受货物出资的税务管理

1. 货物作价出资方式的基本特征

货物作价出资方式是指股东对企业的投资是以有形动产形态进行的，并且实物构成企业资产的主体。货物应该是企业生产经营所必需的设备、原材料或者其他物资，非企业生产经营活动所需要的物资，一般不得作为实物入股企业。根据《公司法》的规定，以实物出资的，应当到有关部门办理转移财产的法定手续。对于实物出资，必须评估作价，核实财产，不得高估或者低估作价。对于国家行政事业单位、社会团体、企业以国有资产为实物出资的，实物作价结果应由国有资产管理部门核资、确认。

2. 接收货物资产出资的税收政策分析

(1) 根据《增值税条例实施细则》规定，将自产、委托加工或者购进的货物作为投资，提供给其他单位，要做视同销售处理，按近期同类货物的销售价格确定销售额，计算增值税。

(2) 根据《关于纳税人资产重组有关增值税问题的公告》(国家税务总局公告2011年第13号)规定，从2011年3月1日起，纳税人在资产重组过程中，通过合并、分立、出售、置换等方式，将全部或者部分实物资产以及与其相关联的债权、债务和劳动力一并转让给其他单位和个人，不属于增值税的征税范围，其中涉及的货物转让，不征收增值税。

(3) 根据《企业所得税税前扣除凭证管理办法》第五条规定，企业发生支出，应取得税前扣除凭证，作为计算企业所得税应纳税所得额时扣除相关支出的依据。第九条规定，企业在境内发生的支出项目属于增值税应税项目(以下简称应税项目)的，对方为已办理税务登记的增值税纳税人，其支出以发票(包括按照规定由税务机关代开的发票)作为税前扣除凭证；对方为依法无需办理税务登记的单位或者从事小额零星经营业务的个人，其支出以税务机关代开的发票或者收款凭证及内部凭证作为税前扣除凭证，收款凭证应载明收款单位名称、个人姓名及身份证号、支出项目、收款金额等相关信息。

从以上政策可以看出，出资方以货物出资，应当视同销售，按评估价值缴纳增值税，接受投资一方应根据出资方出具的增值税发票、货物资产评估报告等登记入账，未取得发票，相关资产成本不能在企业所得税、个人所得税前扣除。只有接受全部或部分整体资产才可能避免缴纳增值税。

（4）根据《国家税务总局关于营改增试点若干征管问题的公告》（国家税务总局公告2016年第53号）第九条第十一款规定，纳税人收取款项但未发生应税销售行为，可以使用增值税税控开票软件开具编码为"未发生销售行为的不征税项目"、税率栏为"不征税"的增值税普通发票。截至2021年3月，国家税务总局已明确16项未发生销售行为的不征税项目，分别是：预付卡销售和充值、销售自行开发的房地产项目预收款、已申报缴纳营业税未开票补开票、代收印花税、代收车船税、融资性售后租承租方出售资产、资产重组涉及的不动产、资产重组涉及的土地使用权、代理进口免税货物货款、有奖发票奖金支付、不征税自来水、建筑服务预收款、代收民航发展基金、拍卖行受托拍卖文物艺术品代收货款、与销售行为不挂钩的财政补贴收入、资产重组涉及的货物。

3. 接受货物出资的税务管控

（1）接收货物出资，应当按时取得相关发票，同时以相关货物资产评估报告作为佐证材料，以证明货物投资的真实性、合理性、合法性。在未按规定取得合法有效凭证之前，不得在企业所得税前扣除，否则会产生企业所得税或个人所得税纳税风险。

（2）企业接受整体资产投资，涉及货物的，必须提供与货物有关的债权债务以及劳动力一并转让的有关证明材料备查，同时以资产评估报告、货物清单、出资人协议书等作为入账凭证，交易发生在2020年9月30日以前，不得要求出资人开具发票。2020年10月1日开始，增值税商品编码目录第六部分已增加"资产重组涉及的货物"，应该取得发票，否则相关资产的成本费用不得在企业所得税前扣除。

（3）按实际收到货物时确认实收资本，按规定缴纳资金账簿印花税。

【案例2-1-5】 2010年12月甲公司以货币资金出资、乙公司以自己拥有的一个分公司的全部资产及负债、业务及附着于上述资产、业务或与上述资产、业务有关的一切权利和义务出资成立全资子公司A公司。乙公司分公司资产中主要包括新公司生产必须使用的设备和原材料等。资产评估报告显示该批货物资产评估值5 100万元。A公司财务负责人要求乙公司出具发票，乙公司因各种原因一直未出具发票。2011年5月财务人员以评估报告和资产清单将相关资产入账，但在后期税务处理时，财务人员认为对方未出具增值税发票，相应的固定资产折旧和生产成本均进行了纳税调整。2020年3月，A公司聘请某税务师事务所对企业成立以来的涉税事项进行税务诊断。

【税务管理建议】

税务师事务所在审查该纳税事项时提出以下处理意见：

(1) 对于乙公司 2010 年 12 月以资产、负债及人员对外投资行为，涉及增值税的主要是设备和原材料的对外投资，按照《增值税条例实施细则》的规定，应该做视同销售处理，相当于将资产对外出售，取得的对价是股权。参照《国家税务总局关于纳税人资产重组有关增值税政策问题的批复》（国税函〔2009〕585号，注：该文件已废止）规定，将实物资产对外投资给其他公司的行为，应照章征收增值税。在《关于纳税人资产重组有关增值税问题的公告》（国家税务总局公告 2011 年第 13 号）出台之前，按照视同销售征收增值税是合法的，也是有法可依的。但 A 公司在 2011 年 3 月 1 日之后才进行账务处理，符合《关于纳税人资产重组有关增值税问题的公告》（国家税务总局公告 2011 年第 13 号）中"本公告自 2011 年 3 月 1 日起执行。此前未作处理的，按照本公告的规定执行。"的规定，乙公司可以不缴纳增值税，A 公司在 2011 年 5 月进行账务处理时，国家税务总局公告 2011 年第 13 号文件已经生效，国家税务总局公告 2016 年第 53 号尚未出台，完全可以以出资人协议书、资产评估报告和设备、材料清单直接入账，不进行所得税纳税调整。

(2)《国家税务总局关于企业所得税应纳税所得额若干税务处理问题的公告》（国家税务总局公告 2012 年第 15 号）第六条规定，根据《税收征收管理法》的有关规定，对企业发现以前年度实际发生的、按照税收规定应在企业所得税前扣除而未扣除或者少扣除的支出，企业做出专项申报及说明后，准予追补至该项目发生年度计算扣除，但追补确认期限不得超过 5 年。企业由于上述原因多缴的企业所得税税款，可以在追补确认年度企业所得税应纳税款中抵扣，不足抵扣的，可以向以后年度递延抵扣或申请退税。贵公司应完善入账环节原始凭证，按照该文件有关要求做出专项申报及说明后，对未扣部分进行抵扣并调整项目发生年度应纳税所得额。由于追补期限只有 5 年，目前可追溯年度为 2015—2019 年度，而 2011—2014 年度纳税调整部分不得进行抵扣。

（三）接受不动产及土地使用权出资的税务管理

1. 不动产出资的基本特征

不动产作价出资方式是指股东对企业的投资是以不动产进行的，并且不动产构成企业资产的主体。不动产应该是企业生产经营所必需的设施，非企业生产经营活动所需要的设施，一般不得作为实物入股企业。和货物资产一样，以不动产出资的，应当到有关部门办理转移财产的法定手续。不动产必须评估作价，核实财产，不得高估或者低估作价。

2. 土地使用权出资的基本特征

在我国，根据法律的规定，土地归国家和集体所有。股东以土地出资入股，只能是以土地使用权出资入股。根据《股份制试点企业土地资产管理暂行规定》的规定，使用集体企业土地的股份制企业，必须持负责审批组建股份制企业主管部门的批准文件，经县级以上人民政府批准，按国家建设征用土地的规定由国家征用，依法出让给股份制企业，或由国家出资入股。土地使用权价格由县级以上人民政府土地管理部门组织评估，并报县级以上人民政府审核后，作为核定的土地资产金额。股东以土地使用权出资，必须持有土地管理部门新颁发的国有土地使用证。在公司成立后，股东将国有土地使用证交给公司，由公司向当地人民政府土地管理部门申请变更土地登记。

3. 接受不动产及土地使用权出资的税收政策分析

（1）根据《中华人民共和国契税暂行条例细则》（财法字〔1997〕52号）第八条规定，以土地、房屋权属作价投资、入股，视同房屋买卖征收契税。

（2）根据《中华人民共和国契税法》第二条规定，以作价投资（入股）、偿还债务、划转、奖励等方式转移土地、房屋权属的，应当依照本法规定征收契税。

（3）根据《财政部 国家税务总局关于全面推开营业税改征增值税试点的通知》（财税〔2016〕36号）规定，在中华人民共和国境内销售服务、无形资产或者不动产的单位和个人，为增值税纳税人，应当按照本办法缴纳增值税。销售服务、无形资产或者不动产，是指有偿提供服务、有偿转让无形资产或者不动产。有偿，是指取得货币、货物或者其他经济利益。2016年5月12日国家税务总局政策解答指出，企业以无形资产、不动产投资入股的行为，属于有偿销售不动产、无形资产行为，需要征收增值税。

（4）根据《财政部 国家税务总局关于全面推开营业税改征增值税试点的通知》（财税〔2011〕1号）规定，在资产重组过程中通过合并、分立、出售、置换等方式，将全部或者部分实物资产以及与其相关联的债权、债务和劳动力一并转让给其他单位和个人，其中涉及的货物、不动产、土地使用权转让行为，不征收增值税。

（5）根据《财政部 国家税务总局关于安置残疾人就业单位城镇土地使用税等政策的通知》（财税〔2010〕121号）第三条规定，对按照房产原值计税的房产，无论会计上如何核算，房产原值均应包含地价，包括为取得土地使用权支付的价款、开发土地发生的成本费用等。宗地容积率低于0.5的，按房产建筑面积的2倍计算土地面积并据此确定计入房产原值的地价。

（6）根据《国家税务总局关于房产税、城镇土地使用税有关政策规定的通知》（国税发〔2003〕89号）第二条规定，①购置新建商品房，自房屋交付使用之次月起计征房产税和城镇土地使用税；②购置存量房，自办理房屋权属转移、变更登记手续，房地产权属登记机关签发房屋权属证书之次月起计征房产税和城镇土地使用税。

（7）根据《财政部 国家税务总局关于房产税、城镇土地使用税有关政策的通知》（财税〔2006〕186号）第二条规定，以出让或转让方式有偿取得土地使用权的，应由受让方从合同约定交付土地时间的次月起缴纳城镇土地使用税；合同未约定交付土地时间的，由受让方从合同签订的次月起缴纳城镇土地使用税。

（8）根据《国家税务总局关于调整房产税和土地使用税具体征税范围解释规定的通知》（国税发〔1999〕44号）第二条规定，对农林牧渔业用地和农民居住用房屋及土地，不征收房产税和土地使用税。

根据以上规定，出资人以不动产、土地使用权对外投资应缴纳增值税，则接受投资一方应该以取得的发票作为企业所得税的扣税凭证，如果以不动产、土地使用权及有关债权、债务和劳动力一并转让，目前按要求发票应作为企业所得税扣除凭证要件；接受投资一方应按规定缴纳契税，同时按规定时间开始缴纳房产税和土地使用税。

4. 接受不动产及土地使用权出资的税务管控

（1）接受不动产及土地使用权投资应取得增值税发票，否则未来对应的折旧或摊销金额不得在所得税前扣除。

（2）接受的有关资产投入使用后才可以在所得税前扣除有关折旧或摊销。

（3）按照地方政府确认的契税税率缴纳契税。

（4）接受土地使用权投资，应在出资人协议书上注明土地交付使用日期，按出资人协议书约定的交付房屋日期缴纳土地使用税，否则协议一旦签订，接受一方次月就产生纳税义务，将会产生企业可能还没有注册而纳税义务已经发生的尴尬局面，甚至会带来税企矛盾。

（四）接受知识产权出资的税务管理

1. 知识产权出资的基本特征

知识产权（包括非专利技术）是一种无形的知识资产，它与有形资产不同，它是一种使用权。用知识产权出资，大体上可分为两类：一类是专利权和商标权；另一类是专有技术，指的是制造工艺、材料配方及经营管理秘诀。股东以工业产权（包括非专利技术）作为出资向公司入股，股东必须是该工业产权（包括非专利技术）的合法拥有者，并经过法律程序的确认。股东以知识产权（包括非专利技术）作价出资，必须对知识产权、非专利技术进行评估作价，不得高估或者低估作价，并应在公司办理登记注册之前办妥其转让手续。我国《公司法》规定，股东以知识产权（包括非专利技术）作价出资的金额不得超过有限责任公司注册资本的70%。

2. 知识产权出资的税收政策分析

企业以知识产权出资，在增值税政策方面同货物出资一样，应按规定缴纳增值税，接受投资一方则同样应取得发票入账，在此不再赘述。

3. 知识产权出资的税务管控

（1）知识产权未取得发票不得在所得税前列支。

（2）知识产权以及有关的债权、债务和劳动力一并转让的行为未解除增值税纳税义务，不能扩大有关政策不征税范围。

三、企业设立税收环境的税务管理

税收环境是指影响或决定税收制度产生、运行及其成效的各种外部因素的总和。税收环境有广义和狭义之分。广义的税收环境包括政治法制环境、经济技术环境、社会文化环境、生态环境、国际环境等内容。税收环境与政治体制、经济运行、历史、传统、思想文化密切相关。狭义的税收环境主要包括体制环境、法制环境、道德环境、经济环境等内容。

具体地说，税收环境包括公民和企业法人的纳税意识、当前的社会经济状况、政府及各部门对税收的重视程度和配合情况、税负及当前税法执行情况等。

税收环境受国家大政方针和国民素质制约。税收调控外部环境的优化包括地位平等的独立主体、统一开放的市场机制、健全的法规体系、合理规范的税收秩序、强有力的经济杠杆、协调发展的宏观管理。

企业应综合各种因素,在可能的条件下选择合适税务环境,便于后期纳税申报和税务管理。详细内容将在本章第三节进一步分析。

第二节　企业融资税务管理

企业融资活动也称筹资活动,是指导致企业资本及债务规模和构成发生变化的活动,主要包括金融机构或非金融机构借款、吸收投入资本融资、融资租赁、融资性售后回租等。

一、借款融资的税务管理

(一)借款融资的基本特征

借款融资是指企业为生产经营或项目投资从境内外金融机构、非金融机构贷款取得资金,并按约定利率和期限支付利息。借款有多种渠道,包括向金融机构借款,向非金融机构借款,企业与企业之间的借款、资金占用、向个人集资、发行债券等。

(二)借款融资的税收政策分析

(1)《印花税法》(2022年7月1日实施)税目税率表列示,资金账簿印花税应按资金账簿按实收资本(股本)、资本公积合计金额的0.25‰计算。

(2)根据《国家税务局关于对借款合同贴花问题的具体规定》(国税地字〔1988〕30号),有关借款贴花的具体事项按如下规定执行:

第一,关于以填开借据方式取得银行借款的借据贴花问题。凡一项信贷业务既签订借款合同又一次或分次填开借据的,只就借款合同按所载借款金额计税贴花;凡只填开借据并作为合同使用的,应按照借据所载借款金额计税,在借据上贴花。

第二,关于对流动资金周转性借款合同的贴花问题。借贷双方签订的流动资金周转性借款合同,一般按年(期)签订,规定最高限额,借款人在规定的期限和最高限额内随借随还。在签订流动资金周转借款合同时,应按合同规定的最高借款限额计税贴花。以后,只要在限额内随借随还,不再签新合同的,就不另贴印花。

第三,关于对抵押贷款合同的贴花问题。借款方以财产作抵押,与贷款方签订的抵押借款合同,属于资金信贷业务,借贷双方应按"借款合同"计税贴花。因借款方无力偿还借款而将抵押财产转移给贷款方,应就双方书立的产权转移书据,按"产权转移书据"计税贴花。

第四,关于借款合同中既有应税金额又有免税金额的计税贴花问题。有些借款合同,借款总额中既有应免税的金额,也有应纳税的金额。对这类"混合"借款合同,凡合同中能划分免税金额与应税金额的,只就应税金额计税贴花;不能划分清楚的,应按借款总金额计税贴花。

第五，关于对借款方与银团"多头"签订借款合同的贴花问题。在有的信贷业务中，贷方是由若干银行组成的银团，银团各方均承担一定的贷款数额，借款合同由借款方与银团各方共同书立，各执一份合同正本。对这类借款合同，借款方与贷款银团各方应分别在所执合同正本上按各自的借贷金额计税贴花。

第六，关于对基建贷款中，先签订分合同，后签订总合同的贴花问题。有些基本建设贷款，先按年度用款计划分年签订借款分合同，在最后一年按总概算签订借款总合同，总合同的借款金额中包括各分合同的借款金额。对这类基建借款合同，应按分合同分别贴花，最后签订的总合同，只就借款总额扣除分合同借款金额后的余额计税贴花。

(3) 根据《财政部 国家税务总局关于金融机构与小型微型企业签订借款合同免征印花税的通知》(财税〔2014〕78号)规定，自2014年11月1日至2017年12月31日，对金融机构与小型、微型企业签订的借款合同免征印花税。如果公司符合小型、微型企业条件的，此借款合同可以享受免征印花税的规定。

(4)《财政部 国家税务总局关于全面推开营业税改征增值税试点的通知》(财税〔2016〕36号)规定，自2016年5月1日起，纳税人将资金借给他人使用收取利息均属于发生将资金贷与他人使用的行为，均按"贷款服务"征收增值税。

(5)《财政部 国家税务总局关于全面推开营业税改征增值税试点的通知》(财税〔2016〕36号)附件1：《营业税改征增值税试点实施办法》第二十七条第六项规定，购进的旅客运输服务、贷款服务、餐饮服务、居民日常服务和娱乐服务的进项税额不得从销项税额中抵扣。另根据《财政部 税务总局 海关总署关于深化增值税改革有关政策的公告》(财政部 税务总局 海关总署公告2019年第39号)第六条规定，纳税人购进国内旅客运输服务，其进项税额允许从销项税额中抵扣。

(6) 根据《企业所得税法实施条例》规定，企业在生产经营活动中发生的下列利息支出，准予扣除：非金融企业向金融企业借款的利息支出、金融企业的各项存款利息支出和同业拆借利息支出、企业经批准发行债券的利息支出；非金融企业向非金融企业借款的利息支出，不超过按照金融企业同期同类贷款利率计算的数额的部分。非银行企业内营业机构之间支付的利息，不得扣除。

(7) 根据《国家税务总局关于企业所得税若干问题的公告》(国家税务总局2011年第34号)第一条规定，鉴于目前我国对金融企业利率要求的具体情况，企业在按照合同要求首次支付利息并进行税前扣除时，应提供"金融企业的同期同类贷款利率情况说明"，以证明其利息支出的合理性。"金融企业的同期同类贷款利率情况说明"中，应包括在签订该借款合同时，本省任何一家金融企业提供同期同类贷款利率情况。该金融企业应为经政府有关部门批准成立的可以从事贷款业务的企业，包括银行、财务公司、信托公司等金融机构。"同期同类贷款利率"是指在贷款期限、贷款金额、贷款担保以及企业信誉等条件基本相同下，金融企业提供贷款的利率，其既可以是金融企业公布的同期同类平均利率，也可以是金融企业对某些企业提供的实际贷款利率。

(8) 根据《财政部 国家税务总局关于企业关联方利息支出税前扣除标准有关税收政策问题的通知》(财税〔2008〕121号)规定,企业如果能够按照税法及其实施条例的有关规定提供相关资料,并证明相关交易活动符合独立交易原则的;或者该企业的实际税负不高于境内关联方的,其实际支付给境内关联方的利息支出,在计算应纳税所得额时准予扣除。不能满足以上条件的,在计算应纳税所得额时,企业实际支付给关联方的利息支出,其接受关联方债权性投资与其权益性投资不超过规定比例(金融企业为5∶1;其他企业为2∶1)和税法及其实施条例有关规定计算的部分,准予扣除,超过的部分不得在发生当期和以后年度扣除。企业同时从事金融业务和非金融业务,其实际支付给关联方的利息支出,应按照合理方法分开计算;没有按照合理方法分开计算的,一律按本通知第一条有关其他企业的比例计算准予税前扣除的利息支出。

(9) 根据《国家税务总局关于企业投资者投资未到位而发生的利息支出企业所得税前扣除问题的批复》(国税函〔2009〕312号)规定,凡企业投资者在规定期限内未缴足其应缴资本额的,该企业对外借款所发生的利息,相当于投资者实缴资本额与在规定期限内应缴资本额的差额应计付的利息,其不属于企业合理的支出,应由企业投资者负担,不得在计算企业应纳税所得额时扣除。

(10) 根据《国家税务总局关于企业向自然人借款的利息支出企业所得税税前扣除问题的通知》(国税函〔2009〕777号)规定,企业向股东或其他与企业有关联关系的自然人借款的利息支出,按"关联企业之间借款利息的扣除"计算利息扣除额。企业向除有关联关系的自然人以外的内部职工或其他人员借款的利息支出,利息支出不超过按照金融企业同期同类贷款利率计算的数额的部分,可以在计算企业所得税前扣除。

(11) 根据《企业所得税法实施条例》第三十七条规定,企业在生产经营活动中发生的合理的不需要资本化的借款费用,准予扣除。企业为购置、建造固定资产、无形资产和经过12个月以上的建造才能达到预定可销售状态的存货发生借款的,在有关资产购置、建造期间发生的合理的借款费用,应当作为资本性支出计入有关资产的成本,不得在发生当期扣除。

(三) 借款融资的税务管控

(1) 向非金融机构借款的合同不属于印花税的征税范围,不需要缴纳印花税,小微企业借款免征印花税。

(2) 由于借款费用进项税额不得在增值税应纳税额中抵扣,因此提醒贷款方为融资企业提供增值税普通发票,税额计入利息支出。

(3) 借款利息要根据税收政策进行费用化支出和资本化支出的准确划分,财务核算与税法不一致时,按税法进行纳税申报时,切记不调整会计账务。

(4) 关联企业之间借款时,应按照接受借款企业的整体债资比例来确认,不计算每个投资人的债资比,债资比例超过规定标准的利息原则上不允许税前扣除,债资比例超过规定标准不得税前扣除的利息支出,应按照实际支付给各关联方利息占关联方利息总额的比例,在各关联方之间开展分配。

(5)企业投资者投资未到位发生借款利息时在实务操作中注意以下几点:①区间的划分。首先要按企业章程对出资的规定来认定股东应缴出资的时间,股东逾期未按规定出资,则会产生不得扣除利息;其次逾期出资每变化一次,则要分段计算一次。②各区间内,有多笔贷款及贷款利率有变化的,一定要按给定的公式计算,而不能用未出资额直接乘以利率来计算。

(6)国税函〔2009〕312号文件中未明确股东出资后又抽逃资本是否也适用该文件。但根据法理推论,投资者投资未到位应包括出资后又抽逃资本,因此投资者出资后又抽逃资本的应按该文执行。

(7)在向自然人借款的利息扣除时要注意区分利率和非法集资,金融机构同类同期贷款利率包括中国人民银行规定的基准利率和浮动利率,不具有非法集资目的支付的个人借款利息才能扣除,支付利息的企业在支付利息时,应要求收款方企业或个人到税务机关代开发票。向个人支付利息时须履行个人所得税扣缴义务。

(8)非金融企业向金融企业的借款利息支出准予全额扣除,但是扣除时应该取得发票作为合法有效的凭证,以银行的利息结算单入账存在所得税前无法扣除的风险。

(9)银行为了扩大中间业务收入,人为地把实际利息拆分成两部分:一部分为利息;另一部分为"融资安排费""财务咨询费"等。"融资安排费""财务咨询费"等的金额一般较大,在处理时应该作为借款费用来处理,按照不同的情况区分资本化或者费用化处理,而不能简单地视同一般费用处理。《国家税务总局关于企业所得税应纳税所得额若干税务处理问题的公告》(国家税务总局公告2012年第15号)对此问题做出了明确的规定,企业通过发行债券、取得贷款、吸收保户储金等方式融资而发生的合理的费用支出,符合资本化条件的,应计入相关资产成本;不符合资本化条件的,应作为财务费用,准予在企业所得税前据实扣除。

(10)在溢、折价发行债券的情况下,正确计算扣除每期公司债券溢、折价摊销金额,避免出现多摊销或应摊而未摊销的费用。

【案例2-2-1】 为进一步拓宽公司融资渠道,A控股股份有限公司向M信托有限公司(以下简称M信托)申请不超过人民币3亿元的信托计划融资借款,借款年利率9.428%,借款期限不超过12个月。采用固定利率,在合同有效期内保持利率不变,定期付息。借款期限届满日归还全部借款;若需提前还款,公司应提前5个工作日向M信托提出书面申请,并取得M信托的同意。

【税务管理建议】

(1)《信托公司管理办法》中规定"信托公司,是指依照《中华人民共和国公司法》和本办法设立的主要经营信托业务的金融机构",可见,信托公司属于金融企业。那么根据《企业所得税法实施条例》第三十八条的规定,利息支出可以全额税前列支,但是应以增值税普通发票作为税前扣除的凭证,否则存在企业所得税纳税调整的税务风险。

(2)由于M信托属于金融企业,A控股股份有限公司与M信托签订的借款合同应该按照合同载明的借款金额的0.05‰缴纳印花税。

（3）A控股股份有限公司借款主要是为了补充流动资金不足，不属于资本性支出项目，因此应直接作为财务费用核算，计入当期损益。

【案例2-2-2】 2019年12月29日，太原恒信集团有限公司（以下称恒信集团）与山西投资管理集团有限公司（以下简称山投集团）签订借款合同，双方确认：山投集团借给恒信集团人民币2 850万元，全部作为代恒信集团偿还晋中宏艺生物技术有限公司的欠款。期限为6个月（截至2020年6月30日），借款利率为年息20%，公司未能按时归还借款，逾期部分借款利率按月加收1%。

2019年12月30日，恒信集团与山西晋联房地产开发有限公司（以下简称山西晋联）签订借款合同，双方确认：恒信集团以其所拥有的恒信大厦二层作为贷款抵押物融资500万元，借款期限为一个月，利率按月息2%计算，还款来源于抵押物租赁收入及其他筹资。

恒信集团与上述两家公司不存在关联关系，不构成关联交易。

【税务管理建议】

恒信集团分别向山投集团、山西晋联两家公司借款融资，属于非金融企业向非金融企业借款，按照《企业所得税法》及其实施条例规定的原则，恒信集团向这两家公司支付的借款利息按照不超过金融企业同期同类贷款利率计算的部分可以税前列支，超过部分不能税前扣除。

恒信集团应该在向山投集团、山西晋联这两家公司首次支付利息并且税前扣除时准备提供"金融企业的同期同类贷款利率情况说明"，如果能找出在山西省内的任意一家金融企业向外放贷（贷款期限、贷款金额、贷款担保以及企业信誉等条件基本与本业务中的借款条件基本相同）时收取的利率等于或者高于恒信集团支付给山投集团、山西晋联两家公司的利率水平，则可全额扣除；否则，高于该金融企业实际收取的贷款利率部分应该在当年的企业所得税汇算清缴时做纳税调增处理，形成永久性差异。

另外，恒信集团应该取得山投集团、山西晋联这两家公司向其开具的增值税普通发票，必须以发票作为税前扣除的凭证，如果这两家公司自身无法开具，应该去税务机关代开。由于山投集团、山西晋联这两家公司并不属于金融企业，恒信集团与其签订的借款合同并不在印花税法规列举的范围之内，故无须贴花。

【案例2-2-3】 2020年4月，华阳置业股份有限公司（以下简称公司）股东大会批准了《关于公司2020年度融资额度的议案》，同意公司（包括下属子公司及项目公司）2020年度向大股东恒信集团有限公司及其关联方借款最高额不超过30亿元人民币（含等值折算的外币），由实际使用资金的公司向恒信集团有限公司及其关联方支付相应的资金使用费，资金使用费不超过银行同期利率，如恒信集团有限公司及其关联方取得资金的成本高于银行同期利率，资金使用费不超过恒信集团有限公司及其关联方取得资金的成本。

根据上述决议，公司全资子公司华杰置业有限公司向恒信集团有限公司借款5.1亿元,期限1年,年利率为7.216%;向恒信集团有限公司子公司恒信致远有限公司借款1.2亿元,期限1年,年利率7.216%,本次借款事项在公司股东大会批准的范围之内。

【税务管理建议】

(1) 华杰置业有限公司向恒信集团有限公司、恒信致远有限公司借款属于非金融企业向非金融企业借款,且存在关联关系。因此,华杰置业有限公司在向这两家公司支付利息时既要受"金融企业同期同类贷款利率"的限制,也受企业所得税法规中有关资本弱化条款的限制。

(2) 华杰置业有限公司在首次向这两家公司支付利息并且税前扣除时准备提供"金融企业的同期同类贷款利率情况说明",如果能找出在本省内的任意一家金融企业向外放贷(贷款期限、贷款金额、贷款担保以及企业信誉等条件基本与本案例中的借款条件基本相同)时收取的利率等于或者高于华杰置业有限公司支付给这两家公司的利率水平,则可全额扣除;否则,高于该金融企业收取的贷款利率部分应该在当年的企业所得税汇算清缴时做纳税调增处理,形成永久性差异。

(3) 华杰置业有限公司向关联方融资6.3亿元,应对照《企业所得税法》《企业所得税法实施条例》《财政部、国家税务总局关于企业关联方利息支出税前扣除标准有关税收政策问题的通知》(财税〔2008〕121号)以及国家税务总局关于印发《特别纳税调整实施办法(试行)》的通知(国税发〔2009〕2号)的规定,考察其关联借贷规模是否超过"资本弱化"条款中所规定的比例。在超过比例的情况下,需要单独准备"资本弱化"的同期资料,以证明关联方之间的融通资金交易符合独立交易原则或者其实际税负不高于这两家借出资金的关联方,否则超过比例部分所对应的利息可能不得列支。

(4) 华杰置业有限公司应该对按照"金融企业同期同类贷款利率"原则计算出的可扣除的利息,和按照有关资本弱化条款的限制规则计算出的利息进行比较,以两者中的较小者作为税前扣除的利息支出。

(5) 国税发〔2009〕2号第八十五条规定,不得扣除利息支出=年度实际支付的全部关联方利息×(1-标准比例÷关联债资比例)。

关联债资比例=年度各月平均关联债权投资之和÷年度各月平均权益投资之和

各月平均关联债权投资=(关联债权投资月初账面余额+月末账面余额)÷2

各月平均权益投资=(权益投资月初账面余额+月末账面余额)÷2

权益投资为企业资产负债表所列示的所有者权益金额。如果所有者权益小于实收资本(股本)与资本公积之和,则权益投资为实收资本(股本)与资本公积之和;如果实收资本(股本)与资本公积之和小于实收资本(股本)金额,则权益投资为实收资本(股本)金额。

利息支出包括直接或间接关联债权投资实际支付的利息、担保费、抵押费和其他具有利息性质的费用。

(6) 《国家税务总局关于完善关联申报和同期资料管理有关事项的公告》(国家税务总局公告2016年第42号)第十七条规定,资本弱化特殊事项文档包括以下内容:①企业偿债能力和举债能力分析;②企业集团举债能力及融资结构情况分析;③企业注册资本等权益投资的变动情况说明;④关联债权投资的性质、目的及取得时的市场状况;⑤关联债权投资的货币种类、金额、利率、期限及融资条件;⑥非关联方是否能够并且愿意接受上述融资条件、融资金额及利率;⑦企业为取得债权性投资而提供的抵押品情况及条件;⑧担保人状况及担保条件;⑨同类同期贷款的利率情况及融资条件;⑩可转换公司债券的转换条件;⑪其他能够证明符合独立交易原则的资料。

(7) 国税发〔2009〕2号第九十条及第九十一条规定,企业未按规定准备、保存和提供同期资料证明关联债权投资金额、利率、期限、融资条件以及债资比例等符合独立交易原则的,其超过标准比例的关联方利息支出,不得在计算应纳税所得额时扣除。实际支付利息是指企业按照权责发生制原则计入相关成本、费用的利息。

【案例2-2-4】 2019年10月25日,陕西东升科技股份有限公司(以下简称东升科技)与自然人王国庆签订了借款协议,协议约定,东升科技向王国庆借款人民币5 000万元,用于归还到期银行贷款、补充公司流动资金。

王国庆与东升科技之间不存在产权、业务、资产、债权债务、人员等方面的其他关系。

借款期限为2019年11月1日至2021年12月31日。借款月利率为借款金额的1.5%。王国庆应于2019年11月1日前向东升科技的账户内支付5 000万元人民币。

如王国庆未按协议的约定向东升科技支付借款,应按协议约定的未支付借款金额的20%向东升科技支付违约金;如东升科技未按协议约定向王国庆归还借款,应按协议约定的未归还借款金额的20%向王国庆支付违约金。

陕西立升化工集团有限公司为东升科技履行本协议提供连带责任保证。陕西立升化工集团有限公司是东升科技的第二大股东,截至2019年年末持有东升科技12.95%的股份。

【税务管理建议】

(1)《企业所得税法实施条例》第一百一十九条规定,《企业所得税法》第四十六条所称债权性投资,是指企业直接或者间接从关联方获得的,需要偿还本金和支付利息或者需要以其他具有支付利息性质的方式予以补偿的融资。企业间接从关联方获得的债权性投资,包括"无关联第三方提供的、由关联方担保且负有连带责任的债权性投资"。

(2) 王国庆向东升科技提供借款,但是由陕西立升化工集团有限公司担保并且负连带责任,因此,根据《企业所得税法实施条例》的规定构成关联方借款,应该受《企业所得税法》中资本弱化条款的限制。

(3) 本次借款行为属于向非金融企业关联方借款,利息向自然人支付,借款利息同时满足以下条件方可在计算企业所得税税前扣除:

第一,由于构成关联方借款,东升科技应对照《企业所得税法》《企业所得税法实施条例》《财政部、国家税务总局关于企业关联方利息支出税前扣除标准有关税收政策问题的通知》(财税〔2008〕121号)以及国家税务总局关于印发《特别纳税调整实施办法(试行)》的通知(国税发〔2009〕2号)的规定,考察其关联借贷规模是否超过资本弱化条款中所规定的比例。在超过比例的情况下,需要单独准备资本弱化的同期资料,以证明关联方之间的融通资金交易符合独立交易原则或者其实际税负不高于陕西立升化工集团有限公司,否则超过比例部分所对应的利息可能不得列支。

第二,由于构成非金融企业向非金融企业借款,因此,东升科技首次向王国庆支付利息并且税前扣除时准备提供"金融企业的同期同类贷款利率情况说明",如果能找出在陕西省内的任意一家金融企业向外放贷(贷款期限、贷款金额、贷款担保以及企业信誉等条件基本与本案例中的借款条件基本相同)时收取的利率等于或者高于东升科技支付给王国庆的利率水平则可全额扣除;否则,高于该金融企业实际收取的贷款利率部分应该在当年的企业所得税汇算清缴时做纳税调增处理,形成永久性差异。

第三,由于构成了向自然人直接借款,因此,应该满足《国家税务总局关于企业向自然人借款的利息支出企业所得税税前扣除问题的通知》(国税函〔2009〕777号)的规定才能够税前列支,即东升科技需要举证与王国庆之间的借贷是真实、合法、有效的,并且不具有非法集资目的或其他违反法律、法规的行为;企业与个人之间签订了借款合同。

第四,需要合法有效的增值税普通发票作为税前扣除的凭据。

第五,东升科技应该就按照"金融企业同期同类贷款利率"原则计算出的可扣除的利息和按照有关"资本弱化"条款的限制规则计算出的利息进行比较,以两者中的较小者作为税前扣除的利息支出。

第六,东升科技向王国庆支付借款利息时应该履行个人所得税的代扣代缴义务,按照支付利息金额的20%扣缴,在扣缴的次月15日之内将该笔税款缴纳入库。

第七,如果王国庆未按协议的约定向东升科技支付借款,东升科技收取违约金时不需要出具发票;如果东升科技未按期还款而支付的违约金属于王国庆利息收入的价外费用,王国庆应提供利息收入增值税普通发票。

二、吸收投入资本融资的税务管理

(一)吸收投入资本融资的基本特征

投入资本融资主要包括政府资本性投入、股东资本性投入。政府资本性投入是指各级财政部门根据国家有关政策给予企业的各项资本性投入;股东资本性投入是指股东按照股东大会决议和公司章程,增加对企业的资本金投资,包含新增注资和由资本公积、盈余公积、未分配利润转增资本两种方式。

(二)吸收投入资本融资的税收政策分析

(1)根据《国家税务总局关于资金账簿印花税问题的通知》(国税发〔1994〕25号)规定,政府资本性投入和股东资本性投入按新增实收资本和资本公积的合计金额0.5‰贴花。

(2)根据《国家税务总局关于贯彻落实企业所得税法若干税收问题的通知》(国税函〔2010〕79号)第四条规定,被投资企业将股权(票)溢价所形成的资本公积转为股本的,不作为投资方企业的股息、红利收入,投资方企业也不得增加该项长期投资的计税基础。

(3) 根据《国家税务总局关于企业所得税应纳税所得额若干问题的公告》(国家税务总局公告 2014 年第 29 号)规定,①企业接收政府划入资产的企业所得税处理如下:县级以上人民政府(包括政府有关部门,下同)将国有资产明确以股权投资方式投入企业,企业应作为国家资本金(包括资本公积)处理。该项资产如为非货币性资产,应按政府确定的接收价值确定计税基础。②企业接收股东划入资产(包括股东赠予资产、上市公司在股权分置改革过程中接收原非流通股股东和新非流通股股东赠予的资产、股东放弃本企业的股权,下同),凡合同、协议约定作为资本金(包括资本公积)且在会计上已做实际处理的,不计入企业的收入总额,企业应按公允价值确定该项资产的计税基础。

(4) 根据《关于将国家自主创新示范区有关税收试点政策推广到全国范围实施的通知》(财税〔2015〕116 号)和《国家税务总局关于股权奖励和转增股本个人所得税征管问题的公告》(国家税务总局公告 2015 年第 80 号)规定,明确了"个人股东获得转增的股本,应按照利息、股息、红利所得项目,统一适用 20% 税率征收个人所得税",同时要求提出以下具体规定:①个人取得上市公司或在全国中小企业股份转让系统挂牌(简称"公开发行和转让市场")以未分配利润、盈余公积、资本公积(不含以股票发行溢价形成的资本公积转增股本)转增的股本,不适用分期纳税政策,而继续按现行有关股息红利差别化政策执行:持股期限超过 1 年的,股息红利所得暂免征收个人所得税;持股期限在 1 个月以内的,其股息红利所得全额计入应纳税所得额;持股期限在 1 个月以上至 1 年的,暂减按 50% 计入应纳税所得额。②个人取得非"公开发行和转让市场"的中小高新技术企业以未分配利润、盈余公积、资本公积转增的股本,一次缴纳个人所得税确有困难的,纳税人可分期 5 年缴纳个人所得税。③个人从非"公开发行和转让市场"的中小高新技术企业以外的其他企业取得的以未分配利润、盈余公积、资本公积转增的股本,应一次性缴纳个人所得税,实施转增的企业应及时代扣代缴。④自 2016 年 1 月 1 日起,全国范围内的中小高新技术企业以未分配利润、盈余公积、资本公积向个人股东转增股本时,个人股东一次缴纳个人所得税确有困难的,可根据实际情况自行制定分期缴税计划,在不超过 5 个公历年度内(含)分期缴纳,并将有关资料报主管税务机关备案。

(5) 根据《财政部 国家税务总局关于企业重组业务企业所得税处理若干问题的通知》(财税〔2009〕59 号)第一条第四款规定,资产收购是指一家企业(以下称为受让企业)购买另一家企业(以下称为转让企业)实质经营性资产的交易。受让企业支付对价的形式包括股权支付、非股权支付或两者的组合。第二条规定,本通知所称股权支付,是指企业重组中购买、换取资产的一方支付的对价中,以本企业或其控股企业的股权、股份作为支付的形式;所称非股权支付,是指以本企业的现金、银行存款、应收款项、本企业或其控股企业股权和股份以外的有价证券、存货、固定资产、其他资产以及承担债务等作为支付的形式。第四条第三款规定,企业股权收购、资产收购重组交易,相关交易应按以下规定处理:①被收购方应确认股权、资产转让所得或损失;②收购方取得股权或资产的计税基础应以公允价值为基础确定;③被收购企业的相关所得税事项原则上保持不变。第五条规定,企业重组同时符合下列条件的,适用特殊性税务处理规定:①具有合理的商业目的,且不以减少、免除或者推迟缴纳税款为主要目的;②被收购、合并或分立部分的资产或股权比例符合本通知规定的比例;③企业重组后的连续12个月内不改变重组资产原来的实质性经营活动;④重组交易对价中涉及股权支付金额符合本通知规定比例;⑤企业重组中取得股权支付的原主要股东,在重组后连续12个月内,不得转让所取得的股权。第六条第三项规定,企业重组符合本通知第五条规定条件的,交易各方对其交易中的股权支付部分,可以按以下规定进行特殊性税务处理:资产收购,受让企业收购的资产不低于转让企业全部资产的75%,且受让企业在该资产收购发生时的股权支付金额不低于其交易支付总额的85%,可以选择按以下规定处理:①转让企业取得受让企业股权的计税基础,以被转让资产的原有计税基础确定;②受让企业取得转让企业资产的计税基础,以被转让资产的原有计税基础确定。根据《财政部 国家税务总局关于促进企业重组有关企业所得税处理问题的通知》(财税〔2014〕109号)将财税〔2009〕59号文件规定,第六条第(三)项中有关"资产收购,受让企业收购的资产不低于转让企业全部资产的75%"规定调整为"资产收购,受让企业收购的资产不低于转让企业全部资产的50%"。

(三) 吸收投入资本融资的税务管控

(1) 政府的资本性投入不征收流转税和企业所得税,企业应妥善保存政府资本性投入的相关文件。

(2) 法人股东企业应妥善保存被投资企业每次转增资本的股东会决议,作为其长期股权投资计税基础调整的依据。

(3) 股份制企业股票溢价发行收入所形成的资本公积金。将此转增股本由个人取得的数额,不作为应税所得征收个人所得税。而与此不相符合的其他资本公积金分配个人所得部分,则应当依法征收个人所得税。也就是说,非股份制企业资本溢价转增股本属于征税范围,不能把政策扩大化理解。

(4) 企业通过股权置换其他企业资产,以达到融资的目的,这是一项融资的理想选择,企业既可取得自己急需的资源,同时又不用自付大量的现金,特别是特殊重组条件中收购资产的比例量化标准降到50%以后,此种方式的可操作性更强。但需要注意的是,一旦按特殊重组处理,一般要以资产原账面价值确认计税基础。企业在收购之前最好要求被收购企业先进行资产清理,将资产收购的风险降到最低。

【案例2-2-5】 2019年8月自然人甲出资设立一人有限公司A,注册资本80万元,A公司主营业务为医疗服务。2020年1月A公司增资扩股,B公司向A公司投资1 000万元,其中20万元计入注册资本,980万元计入资本公积金。增资完成后,A公司的注册资本由80万元增加到100万元,甲持有A公司80%的股权,B公司持有A公司20%的股权。2020年8月A公司以500万元资本公积金转增资本,转增后甲的股本变成480万元,B公司的股本变成120万元。

【税务管理建议】

(1) A公司以资本溢价形成的资本公积金500万元转增股本,转增股本后,甲股东和

B公司的占股仍为80%和20%。A公司转增甲股东股本的资本溢价形成的资本公积金400万元(500×80%)，应作为A公司分配甲股东的股息、红利，按20%的税率缴纳个人所得税。

（2）A公司转增B公司股本的资本溢价形成的资本公积金100万元(500×20%)，不得作为A公司分配B公司的股息、红利。

（3）2020年1月，B公司投资1 000万元到A公司，占股20%，B公司投资A公司的计税基础为1 000万元。2020年8月，A公司转增B公司股本100万元后，B公司投资A公司的计税基础仍保持1 000万元不变，不得将投资A公司的计税基础增加为1 100万元。

三、融资租赁、融资性售后回租的税务管理

（一）融资租赁、融资性售后回租的基本特征

1. 融资租赁的基本特征

企业在经营过程中，可能会遇到欲采购的机器设备、运输工具等固定资产由于自有资金不足而无法采购，或者出现现金流紧张，资金周转困难的局面，这时企业可以通过融资租赁解决上述问题。

融资租赁，是指出租人根据承租人对租赁物和供货人的选择或认可，将其从供货人处取得的租赁物按合同约定出租给承租人占有、使用，向承租人收取租金的交易活动。

融资租赁的特征一般归纳为五个方面：①租赁物由承租人决定，出租人出资购买并租赁给承租人使用，并且在租赁期间内只能租给一个企业使用；②承租人负责检查验收制造商所提供的租赁物，对该租赁物的质量与技术条件出租人不向承租人做出担保；③出租人保留租赁物的所有权，承租人在租赁期间支付租金而享有使用权，并负责租赁期间租赁物的管理、维修和保养；④租赁合同一经签订，在租赁期间任何一方均无权单方面撤销合同。只有租赁物毁坏或被证明为已丧失使用价值的情况下方能中止执行合同，无故毁约则要支付相当重的罚金；⑤租期结束后，承租人一般对租赁物有留购和退租两种选择，若要留购，购买价格可由租赁双方协商确定。

2. 融资性售后回租的基本特征

售后回租业务，是指承租人将自有物件出卖给出租人，同时与出租人签订融资租赁合同，再将该物件从出租人处租回的融资租赁形式。对承租企业而言，当其急需现金周转时，售后回租是改善企业财务状况的一种有效手段。从目前上市公司的具体业务实践来看，绝大部分采用的都是售后回租的方式进行融资租赁来解决现金流不足的问题。售后回租形式进行融资租赁，不仅能够解决承租方的流动资金困难的问题，还能够盘活固定资产，有效地利用现有资产，加速资金再循环，产生资本扩张效应。售后回租业务本质上应该属于实物抵押贷款。

（二）融资租赁、融资性售后回租的税收政策分析

（1）根据《国家税务局关于对借款合同贴花问题的具体规定》(〔1988〕国税地字第

30号)的规定,关于对融资租赁合同的贴花问题,银行及其金融机构经营的融资租赁业务,是一种以融物方式达到融资目的的业务,实际上是分期偿还的固定资金借款。对融资租赁合同,可据合同所载的租金总额暂按"借款合同"计税贴花。因此,应该根据融资租赁公司的性质来决定,签订的融资租赁合同是否需要贴花,即与属于金融企业的融资租赁公司签订的融资租赁合同应该贴花,与其他类型的融资租赁公司签订的融资租赁合同无须贴花。

(2)根据《财政部 国家税务总局关于全面推开营业税改征增值税试点的通知》(财税〔2016〕36号)附件2《营业税改征增值税试点有关事项的规定》中关于融资租赁业务计税方法的政策规定和解析具体如下:

第一,经人民银行、银监会或者商务部批准从事融资租赁业务的试点纳税人,提供融资租赁服务,以取得的全部价款和价外费用,扣除支付的借款利息(包括外汇借款和人民币借款利息)、发行债券利息和车辆购置税后的余额为销售额。

第二,经人民银行、银监会或者商务部批准从事融资租赁业务的试点纳税人,提供融资性售后回租服务,以取得的全部价款和价外费用(不含本金),扣除对外支付的借款利息(包括外汇借款和人民币借款利息)、发行债券利息后的余额作为销售额。

第三,试点纳税人根据2016年4月30日前签订的有形动产融资性售后回租合同,在合同到期前提供的有形动产融资性售后回租服务,可继续按照有形动产融资租赁服务缴纳增值税。

继续按照有形动产融资租赁服务缴纳增值税的试点纳税人,经人民银行、银监会或者商务部批准从事融资租赁业务的,根据2016年4月30日前签订的有形动产融资性售后回租合同,在合同到期前提供的有形动产融资性售后回租服务,可以选择以下方法之一计算销售额:

以向承租方收取的全部价款和价外费用,扣除向承租方收取的价款本金,以及对外支付的借款利息(包括外汇借款和人民币借款利息)、发行债券利息后的余额为销售额。

纳税人提供有形动产融资性售后回租服务,计算当期销售额时可以扣除的价款本金,为书面合同约定的当期应当收取的本金。无书面合同或者书面合同没有约定的,为当期实际收取的本金。

试点纳税人提供有形动产融资性售后回租服务,向承租方收取的有形动产价款本金,不得开具增值税专用发票,可以开具普通发票。

第四,经商务部授权的省级商务主管部门和国家经济技术开发区批准的从事融资租赁业务的试点纳税人,2016年5月1日后实收资本达到1.7亿元的,从达到标准的当月起按照上述规定执行;2016年5月1日后实收资本未达到1.7亿元但注册资本达到1.7亿元的,在2016年7月31日前仍可按照上述规定执行,2016年8月1日后开展的融资租赁业务和融资性售后回租业务不得按照上述规定执行。

(3)根据《企业所得税法实施条例》第五十八条规定,融资租入的固定资产,以租赁合同约定的付款总额和承租人在签订租赁合同过程中发生的相关费用为计税基础,租赁合同未约定付款总额的,以该资产的公允价值和承租人在签订租赁合同过程中发生的相关费用为计税基础。第四十七条规定,以融资租赁方式租入固定资产发生的租赁费支出,按照规定构成融资租入固定资产价值的部分应当提取折旧费用,分期扣除。

(三) 融资租赁、融资性售后回租的税务管控

(1) 目前税收政策只对融资租赁、售后回租对象为经商务部授权的省级商务主管部门和国家经济技术开发区批准的从事融资租赁业务的试点纳税人作了详细规定,这与国家相关政策有关,其他业务目前没有政策依据。

(2) 融资性售后回租业务中,出售资产不作销售处理,应以原值进行折旧和摊销。

(3) 融资租入的固定资产按总价进行折旧,税收政策与会计政策不同,应正确进行税会差异企业所得税纳税调整。

【案例 2-2-6】 2020 年 8 月 10 日,M 股份有限公司与 L 银行股份有限公司及 W 设备有限公司就 M 股份有限公司环保搬迁中拟实施的部分项目的人民币 30 亿元融资签署了框架协议。协议主要内容为:L 银行股份有限公司牵头,W 设备有限公司为卖方、B 国际租赁有限公司为买方和出租方、M 股份有限公司为承租方,以融资租赁方式为 M 股份有限公司提供人民币 20 亿元融资;同时,W 设备有限公司同意 M 股份有限公司延期支付设备款人民币 10 亿元。

根据环保搬迁工作进展及生产经营需要,M 股份有限公司拟与 B 国际租赁有限公司在框架协议项下签署融资租赁合同,由 B 国际租赁有限公司为 M 股份有限公司融资向 W 设备有限责任公司购买租赁物,融资金额为人民币 5.5 亿元。主要的租赁物包括高线机械设备、铸铜冷却壁、转炉二次除尘新增设备等。

租赁期限为自合同生效之日起 24 个月。租金由融资物成本和租赁期间占用资金利息两部分构成。融资物成本为人民币 5.5 亿元;租赁期间占用资金利息参照国家金融机构人民币贷款 3 年期基准利率执行;若遇人民币贷款利率调整,租金从调整之日次月起按同档次做同方向同比例调整。合同生效之日 M 股份有限公司应缴付第一期租金,之后每隔 3 个月支付一期租金,9 期支付完毕。除租金外,B 国际租赁有限公司就本次融资租赁收取人民币 880 万元的租赁管理手续费,在 M 股份有限公司收到当期的全部租赁物购买款当日一次性支付给 B 国际租赁有限公司。另外,M 股份有限公司应缴存人民币 880 万元的租赁保证金,保证金将于合同执行完后的一个月内退还 M 股份有限公司。

在租赁期间租赁物所有权归 B 国际租赁有限公司所有。租赁期满后,M 股份有限公司有续租或购买租赁物的选择权,续租条件由 M 股份有限公司与 B 国际租赁有限公司协商;购买租赁物,M 股份有限公司的购买价格为 0 元。

B 国际租赁有限公司是于 2012 年 3 月 5 日经 T 市商务委员会批准成立的中外合资融资租赁公司。

【税务管理建议】

(1) 本案属于采用直接融资租赁方式租赁设备,出租方为 B 国际租赁有限公司,承租

方为 M 股份有限公司。

（2）B 国际租赁有限公司是经商务部门批准成立的，那么其收取的租金应该按财税〔2016〕36 号规定缴纳增值税。B 国际租赁有限公司从 W 设备有限责任公司购买租赁物取得的增值税专用发票可以抵扣进项税额，B 国际租赁有限公司就其确认的销售额向 M 股份有限公司开具增值税专用发票，M 股份有限公司可据以抵扣增值税进项税额。

（3）M 股份有限公司支付的租金包括融物成本和利息，M 股份有限公司可以按照计算出的标的物的入账价值计提折旧，向 B 国际租赁有限公司支付的融资管理手续费应该作为利息处理，计入财务费用，应以两者之和确认计税成本。

（4）由于 B 国际租赁有限公司属于非金融企业，M 股份有限公司支付的利息超过金融企业同期同类贷款的部分属于企业所得税不合理的支出，不得在企业所得税前扣除。具体操作上，M 股份有限公司在首次向 B 国际租赁有限公司支付利息并且税前扣除时应该按照《国家税务总局关于企业所得税若干问题的公告》（国家税务总局公告 2011 年第 34 号）的规定准备提供"金融企业的同期同类贷款利率情况说明"，高于该金融企业实际收取的贷款利率部分应该在当年的企业所得税汇算清缴时做纳税调增处理，形成永久性差异。

第三节　企业投资税务管理

一、企业投资方式的税务管理

根据《公司法》第二十七条规定，股东可以用货币出资，也可以用实物、知识产权、土地使用权等可以用货币估价并可以依法转让的非货币财产作价出资。各种投资方式的基本特征和税收政策在本章第一节已经分析，在此仅以风险管理进行补充说明。

（1）在企业所得税进行投资成本确认时，无论会计采用成本法核算还是权益法核算，税收一贯坚持以历史成本确认股权投资成本，财务核算在投资环节确认的损益企业所得税一律不予确认，均应作纳税调整处理。如交易性金融资产确认的投资损失、权益法核算确认的营业外收入等。根据《企业所得税法实施条例》第七十一条规定，《企业所得税法》第十四条中所称投资资产，是指企业对外进行权益性投资和债权性投资形成的资产。企业在转让或者处置投资资产时，投资资产的成本，准予扣除。投资资产按照以下方法确定成本：①通过支付现金方式取得的投资资产，以购买价款为成本；②通过支付现金以外的方式取得的投资资产，以该资产的公允价值和支付的相关税费为成本。

（2）企业以非货币性资产出资，应按规定缴纳增值税；如果连同债权、债务和劳动力一并转让的，不属于增值税的征税范围，但必须提供相关证据。

（3）《财政部 国家税务总局关于企业改制重组有关土地增值税政策的通知》（财税〔2015〕5 号）第四条规定，单位、个人在改制重组时以国有土地、房屋进行投资，对其将国有土地、房屋权属转移、变更到被投资的企业，暂不征土地增值税。

【案例2-3-1】 某化工厂在郊区有一家工厂,工厂占地面积比较大,工厂土地为出让方式获得,共计支付地价款700万元,厂房主要为2010年的临时、简易房,连同土地现在账面价值500万元。由于城市发展,现在这块地已经处于郊区的中心,一家大型零售公司想在此地建设一个大型商场。该零售公司找到该化工公司洽购此地块,出价6 000万元。该地块上房屋的评估价格为100万元。

【税务管理建议】

化工厂的税务管理部门在出售与投资之间进行了方案比较。

方案一:化工厂将该房地产销售给零售公司。

1. 化工厂应该缴纳的税收

(1) 应纳增值税 $=6\,000 \div (1+5\%) \times 5\% = 285.71$(万元)。

(2) 应纳城市维护建设税 $=285.71 \times 5\% = 14.29$(万元)。

(3) 应纳教育费附加 $=285.71 \times 3\% = 8.57$(万元)。

(4) 应纳地方教育附加 $=285.71 \times 2\% = 5.71$(万元)。

(5) 印花税 $=6\,000 \times 0.5‰ = 3$(万元)。

(6) 土地增值税:

增值额 $=5\,714.29 - (700+100+14.29+8.57+5.71+3) = 4\,882.72$(万元);

增值率 $=4\,882.72 \div 831.57 \times 100\% = 587\%$;

应纳土地增值税 $=4\,882.72 \times 60\% - 831.57 \times 35\% = 2\,683.58$(万元)。

(7) 应纳企业所得税 $=(5\,714.29 - 500 - 14.29 - 8.57 - 5.71 - 3 - 2\,683.58) \times 25\% = 624.79$(万元);

出售方缴税合计 $=285.71+14.29+8.57+5.71+2\,683.58+624.79 = 3\,622.65$(万元);

出售方转让该土地的净收益 $=6\,000 - 500 - 3\,622.65 = 1\,877.35$(万元)。

2. 零售公司应该缴纳的税收

(1) 契税 $=5\,714.29 \times 3\% = 171.29$(万元)。

(2) 印花税3万元。

方案二:化工厂以房地产投资入股零售公司,之后再以股权转让方式收回投资。

1. 化工厂应该缴纳的税收

(1) 股权转让需缴纳印花税 $=6\,000 \times 0.5‰ = 3$(万元)。

(2) 应纳增值税 $=6\,000 \div (1+5\%) \times 5\% = 285.71$(万元)。

(3) 应纳城市维护建设税 $=285.71 \times 5\% = 14.29$(万元)。

(4) 应纳教育费附加 $=285.71 \times 3\% = 8.57$(万元)。

(5) 应纳地方教育附加 $=285.71 \times 2\% = 5.71$(万元)。

(6) 企业所得税 $=(5\,714.29 - 14.29 - 8.57 - 5.71 - 500 - 3) \times 25\% = 1\,295.68$(万元);

节税总额 $=3\,622.65 - (3+1\,295.68+285.71+14.29+8.57+5.71) = 2\,009.69$(万元)。

2. 零售公司应该缴纳的税收

(1) 契税 $=5\,714.29 \times 3\% = 180$(万元)。

（2）股权转让印花税3万元。

两个方案比较，应选择方案二对化工厂更有利。

二、投资产业的税务管理

（一）投资产业的税收政策分析

投资产业的选择需要考虑众多因素，仅就税收因素而言，国家对于不同产业的政策并不是一视同仁的，而是有所侧重的。有些产业是国家重点扶持的，而有些产业则是国家限制发展甚至禁止发展的。国家对产业进行扶持或限制的主要手段就是税收政策。在税收政策中，最重要的是所得税政策，因为所得税是直接税，一般不能转嫁，国家减免所得税，其利益就直接进入了企业。流转税由于是间接税，税负可以转嫁，国家一般不采取间接税的优惠措施，但由于流转税影响产品的成本，减免流转税同样可以刺激相关产业的发展，因此，也有个别间接税优惠措施。

目前，国家通过减免所得税的方式来扶持的产业有以下几类。

1. 高新技术产业

根据《企业所得税法》第二十八条规定，国家需要重点扶持的高新技术企业，减按15%的税率征收企业所得税。

根据《企业所得税法实施条例》第九十三条规定，《企业所得税法》第二十八条第二款所称国家需要重点扶持的高新技术企业，是指拥有核心自主知识产权，并同时符合下列条件的企业：①产品（服务）属于《国家重点支持的高新技术领域》规定的范围；②研究开发费用占销售收入的比例不低于规定比例；③高新技术产品（服务）收入占企业总收入的比例不低于规定比例；④科技人员占企业职工总数的比例不低于规定比例；⑤高新技术企业认定管理办法规定的其他条件。《国家重点支持的高新技术领域》和高新技术企业认定管理办法由国务院科技、财政、税务主管部门商国务院有关部门制订，报国务院批准后公布施行。

根据《关于将国家自主创新示范区有关税收试点政策推广到全国范围实施的通知》（财税〔2015〕116号）规定，自2015年10月1日起，全国范围内的有限合伙制创业投资企业，采取股权投资方式投资于未上市的中小高新技术企业满2年的，该有限合伙制创业投资企业的法人合伙人可按照其对未上市中小高新技术企业投资额的70%，抵扣该法人合伙人从该有限合伙制创业投资企业分得的应纳税所得额，当年不足抵扣的，可以在以后纳税年度结转抵扣。

根据《财政部 税务总局关于创业投资企业和天使投资个人有关税收政策的通知》（财税〔2018〕55号）规定，有限合伙制创业投资企业（以下简称合伙创投企业）采取股权投资方式直接投资于初创科技型企业满2年的，该合伙创投企业的合伙人分别按以下方式处理：①法人合伙人可以按照对初创科技型企业投资额的70%抵扣法人合伙人从合伙创投企业分得的所得；当年不足抵扣的，可以在以后纳税年度结转抵扣。②个人合伙人可以按照对初创科技型企业投资额的70%抵扣个人合伙人从合伙创投企业分得的经营所得；当年不足抵扣的,可以在以后纳税年度结转抵扣。

天使投资个人采取股权投资方式直接投资于初创科技型企业满2年的,可以按照投资额的70%抵扣转让该初创科技型企业股权取得的应纳税所得额;当期不足抵扣的,可以在以后取得转让该初创科技型企业股权的应纳税所得额时结转抵扣。天使投资个人投资多个初创科技型企业的,对其中办理注销清算的初创科技型企业,天使投资个人对其投资额的70%尚未抵扣完的,可自注销清算之日起36个月内抵扣天使投资个人转让其他初创科技型企业股权取得的应纳税所得额。

2. 技术先进型服务企业

根据《关于将服务贸易创新发展试点地区技术先进型服务企业所得税政策推广至全国实施的通知》(财税〔2018〕44号)第一条规定,自2018年1月1日起,对经认定的技术先进型服务企业(服务贸易类),减按15%的税率征收企业所得税。

根据《关于将技术先进型服务企业所得税政策推广至全国实施的通知》(财税〔2017〕79号)第二条规定,技术先进型服务企业必须同时符合以下条件:①在中国境内(不包括港、澳、台地区)注册的法人企业;②从事《技术先进型服务业务认定范围(试行)》中的一种或多种技术先进型服务业务,采用先进技术或具备较强的研发能力;③具有大专以上学历的员工占企业职工总数的50%以上;④从事《技术先进型服务业务认定范围(试行)》中的技术先进型服务业务取得的收入占企业当年总收入的50%以上;⑤从事离岸服务外包业务取得的收入不低于企业当年总收入的35%。

3. 污染防治企业

根据《财政部 税务总局 国家发展改革委 生态环保部关于从事污染防治的第三方企业所得税政策问题的公告》(财政部 税务总局 国家发展改革委 生态环保部公告2019年第60号)规定,自2019年1月1日起至2021年12月31日,对符合条件的从事污染防治的第三方企业(以下称第三方防治企业)减按15%的税率征收企业所得税。第三方防治企业是指受排污企业或政府委托,负责环境污染治理设施(包括自动连续监测设施,下同)运营维护的企业。第三方防治企业应当同时符合以下条件:①在中国境内(不包括港、澳、台地区)依法注册的居民企业;②具有1年以上连续从事环境污染治理设施运营实践,且能够保证设施正常运行;③具有至少5名从事本领域工作且具有环保相关专业中级及以上技术职称的技术人员,或者至少2名从事本领域工作且具有环保相关专业高级及以上技术职称的技术人员;④从事环境保护设施运营服务的年度营业收入占总收入的比例不低于60%;⑤具备检验能力,拥有自有实验室,仪器配置可满足运行服务范围内常规污染物指标的检测需求;⑥保证其运营的环境保护设施正常运行,使污染物排放指标能够连续稳定达到国家或者地方规定的排放标准要求;⑦具有良好的纳税信用,近3年内纳税信用等级未被评定为C级或D级。第三方防治企业,自行判断其是否符合上述条件,符合条件的可以申报享受税收优惠,相关资料留存备查。税务部门依法开展后续管理过程中,可转请生态环境部门进行核查,生态环境部门可以委托专业机构开展相关核查工作。

4. 农业

《企业所得税法实施条例》第八十六条规定,①企业从事下列项目的所得,免征企业所得税:蔬菜、谷物、薯类、油料、豆类、棉花、麻类、糖料、水果、坚果的种植,农作物新品种的选育,中药材的种植,林木的培育和种植,牲畜、家禽的饲养,林产品的采集,灌溉、农产品初加工、兽医、农技推广、农机作业和维修等农、林、牧、渔服务业项目,远洋捕捞;②企业从事下列项目的所得,减半征收企业所得税:花卉、茶以及其他饮料作物和香料作物的种植,海水养殖、内陆养殖。企业从事国家限制和禁止发展的项目,不得享受本条规定的企业所得税优惠。

5. 公共基础建设产业

根据现行企业所得税政策,企业从事国家重点扶持的公共基础设施项目,是指《公共基础设施项目企业所得税优惠目录》规定的港口码头、机场、铁路、公路、城市公共交通、电力、水利等项目企业从事上述规定的国家重点扶持的公共基础设施项目的投资经营的所得,自项目取得第一笔生产经营收入所属纳税年度起,第一年至第三年免征企业所得税,第四年至第六年减半征收企业所得税。企业承包经营、承包建设和内部自建自用本条规定的项目,不得享受上述规定的企业所得税优惠。

6. 国家对软件产业和集成电路产业

1) 软件产业

(1) 根据《财政部 国家税务总局关于软件产品增值税政策的通知》(财税〔2011〕100号)增值税一般纳税人销售其自行开发生产的软件产品,按17%税率征收增值税后,对其增值税实际税负超过3%的部分实行即征即退政策。增值税一般纳税人将进口软件产品进行本地化改造后对外销售,其销售的软件产品可享受本条第一款规定的增值税即征即退政策。本地化改造是指对进口软件产品进行重新设计、改进、转换等,单纯对进口软件产品进行汉字化处理不包括在内。纳税人受托开发软件产品,著作权属于受托方的征收增值税,著作权属于委托方或属于双方共同拥有的不征收增值税;对经过国家版权局注册登记,纳税人在销售时一并转让著作权、所有权的,不征收增值税。

软件产品,是指信息处理程序及相关文档和数据。软件产品包括计算机软件产品、信息系统和嵌入式软件产品。嵌入式软件产品是指嵌入计算机硬件、机器设备中并随其一并销售,构成计算机硬件、机器设备组成部分的软件产品。

满足下列条件的软件产品,经主管税务机关审核批准,可以享受本通知规定的增值税政策:取得省级软件产业主管部门认可的软件检测机构出具的检测证明材料;取得软件产业主管部门颁发的《软件产品登记证书》或著作权行政管理部门颁发的《计算机软件著作权登记证书》。

(2) 根据《财政部 国家税务总局关于进一步鼓励软件产业和集成电路产业发展企业所得税政策的通知》(财税〔2012〕27号)第五条规定,符合条件的软件企业按照《财政部 国家税务总局关于软件产品增值税政策的通知》(财税〔2011〕100号)规定取得的即征即退增值税款,由企业专项用于软件产品研发和扩大再生产并单独进行核算,可以作为不征税收入,在计算应纳税所得额时从收入总额中减除。

2) 集成电路产业

集成电路生产企业,是指以单片集成电路、多芯片集成电路、混合集成电路制造为主营业务并同时符合下列条件的企业:①在中国境内(不包括港、澳、台地区)依法注册并在发展改革、工业和信息化部门备案的居民企业;②汇算清缴年度具有劳动合同关系且具有大学专科以上学历职工人数占企业月平均职工总人数的比例不低于 40%,其中研究开发人员占企业月平均职工总数的比例不低于 20%;③拥有核心关键技术,并以此为基础开展经营活动,且汇算清缴年度研究开发费用总额占企业销售(营业)收入(主营业务收入与其他业务收入之和)总额的比例不低于 5%;其中,企业在中国境内发生的研究开发费用金额占研究开发费用总额的比例不低于 60%;④汇算清缴年度集成电路制造销售(营业)收入占企业收入总额的比例不低于 60%;⑤具有保证产品生产的手段和能力,并获得有关资质认证(包括 ISO 质量体系认证);⑥汇算清缴年度未发生重大安全、重大质量事故或严重环境违法行为。

根据《财政部 国家税务总局关于进一步鼓励软件产业和集成电路产业发展企业所得税政策的通知》(财税[2012]27 号)和《财政部 国家税务总局 发展改革委 工业和信息化部关于软件和集成电路产业企业所得税优惠政策有关问题的通知》(财税[2016]49 号)规定,集成电路线宽小于 0.8 微米(含)的集成电路生产企业,在 2017 年 12 月 31 日前自获利年度起计算优惠期,第一年至第二年免征企业所得税,第三年至第五年按照 25%的法定税率减半征收企业所得税,并享受至期满为止。集成电路线宽小于 0.25 微米或投资额超过 80 亿元的集成电路生产企业,其中经营期在 15 年以上的,在 2017 年 12 月 31 日前自获利年度起计算优惠期,第一年至第五年免征企业所得税,第六年至第十年按照 25%的法定税率减半征收企业所得税,并享受至期满为止。我国境内新办的集成电路设计企业和符合条件的软件企业,在 2017 年 12 月 31 日前自获利年度起计算优惠期,第一年至第二年免征企业所得税,第三年至第五年按照 25%的法定税率减半征收企业所得税,并享受至期满为止。

集成电路企业取消认定行政许可后,一定要按照规定到税务机关备案,未备案的企业不得享受相关优惠政策。

集成电路生产企业的生产设备,其折旧年限可以适当缩短,最短可为 3 年(含)。

(二) 投资产业的税务策略及税务管控

从以上政策来看,国家优惠政策主要集中在农业、基础设施建设、高新技术产业,特别是软件和集成电路产业。企业在进行选择投资产业时尽量靠近这些行业,可以享受到优惠政策。当然,农业和基础设施建设一般投资周期长、投资回报率低,高新技术企业投资回报率高但投资风险大,企业在选择投资方向时一定要综合考虑作出理性的选择。

另外需要注意的一个问题,集成电路企业和软件企业在运用企业所得税优惠政策时,相关优惠政策只能选择最优,不能叠加。

【案例 2-3-2】 古魏综合开发有限公司准备投资 3 000 万元于一个新项目。根据当地环境条件和自身的技术优势,可选择中药材种植和香料作物种植。企业财务人员对企业的投资效益进行了可行性研究,预计种植药材每年可以获得利润总额 400 万元,种植香料每年可以获得利润总额 500 万元。假设无纳税调整事项,从税收策划的角度出发,企业应选择哪一项目?

【税务管理建议】

根据企业所得税政策规定,种植中药材免征企业所得税,种植香料减半征收企业所得税。按 500 万元利润计算,种植香料需缴纳企业所得税 62.5 万元(500×25%×50%),税后净利润为 437.57 万元。由此可见,虽然种植香料作物需要缴纳 62.5 万元的企业所得税,但是企业税后利润仍大于免税的中药材项目净利润,企业选择香料作物种植,不仅能获得较高的净利润,还可以为国家贡献 62.5 万元的税收,实现国家和企业双赢。

三、投资地区的税务管理

(一)不同地区的税收政策分析

投资的地区也是投资决策中需要考虑的重要因素,不同地区设立企业所享受的税收政策以及其他方面的政策是不同的。税收政策的不同也就相当于设立企业的税收成本是不同的,在进行投资决策的过程中应当将税收成本作为重要因素予以考虑。目前国家层面的地区性税收优惠政策主要包括经济特区和西部地区,当然还有一些地方性税收政策形成的税收洼地。

1. 国家层面的地区性税收优惠政策分析

(1)根据现行企业所得税政策,法律设置的发展对外经济合作和技术交流的特定地区内,以及国务院已规定执行上述地区特殊政策的地区内新设立的国家需要重点扶持的高新技术企业,可以享受过渡性税收优惠。法律设置的发展对外经济合作和技术交流的特定地区,是指深圳、珠海、汕头、厦门和海南经济特区;国务院已规定执行上述地区特殊政策的地区,是指上海浦东新区。对经济特区和上海浦东新区内在 2008 年 1 月 1 日(含)之后完成登记注册的国家需要重点扶持的高新技术企业(以下简称新设高新技术企业),在经济特区和上海浦东新区内取得的所得,自取得第一笔生产经营收入所属纳税年度起,第一年至第二年免征企业所得税,第三年至第五年按照 25% 的法定税率减半征收企业所得税。国家需要重点扶持的高新技术企业,是指拥有核心自主知识产权,同时符合《企业所得税法实施条例》第九十三条规定的条件,并按照《高新技术企业认定管理办法》认定的高新技术企业。经济特区和上海浦东新区内新设高新技术企业同时在经济特区和上海浦东新区以外的地区从事生产经营的,应当单独计算其在经济特区和上海浦东新区内取得的所得,并合理分摊企业的期间费用;没有单独计算的,不得享受企业所得税优惠。经济特区和上海浦东新区内新设高新技术企业在按照本通知的规定享受过渡性税收优惠期间,由于复审或抽查不合格而不再具有高新技术企业资格的,从其不再具有高新技术企业资格年度起,停止享受过渡性税收优惠;以后再次被认定为高新技术企业的,不得继续享受或者重新享受过渡性税收优惠。

(2) 自2011年1月1日至2020年12月31日,对设在西部地区以《西部地区鼓励类产业目录》中规定的产业项目为主营业务,且其当年度主营业务收入占企业收入总额70％以上的企业,可减按15％税率缴纳企业所得税。上述所称收入总额,是指《企业所得税法》第六条规定的收入总额。企业应当在年度汇算清缴前向主管税务机关提出书面申请并附送相关资料。第一年须报主管税务机关审核确认,第二年及以后年度实行备案管理。各省、自治区、直辖市和计划单列市税务机关可结合本地实际制定具体审核、备案管理办法,并报国家税务总局(所得税司)备案。凡对企业主营业务是否属于《西部地区鼓励类产业目录》难以界定的,税务机关应要求企业提供省级(含副省级)政府有关行政主管部门或其授权的下一级行政主管部门出具的证明文件。企业主营业务属于《西部地区鼓励类产业目录》范围的,经主管税务机关确认,可按照15％税率预缴企业所得税。年度汇算清缴时,其当年度主营业务收入占企业总收入的比例达不到规定标准的,应按税法规定的税率计算申报并进行汇算清缴。

(3) 对设在西部地区以《西部地区鼓励类产业目录》中新增鼓励类产业项目为主营业务,且其当年度主营业务收入占企业收入总额70％以上的企业,自2014年10月1日起,可减按15％税率缴纳企业所得税。

已按照《国家税务总局关于深入实施西部大开发战略有关企业所得税问题的公告》(国家税务总局公告2012年第12号)第三条规定享受企业所得实施西部大开发战略有关企业所得税优惠政策的企业,其主营业务如不再属于《西部地区鼓励类产业目录》中国家鼓励类产业项目的,自2014年10月1日起,停止执行减按15％税率缴纳企业所得税。凡对企业主营业务是否属于《西部地区鼓励类产业目录》中国家鼓励类产业项目难以界定的,税务机关可以要求企业提供省级(含副省级)发展改革部门或其授权部门出具的证明文件。证明文件需明确列示主营业务的具体项目及符合《西部地区鼓励类产业目录》中的对应条款项目。根据《财政部 国家税务总局关于执行企业所得税优惠政策若干问题的通知》(财税〔2009〕69号)第一条及第二条的规定,企业既符合西部大开发15％优惠税率条件,又符合《企业所得税法》及其实施条例和国务院规定的各项税收优惠条件的,可以同时享受。在涉及定期减免税的减半期内,可以按照企业适用税率计算的应纳税额减半征税。

(4) 总机构设在西部大开发税收优惠地区的企业,仅就设在优惠地区的总机构和分支机构(不含优惠地区外设立的二级分支机构在优惠地区内设立的三级以下分支机构)的所得确定适用15％优惠税率。在确定该企业是否符合优惠条件时,以该企业设在优惠地区的总机构和分支机构的主营业务是否符合《西部地区鼓励类产业目录》及其主营业务收入占其收入总额的比重加以确定,不考虑该企业设在优惠地区以外分支机构的因素。该企业应纳所得税额的计算和所得税缴纳,按照《国家税务总局关于〈跨地区经营汇总纳税企业所得税征收管理暂行办法〉的通知》(国税发〔2008〕28号)第十六条和《国家税务总局关于跨地区经营汇总纳税企业所得税征收管理若干问题的通知》（国税函〔2009〕221号）第二条的规定执行。有关审核、备案手续向总机构主管税务机关申请办理。

（5）总机构设在西部大开发税收优惠地区外的企业，其在优惠地区内设立的分支机构（不含仅在优惠地区内设立的三级以下分支机构），仅就该分支机构所得确定适用15%优惠税率。在确定该分机构是否符合优惠条件时，仅以该分支机构的主营业务是否符合《西部地区鼓励类产业目录》及其主营业务收入占其收入总额的比重加以确定。该企业应纳所得税额的计算和所得税缴纳，按照国税发〔2008〕28号第十六条和国税函〔2009〕221号第二条的规定执行。有关审核、备案手续向分支机构主管税务机关申请办理，分支机构主管税务机关需将该分支机构享受西部大开发税收优惠情况及时函告总机构所在地主管税务机关。（国税发〔2008〕28号和国税函〔2009〕221号已全文废止，现按照国家税务总局公告2012年第57号执行）

2. 部分地区性税收优惠政策列示

（1）根据《新疆维吾尔自治区促进股权投资类企业发展暂行办法》（新政办发〔2010〕187号）规定，合伙制股权投资类企业的投资收益，依法可采取"先分后税"的方式，由合伙人分别依法缴纳个人所得税或企业所得税。合伙制股权投资类企业的合伙人应缴纳的个人所得税，由合伙制股权投资类企业代扣代缴。合伙制股权投资类企业的合伙人为自然人的，合伙人的投资收益，按照"利息、股息、红利所得"或者"财产转让所得"项目征收个人所得税，税率为20%。合伙人是法人或其他组织的，其投资收益按有关规定缴纳企业所得税。

根据《新疆金融工作办公室、经济和信息化委员会、工商行政管理局、国家税务局、地方税务局关于鼓励股权投资类企业迁入我区的通知》（新金函〔2010〕87号）的规定，为加快落实《新疆维吾尔自治区促进股权投资类企业发展暂行办法》（新政办发〔2010〕187号，简称《暂行办法》），鼓励股权投资类企业迁入我区发展，现就有关操作问题解释并通知如下：股权投资类企业迁入我区，是指我区以外的企业，为参与国家西部大开发和新疆跨越式发展，享受国家规定的鼓励政策，将企业迁入新疆，并将法定工商注册地变更至《暂行办法》第四条规定的喀什经济开发区、霍尔果斯经济开发区、乌鲁木齐经济技术开发区、乌鲁木齐高新技术开发区或者石河子经济技术开发区。迁入我区的公司制或者合伙制股权投资类企业，符合《暂行办法》规定的备案条件的，2010年至2020年，按照《暂行办法》第二十一条的规定，纳入自治区支持中小企业社会化服务体系，依法享受国家西部大开发各项优惠政策和《暂行办法》规定的各项鼓励政策。迁入我区的公司制股权投资类企业，公司的股权70%以上由自然人持有且自然人承诺选择我区作为其个人所得税缴纳地的，按照中发〔2010〕9号文件和自治区人民政府的有关规定，在2010年至2020年期间，享受企业所得税"两免三减半"优惠政策。享受企业所得税"两免三减半"政策的公司向股东分红时，自然人股东缴纳个人所得税后，不再给予《暂行办法》第二十一条第二项规定的财政奖励。迁入我区的公司制股权投资类企业申请变更为合伙企业的，按照《自治区工商行政管理局关于有限责任公司变更为合伙企业的指导意见》（新工商企登〔2010〕172号）办理。

迁入的公司符合企业所得税"两免三减半"政策条件的,迁入时可以直接变更登记为合伙企业。不符合企业所得税"两免三减半"政策条件的,先办理公司迁入手续,再按国家有关规定办理有限责任公司变更为合伙企业。

(2) 江苏沛县、宿迁等经济开发区,有限公司享受增值税地方留存的50%~70%,增值税地方留存50%,企业所得税地方留存40%。

(3) 重庆黔江是少数民族聚集地,所以有总部经济招商的税收奖励政策给到企业。黔江是从2010年开始招商,园区政策稳定,2018年9月因为个人独资企业数量较多,截至目前个人独资企业停止招商,对新注册的有限公司没有任何影响,企业该享受政策的还是享受。主要政策是有限公司:①增值税按地方留存的30%~50%扶持(增值税地方留存总税收的50%);②企业所得税按地方留存的30%扶持(企业所得税地方留存40%)。

(4) 重庆荣昌高新技术开发区,个人独资企业核定征收综合税率4.86%,但是受大环境影响,现在政策也不明朗。但是对于有限公司还是可以继续享受政策,增值税和企业所得税可以享受地方留存的40%~70%的财政扶持,增值税地方留存32.5%,企业所得税地方留存40%。

(5) 湖北通山经济开发区,个人独资企业可以享受核定征收,是根据开票额的10%核定行业利润,再按五级累进制5%~35%进行核算,综合税率为4.07%~5.28%。主要政策是有限公司:①增值税按地方留存的30%~50%扶持(增值税地方留存总税收的50%);②企业所得税按地方留存的30%扶持(企业所得税地方留存40%)。

(6) 上海总部经济招商是从2003年开始的,一直以来政策都是相对稳定的,从2018年9月份以后,全国很多园区的个人独资企业都不能享受核定征收,但是上海园区没有受到任何影响,依然可以享受核定政策,上海是最先做总部经济招商的,园区会结合实际情况,达到预期目标后,就停止对外招商,第二年有空出的名额,又会对外招商,所以上海园区个人独资企业数量控制得很好,受外界影响不大,个人独资企业的核定征收同样是根据开票额的10%作为企业利润,再按五级累进制5%~35%进行核算,综合税率为4.07%~5.28%。

(二) 投资地区的税务策略及税务管控

地区性税收优惠政策会根据国家战略政策调整而不断发展变化,地方性优惠政策大部分存在短期效应,而且会随时调整,企业在选择投资的时候一定要质疑政策的时间节点和具体要求,在选择之前一定要实地考察进行准确判断而不能只看表面政策。选择顺序上尽量优先选择国家层面优惠的地区,地方性优惠地区一定慎重选择。

【案例2-3-3】 入住苏北园区的A企业年销售额1 000万元,实现利润400万元,地方核定销售收入的40%作为增值税可抵扣金额,地方政府按地方留存60%进行奖励。在此政策下,分析A企业可享受的优惠税额。

【税务管理建议】

该公司增值税=(10 000 000-4 000 000)÷1.13×13%=690 265.49(元),城市维护建设

税=690 265.49×7%=48 318.58(元),教育费附加=690 265.49×3%=20 707.96(元),地方教育附加=690 265.49×2%=13 805.31(元),企业所得税=4 000 000×25%=1 000 000(元),则实际年纳税额=690 265.49+48 318.58+20 707.96+13 805.31+1 000 000=1 773 097.34(元),应按地方留存60%奖励：

增值税奖励=690 265.49×50%×60%=207 079.65(元)

企业所得税奖励=1 000 000×40%×60%=240 000(元)

企业所得总奖励=207 079.65+240 000=447 079.65(元)

企业实际税负=(1 773 097.34−447 079.65)÷10 000 000=13.26%

【案例 2-3-4】 某企业原计划在广州设立一高科技企业,预计每年取得利润总额1 000 万元。经过市场调研,该企业设在广州或深圳对于企业的盈利能力没有实质影响,该企业在深圳预计每年可取得利润总额 900 万元。假设无纳税调整事项,请对该企业的投资计划提出税收策划方案。

【税务管理建议】 该企业可以在深圳设立高科技企业,因为高科技企业在经济特区内取得的所得,可以享受下列税收优惠政策:自取得第一笔生产经营收入所属纳税年度起,第一年至第二年免征企业所得税,第三年至第五年按照 25% 的法定税率减半征收企业所得税。按照该企业每年利润总额 1 000 万元计算,设在广州,该企业 5 年需要缴纳企业所得税=1 000×25%×5=1 250(万元),税后利润=1 000×5−1 250=3 750(万元)。如果设在深圳,该企业 5 年需要缴纳企业所得税=900×25%×50%×3=337.5(万元),税后利润=900×5−337.5=4 162.5(万元)。故该企业应当设立在深圳,通过税收筹划增加税后利润=4 162.5−3 750=412.5(万元)。

四、投资项目的税务管理

(一) 投资项目的税收政策分析

(1) 根据《企业所得税法》《企业所得税法实施条例》规定,企业从事符合条件的环境保护、节能节水项目的所得可以免征、减征企业所得税。符合条件的环境保护、节能节水项目,包括公共污水处理、公共垃圾处理、沼气综合开发利用、节能减排技术改造、海水淡化等。企业从事上述符合条件的环境保护、节能节水项目的所得,自项目取得第一笔生产经营收入所属纳税年度起,第一年至第三年免征企业所得税,第四年至第六年减半征收企业所得税。

企业开发新技术、新产品、新工艺发生的研究开发费用可以在计算应纳税所得额时加计扣除。研究开发费用的加计扣除,是指企业为开发新技术、新产品、新工艺发生的研究开发费用,未形成无形资产计入当期损益的,在按照规定据实扣除的基础上,按照研究开发费用的 50% 加计扣除;形成无形资产的,按照无形资产成本的 150% 摊销。

(2) 根据《财政部 税务总局 科技部关于提高科技型中小企业研究开发费用税前加

计扣除比例的通知》(财税〔2017〕34 号)规定,为进一步激励中小企业加大研发投入,支持科技创新,提高科技型中小企业研究开发费用(以下简称研发费用)税前加计扣除比例政策如下:

第一,科技型中小企业开展研发活动中实际发生的研发费用,未形成无形资产计入当期损益的,在按规定据实扣除的基础上,在 2017 年 1 月 1 日至 2019 年 12 月 31 日期间,再按照实际发生额的 75% 在税前加计扣除;形成无形资产的,在上述期间按照无形资产成本的 175% 在税前摊销。

第二,科技型中小企业享受研发费用税前加计扣除政策的其他政策口径按照《财政部 国家税务总局 科技部关于完善研究开发费用税前加计扣除政策的通知》(财税〔2015〕119 号)规定执行。

第三,科技型中小企业条件和管理办法由科技部、财务部和国家税务总局另行发布。科技、财政和税务部门应建立信息共享机制,及时共享科技型中小企业的相关信息,加强协调配合,保障优惠政策落实到位。

(3)根据《财政部 税务总局 科技部关于提高研究开发费用税前加计扣除比例的通知》(财税〔2018〕99 号)规定,企业开展研发活动中实际发生的研发费用,未形成无形资产计入当期损益的,在按规定据实扣除的基础上,在 2018 年 1 月 1 日至 2020 年 12 月 31 日期间,再按照实际发生额的 75% 在税前加计扣除;形成无形资产的,在上述期间按照无形资产成本的 175% 在税前摊销。

(4)根据《财政部 税务总局关于延长部分税收优惠政策执行期限的公告》(财政部 税务总局公告 2021 年第 6 号)第一条规定,《财政部 税务总局关于设备器具扣除有关企业所得税政策的通知》(财税〔2018〕54 号)等 16 个文件规定的税收优惠政策凡已经到期的,执行期限延长至 2023 年 12 月 31 日。从目前大力支持企业创新的大背景预测,该政策很可能形成长效政策。

(5)根据《财政部 税务总局关于进一步完善研发费用税前加计扣除政策的公告》(财政部 税务总局公告 2021 年第 13 号)第一条规定,制造业企业开展研发活动中实际发生的研发费用,未形成无形资产计入当期损益的,在按规定据实扣除的基础上,自 2021 年 1 月 1 日起,再按照实际发生额的 100% 在税前加计扣除;形成无形资产的,自 2021 年 1 月 1 日起,按照无形资产成本的 200% 在税前摊销。本条所称制造业企业,是指以制造业业务为主营业务,享受优惠当年主营业务收入占收入总额的比例达到 50% 以上的企业。制造业的范围按照《国民经济行业分类》(GB/T 4754—2017)确定,如国家有关部门更新《国民经济行业分类》,从其规定。收入总额按照《企业所得税法》第六条规定执行。

(6)根据《企业所得税法》《企业所得税实施条例》规定,企业综合利用资源,生产符合国家产业政策规定的产品所取得的收入,可以在计算应纳税所得额时减计收入。减计收入,是指企业以《资源综合利用企业所得税优惠目录》规定的资源作为主要原材料,生产国家非限制和禁止并符合国家和行业相关标准的产品取得的收入,减按 90% 计入收入总额。

(7) 根据《财政部 税务总局 发展改革委 民政部 商务部 卫生健康委关于养老、托育、家政等社区家庭服务业税费优惠政策的公告》(财政部公告 2019 年第 76 号)规定,自 2019 年 6 月 1 日起至 2025 年 12 月 31 日,提供社区养老、托育、家政服务取得的收入,在计算应纳税所得额时减按 90% 计入收入总额。社区是指聚居在一定地域范围内的人们所组成的社会生活共同体,包括城市社区和农村社区。为社区提供养老服务的机构,是指在社区依托固定场所设施,采取全托、日托、上门等方式,为社区居民提供养老服务的企业、事业单位和社会组织。社区养老服务是指为老年人提供的生活照料、康复护理、助餐助行、紧急救援、精神慰藉等服务。为社区提供托育服务的机构,是指在社区依托固定场所设施,采取全日托、半日托、计时托、临时托等方式,为社区居民提供托育服务的企业、事业单位和社会组织。社区托育服务是指为 3 周岁(含)以下婴幼儿提供的照料、看护、膳食、保育等服务。为社区提供家政服务的机构,是指以家庭为服务对象,为社区居民提供家政服务的企业事业单位和社会组织。社区家政服务是指进入家庭成员住所或医疗机构为孕产妇、婴幼儿、老人、病人、残疾人提供的照护服务,以及进入家庭成员住所提供的保洁、烹饪等服务。

(8) 根据《企业所得税法》《企业所得税实施条例》规定,企业购置用于环境保护、节能节水、安全生产等专用设备的投资额,可按规定比例实行税额抵免。税额抵免,是指企业购置并实际使用《环境保护专用设备企业所得税优惠目录》《节能节水专用设备企业所得税优惠目录》和《安全生产专用设备企业所得税优惠目录》规定的环境保护、节能节水、安全生产等专用设备的,该专用设备的投资额的 10% 可以从企业当年的应纳税额中抵免;当年不足抵免的,可以在以后 5 个纳税年度结转抵免。享受上述规定的企业所得税优惠的企业,应当实际购置并自身实际投入使用上述规定的专用设备;企业购置上述专用设备在 5 年内转让、出租的,应当停止享受企业所得税优惠,并补缴已经抵免的企业所得税税款。

(9) 根据《财政部 税务总局关于明确部分先进制造业增值税期末留抵退税政策的公告》(财政部 税务总局公告 2019 年第 84 号)规定,自 2019 年 6 月 1 日起,同时符合以下条件的部分先进制造业纳税人,可以自 2019 年 7 月及以后纳税申报期向主管税务机关申请退还增量留抵税额:①增量留抵税额大于零;②纳税信用等级为 A 级或者 B 级;③申请退税前 36 个月未发生骗取留抵退税、出口退税或虚开增值税专用发票情形;④申请退税前 36 个月未因偷税被税务机关处罚两次及以上;⑤自 2019 年 4 月 1 日起未享受即征即退、先征后返(退)政策。

上述所称部分先进制造业纳税人,是指按照《国民经济行业分类》,生产并销售非金属矿物制品、通用设备、专用设备及计算机、通信和其他电子设备销售额占全部销售额的比重超过 50% 的纳税人。上述销售额比重根据纳税人申请退税前连续 12 个月的销售额计算确定;申请退税前经营期不满 12 个月但满 3 个月的,按照实际经营期的销售额计算确定。上述所称增量留抵税额,是指与 2019 年 3 月 31 日相比新增加的期末留抵税额。

部分先进制造业纳税人当期允许退还的增量留抵税额,按照以下公式计算:

允许退还的增量留抵税额 = 增量留抵税额 × 进项构成比例

进项构成比例,为2019年4月至申请退税前一税款所属期内已抵扣的增值税专用发票(含税控机动车销售统一发票)、海关进口增值税专用缴款书、解缴税款完税凭证注明的增值税额占同期全部已抵扣进项税额的比重。部分先进制造业纳税人申请退还增量留抵税额的其他规定,按照《财政部 税务总局 海关总署关于深化增值税改革有关政策的公告》(财政部 税务总局 海关总署公告2019年第39号,以下称39号公告)执行。

除部分先进制造业纳税人以外的其他纳税人申请退还增量留抵税额的规定,继续按照39号公告执行。符合39号公告和本公告规定的纳税人向其主管税务机关提交留抵退税申请。对符合留抵退税条件的,税务机关在完成退税审核后,开具税收收入退还书,直接送交同级国库办理退库。税务机关按期将退税清单送交同级财政部门。各部门应加强配合,密切协作,确保留抵退税工作稳妥有序。

(10) 根据《财政部 税务总局关于资源综合利用增值税政策的公告》(财政部 税务总局公告2019年第90号)规定,自2019年9月1日起,纳税人销售自产磷石膏资源综合利用产品,可享受增值税即征即退政策,退税比例为70%。磷石膏资源综合利用产品,包括墙板、砂浆、砌块、水泥添加剂、建筑石膏、α型高强石膏、Ⅱ型无水石膏、嵌缝石膏、粘结石膏、现浇混凝土空心结构用石膏模盒、抹灰石膏、机械喷涂抹灰石膏、土壤调理剂、喷筑墙体石膏、装饰石膏材料、磷石膏制硫酸,且产品原料40%以上来自磷石膏。纳税人利用磷石膏生产水泥、水泥熟料,继续按照《财政部 国家税务总局关于印发〈资源综合利用产品和劳务增值税优惠目录〉的通知》(财税〔2015〕78号,以下称财税〔2015〕78号文件)附件《资源综合利用产品和劳务增值税优惠目录》2.2"废渣"项目执行。纳税人适用磷石膏资源综合利用增值税即征即退政策的其他有关事项,按照财税〔2015〕78号文件执行。

自2019年9月1日起,将财税〔2015〕78号文件附件《资源综合利用产品和劳务增值税优惠目录》3.12"废玻璃"项目退税比例调整为70%。

(11) 根据《国家税务总局关于跨境电子商务综合试验区零售出口企业所得税核定征收有关问题的公告》(国家税务总局公告2019年第36号)规定,自2020年1月1日起,综试区内的跨境电商企业,同时符合下列条件的,试行核定征收企业所得税办法:①在综试区注册,并在注册地跨境电子商务线上综合服务平台登记出口货物日期、名称、计量单位、数量、单价、金额的;②出口货物通过综试区所在地海关办理电子商务出口申报手续的;③出口货物未取得有效进货凭证,其增值税、消费税享受免税政策的。

综试区内核定征收的跨境电商企业应准确核算收入总额,并采用应税所得率方式核定征收企业所得税。应税所得率统一按照4%确定。税务机关应按照有关规定,及时完成综试区跨境电商企业核定征收企业所得税的鉴定工作。

综试区内实行核定征收的跨境电商企业符合小型微利企业优惠政策条件的,可享受小型微利企业所得税优惠政策;其取得的收入属于《企业所得税法》第二十六条规定的免税收入的,可享受免税收入优惠政策。

上述综试区,是指经国务院批准的跨境电子商务综合试验区;跨境电商企业,是指自建跨境电子商务销售平台或利用第三方跨境电子商务平台开展电子商务出口的企业。

(二) 投资项目的税务策略及税务管控

(1) 企业在进行优惠项目选择的同时应重点关注普惠性优惠政策,比如研发项目等。但需要注意的是,不是所有的企业都可以享受有关政策,比如研发项目加计扣除政策以下六个行业则不得享受:①烟草制造业;②住宿和餐饮业;③批发和零售业;④房地产业;⑤租赁和商务服务业;⑥娱乐业。

(2) 企业选择了优惠项目,一定要注意有关税务管理的要求。随着国家征管制度改革的不断深入,管理的模式不断发生变化,优惠项目的税务管理由原来的报批、报备已改成备查制。税务机关由原来的事前、事中管理改为事后监督、检查。政策适用是否准确,申报是否正确,备查资料是否完善完全由企业自行判断,从形式上看,给了企业税收自主权,从实质上讲,无疑增加了企业的涉税风险。由此,企业在享受税收优惠政策时,将备查资料准备工作前置。在按要求逐项做好备查资料后,自行审核或聘请专业团队进行把关,确保无误后再按规定进行减免税项目纳税申报。

五、投资期间的税务管理

(一) 投资期间的税收政策分析

(1) 根据《企业所得税法》第十四条规定,企业对外投资期间,投资资产的成本在计算应纳税所得额时不得扣除。

(2) 根据《企业所得税法实施条例》第七十一条规定,《企业所得税法》第十四条所称投资资产,是指企业对外进行权益性投资和债权性投资形成的资产。企业在转让或者处置投资资产时,投资资产的成本,准予扣除。投资资产按照以下方法确定成本:①通过支付现金方式取得的投资资产,以购买价款为成本;②通过支付现金以外的方式取得的投资资产,以该资产的公允价值和支付的相关税费为成本。

(3) 根据《国家税务总局关于贯彻落实企业所得税法若干税收问题的通知》(国税函〔2010〕79号)第四条规定,企业权益性投资取得股息、红利等收入,应以被投资企业股东会或股东大会作出利润分配或转股决定的日期,确定收入的实现。被投资企业将股权(票)溢价所形成的资本公积转为股本的,不作为投资方企业的股息、红利收入,投资方企业也不得增加该项长期投资的计税基础。

(4) 根据《企业所得税法》第二十六条规定,企业的下列收入为免税收入:①国债利息收入;②符合条件的居民企业之间的股息、红利等权益性投资收益;③在中国境内设立机构、场所的非居民企业从居民企业取得与该机构、场所有实际联系的股息、红利等权益性投资收益;④符合条件的非营利组织的收入。

(5) 根据《企业所得税法实施条例》第八十三条规定,《企业所得税法》第二十六条第(二)项所称符合条件的居民企业之间的股息、红利等权益性投资收益,是指居民企业直接投资于其他居民企业取得的投资收益。

(6)根据《财政部 国家税务总局关于企业资产损失税前扣除政策的通知》(财税〔2009〕57号)第六条规定,企业的股权投资符合下列条件之一的,减除可收回金额后确认的无法收回的股权投资,可以作为股权投资损失在计算应纳税所得额时扣除:①被投资方依法宣告破产、关闭、解散、被撤销,或者被依法注销、吊销营业执照的;②被投资方财务状况严重恶化,累计发生巨额亏损,已连续停止经营3年以上,且无重新恢复经营改组计划的;③对被投资方不具有控制权,投资期限届满或者投资期限已超过10年,且被投资单位因连续3年经营亏损导致资不抵债的;④被投资方财务状况严重恶化,累计发生巨额亏损,已完成清算或清算期超过3年以上的;⑤国务院财政、税务主管部门规定的其他条件。

(7)根据《国家税务总局关于企业股权投资损失所得税处理问题的公告》(国家税务总局公告2010年第6号)第一条规定,企业对外进行权益性(以下简称股权)投资所发生的损失,在经确认的损失发生年度,作为企业损失在计算企业应纳税所得额时一次性扣除。

(二)投资期间的会计政策分析

(1)《企业会计准则第2号——长期股权投资》第四条规定,除企业合并形成的长期股权投资以外,其他方式取得的长期股权投资,应当按照下列规定确定其初始投资成本:①以支付现金取得的长期股权投资,应当按照实际支付的购买价款作为初始投资成本。初始投资成本包括与取得长期股权投资直接相关的费用、税金及其他必要支出,但实际支付的价款中包含的已宣告但尚未领取的现金股利,应作为应收项目单独核算。②以发行权益性证券取得的长期股权投资,应当按照发行权益性证券的公允价值作为初始投资成本。③投资者投入的长期股权投资,应当按照投资合同或协议约定的价值作为初始投资成本,但合同或协议约定价值不公允的除外。

(2)根据《企业会计准则第7号——非货币性资产交换》规定,通过非货币性资产交换取得的长期股权投资,如果该项交换具有商业实质且长期股权投资或换出资产的公允价值能够可靠地计量,应当按照公允价值和应支付的相关税费作为初始投资成本;不符合上述条件的,应以换出资产的账面价值和应支付的相关税费作为初始投资成本。如果支付补价,应加上支付的补价确认初始投资成本,如果收到补价,应减去收到的补价确认初始投资成本。

(3)根据《企业会计准则第12号——债务重组》规定,通过债务重组取得的长期股权投资,应当将享有股份的公允价值确认为其初始投资成本。

(4)根据《企业会计准则第2号——长期股权投资》规定,投资方能够对被投资单位实施控制的长期股权投资应当采用成本法核算。采用成本法核算的长期股权投资应当按照初始投资成本计价。追加或收回投资应当调整长期股权投资的成本。被投资单位宣告分派的现金股利或利润,应当确认为当期投资收益。

(5)根据《企业会计准则第2号——长期股权投资》规定,投资方对联营企业和合营企业的长期股权投资,应当采用权益法核算。长期股权投资的初始投资成本小于投资时应享有被投资单位可辨认净资产公允价值份额的,其差额应当计入当期损益,同时调整长期股权投资的成本。

投资方取得长期股权投资后,应当按照应享有或应分担的被投资单位实现的净损益和其他综合收益的份额,分别确认投资收益和其他综合收益,同时调整长期股权投资的账面价值;投资方按照被投资单位宣告分派的利润或现金股利计算应享有的部分,相应减少长期股权投资的账面价值;投资方对于被投资单位除净损益、其他综合收益和利润分配以外所有者权益的其他变动,应当调整长期股权投资的账面价值并计入所有者权益。

投资方确认被投资单位发生的净亏损,应当以长期股权投资的账面价值以及其他实质上构成对被投资单位净投资的长期权益减记至零为限,投资方负有承担额外损失义务的除外。被投资单位以后实现净利润的,投资方在其收益分享额弥补未确认的亏损分担额后,恢复确认收益分享额。

投资方计算确认应享有或应分担被投资单位的净损益时,与联营企业、合营企业之间发生的未实现内部交易损益按照应享有的比例计算归属于投资方的部分,应当予以抵销,在此基础上确认投资收益。投资方与被投资单位发生的未实现内部交易损失,属于资产减值损失的,应当全额确认。

投资方应当关注长期股权投资的账面价值是否大于享有被投资单位所有者权益账面价值的份额等类似情况。出现类似情况时,投资方应当对长期股权投资进行减值测试,可收回金额低于长期股权投资账面价值的,应当计提减值准备。资产减值损失一经确认,在以后会计期间不得转回。

(三) 投资期间税会差异分析及税务管理

根据上述政策分析,差异主要体现在会计与企业所得税方面,在其他方面不存在差异。企业取得长期股权投资时发生的各项直接相关费用,会计准则规定计入当期损益,税法规定作为计税基础,应进行纳税调增。企业在持有长期股权投资期间,发生减值的,计入当期损益,属于未经核定的准备金支出,应作纳税调增。

后续计量过程中,采用成本法计量的,税会一般没有差异,只有采用权益法进行后续计量时税会才会产生差异。采用权益法进行后续计量的,长期股权投资的初始投资成本小于投资时应享有被投资单位可辨认净资产公允价值份额的,会计上计入当期损益,在计算应纳税所得额时应进行纳税调减。投资企业按照应享有或应分担的被投资单位实现的净损益的份额、发生的净亏损,确认投资损益的,应进行纳税调整。投资企业从被投资方的累计净利润(包括累计未分配利润和盈余公积)中取得的分配支付额,会计上减少长期股权投资的账面价值,税法上不应减少长期股权投资的计税基础,在被投资单位宣告分派现金股利或利润时,应当确认为当期股息、红利等权益性投资收益,进行纳税调增。股息、红利等权益性投资收益应当以被投资方作出利润分配决策的时间确认收入的实现。如果此投资收益符合免税投资收益的条件,应进行纳税调减。

【特别关注】

"股息红利"免税政策能否"穿透"适用法人投资的合伙企业

根据《企业所得税法》第二十六条规定,符合条件的居民企业之间的股息、红利等权益性投资收益免征企业所得税。但该规定能否"穿透"合伙企业,直接适用于合伙企业的法人合伙人,不管是纳税人还是各地税务机关争议较大,到目前为止,国家税务总局没有作出回应。笔者在此阐述个人看法,仅供大家参考,具体业务处理,还需要和当地主管税务机关进行沟通,避免相应的税务风险。

(1)《企业所得税法》《企业所得税法实施条例》明确规定,合伙企业本身不缴企业所得税。

(2)《财政部 国家税务总局关于合伙企业合伙人所得税问题的通知》(财税〔2008〕159号)规定,合伙企业以每一个合伙人为纳税义务人。合伙企业生产经营所得和其他所得采取"先分后税"的原则。合伙企业合伙人是自然人的,缴纳个人所得税;合伙人是法人和其他组织的,缴纳企业所得税。因此,基于合伙企业的"导管"性质,法人合伙人取得的股息、红利也应直接计入其企业所得,直接受《企业所得税法》规制。该文件第五条规定"合伙企业的合伙人是法人和其他组织的,合伙人在计算其缴纳企业所得税时,不得用合伙企业的亏损抵减其盈利。"同样符合企业所得税有关规定。

(3)《企业所得税法实施条例》第八十三条规定中只排除"连续持有居民企业公开发行并上市流通的股票不足12个月取得的投资收益"。

(4)《关于将国家自主创新示范区有关税收试点政策推广到全国范围实施的通知》(财税〔2015〕116号,以下简称116号文件)规定,自2015年10月1日起,全国范围内的有限合伙制创业投资企业,采取股权投资方式投资于未上市的中小高新技术企业满2年的,该有限合伙制创业投资企业的法人合伙人可按照其对未上市中小高新技术企业投资额的70%,抵扣该法人合伙人从该有限合伙制创业投资企业分得的应纳税所得额,当年不足抵扣的,可以在以后纳税年度结转抵扣。这一规定将合伙企业税制穿透推广到全国范围。这个政策其实就是《国家税务总局关于实施创业投资企业所得税优惠问题的通知》(国税发〔2009〕87号)第二条规定"创业投资企业采取股权投资方式投资于未上市的中小高新技术企业2年(24个月)以上,凡符合以下条件的,可以按照其对中小高新技术企业投资额的70%,在股权持有满2年的当年抵扣该创业投资企业的应纳税所得额;当年不足抵扣的,可以在以后纳税年度结转抵扣。"的穿透推广规定。

(5)《财政部 税务总局关于创业投资企业和天使投资个人有关税收政策的通知》(财税〔2018〕55号)则承续了116号文件的精神,将其适用于初创型科技企业,更印证了法人企业通过合伙企业投资取得的投资收益有关政策具有穿透性。

(6)从所得税立法精神分析,同一项所得只需要缴纳一次企业所得税,而不应该重复缴纳,层层加码。

通过以上六点分析,笔者得出的结论是,"股息红利"免税政策应该"穿透"适用法人投资的合伙企业,法人投资企业通过合伙企业对外投资取得的投资收益应该享受免税政策。当然,我们也希望国家税务总局能以规范性文件进行规范。

六、投资收回的税务管理

(一) 投资收回的税收政策分析

(1) 根据《国家税务总局关于贯彻落实企业所得税法若干税收问题的通知》(国税函〔2010〕79号)第三条规定,企业转让股权收入,应于转让协议生效且完成股权变更手续时,确认收入的实现。转让股权收入扣除为取得该股权所发生的成本后,为股权转让所得。企业在计算股权转让所得时,不得扣除被投资企业未分配利润等股东留存收益中按该项股权所可能分配的金额。

(2) 根据《国家税务总局关于企业所得税若干问题的公告》(国家税务总局公告2011年第34号)第五条规定,投资企业从被投资企业撤回或减少投资,其取得的资产中,相当于初始出资的部分,应确认为投资收回;相当于被投资企业累计未分配利润和累计盈余公积按减少实收资本比例计算的部分,应确认为股息所得;其余部分确认为投资资产转让所得。被投资企业发生的经营亏损,由被投资企业按规定结转弥补;投资企业不得调整减低其投资成本,也不得将其确认为投资损失。

(3) 根据《财政部 国家税务总局关于企业清算业务企业所得税处理若干问题的通知》(财税〔2009〕60号)第五条规定,被清算企业的股东分得的剩余资产的金额,其中相当于被清算企业累计未分配利润和累计盈余公积中按该股东所占股份比例计算的部分,应确认为股息所得;剩余资产减除股息所得后的余额,超过或低于股东投资成本的部分,应确认为股东的投资转让所得或损失。

(4)《国家税务总局关于以转让股权名义转让房地产行为征收土地增值税问题的批复》(国税函〔2000〕687号)文件中批复如下:鉴于深圳市能源集团有限公司和深圳能源投资股份有限公司一次性共同转让深圳能源(钦州)实业有限公司100%的股权,且这些以股权形式表现的资产主要是土地使用权、地上建筑物及附着物,经研究,对此应按土地增值税的规定征税。

(5)《国家税务总局关于土地增值税相关政策问题的批复》(国税函〔2009〕387号)文件中批复如下:鉴于广西玉柴营销有限公司在2007年10月30日将房地产作价入股后,于2007年12月6日、18日办理了房地产过户手续,同月25日即将股权进行了转让,且股权转让金额等同于房地产的评估值。因此,我局认为这一行为实质上是房地产交易行为,应按规定征收土地增值税。

(6)《国家税务总局关于天津泰达恒生转让土地使用权土地增值税征缴问题的批复》(国税函〔2011〕415号)批复如下:经研究,同意你局关于"北京国泰恒生投资有限公司利用股权转让方式让渡土地使用权,实质是房地产交易行为"的认定,应依照《土地增值税暂行条例》的规定,征收土地增值税。

(二) 投资收回的会计政策分析

根据《企业会计准则第2号——长期股权投资》第十六条规定,处置长期股权投资,其账面价值与实际取得价款的差额,应当计入当期损益。采用权益法核算的长期股权投资,因被投资单位除净损益以外所有者权益的其他变动而计入所有者权益的,处置该项投资时应当将原计入所有者权益的部分按相应比例转入当期损益。

(三)税会差异分析及税务管理

处置长期股权投资时,会计规定应将取得的价款与该长期股权投资账面价值之间的差额,计入投资损益,税法计税基础与会计账面价值有差异,应按其计税基础和账面价值的差额进行纳税调整。如果属于投资撤回、减资或被投资企业注销清算而被税法确认属于股息分配的金额,同样可以享受优惠政策,按免税处理。如果股权转让涉及的对价主要是土地使用权或不动产,则应按规定缴纳土地增值税。

【他山之石】 以"股权转让"之名行土地使用权转让之实的案例

旬阳地税局与陕西中成工贸有限公司税务行政处罚决定一案二审行政判决书
陕西省安康市中级人民法院行政判决书

(2015)安中行终字第00037号

上诉人(原审被告):旬阳县地方税务局。地址:旬阳县城关镇康华园。组织机构代码:01612281-1。

法定代表人:吕世意,局长。

委托代理人:陈强,该局工作人员。

委托代理人:何荣波,陕西恒典律师事务所律师。

被上诉人(原审原告):陕西中成工贸有限公司。地址:旬阳县城关镇中心集贸市场。组织机构代码:71353820-6。

法定代表人:姚忠成,董事长。

委托代理人:薛乾爱,女,汉族,陕西省旬阳县人,该公司员工。

委托代理人:李平,陕西理衡律师事务所律师。

上诉人旬阳县地方地税局因税务行政处罚决定一案,不服陕西省白河县人民法院(2015)白河行初字第00001号行政判决,向本院提起上诉。本院依法组成合议庭,公开开庭审理了本案。上诉人旬阳县地方税务局(以下简称旬阳地税局)的委托代理人陈强、何荣波,被上诉人陕西中成工贸有限公司(以下简称中成公司)的委托代理人薛乾爱、李平到庭参加了诉讼。本案现已审理终结。

原审查明,"太极大厦"建设用地位于旬阳县城区祝尔慷大道以南,中心集贸市场以北。2003年7月旬阳县人民政府将该宗国有土地使用权向社会公开出让,中成公司以145万元取得土地使用权,并于2003年12月4日取得旬阳县人民政府的批复,批准2 311.2平方米土地作为中成公司"太极大厦"建设用地。后中成公司办理了国有土地使用证,载明土地使用面积为2 251平方米。

2004年11月,中成公司将"太极大厦"建设工程交由重庆建安公司开始承建。后该工程建设因故未能正常进行。

2009年5月23日,中成公司与经营房地产开发、销售的陕西巨隆置业有限公司(以下简称巨隆公司)签订了联合开发合同和土地过户协议。合同约定:①两公司合作开发"太极大厦"项目,中成公司提供"太极大厦"2 251平方米建设用地,巨隆公司独立提供资金完成建设项目。②工程完成后,中成公司享有30%的"股权"、巨隆公司享有70%的"股权"。③中成公司在合同签订后将土地使用权过户到巨隆公司名下,过户相关费用由巨隆公司承担。④巨隆公司保证继续履行此前中成公司与重庆建安公司签订的合同。当日,两公司还签订了土地过户协议,约定中成公司将2 251平方米"太极大厦"建设用地过户至巨隆公司。

2009年6月23日,中成公司与巨隆公司签订了股权转让协议,合同约定:①中成公司将"太极大厦"联合开发合同中约定的30%"股权"转让给巨隆公司,转让价款1 000万元。协议生效后3日内,支付转让费500万元(以联合开发合同中巨隆公司已交纳的履约保证金冲抵);项目基础工程正负零完成时,支付500万元余款。②鉴于中成公司原与重庆建安公司签订的和解协议、施工协议有一定的补偿条件,巨隆公司在重庆建安公司完成主体工程时,巨隆公司一次性补偿中成公司200万元。

2009年7月29日,巨隆公司与中成公司协商,中成公司支付巨隆公司50万元,用于解决外围环境和村民挡工问题。同日,巨隆公司取得了旬阳县人民政府旬政地发(2009)2号土地审批件。2010年5月31日,巨隆公司办理了土地使用证,取得了2 251平方米土地的使用权。2010年下半年,"太极大厦"基础工程正负零完成。2011年下半年,主体工程完工。

2009年5月25日、5月26日,巨隆公司分别向中成公司支付"履约保证金"300万元、200万元,共计500万元;2011年1月13日,巨隆公司向中成公司支付"股权转让款"400万元;2012年6月15日,巨隆公司向中成公司支付"补偿金"200万元。

2013年1月23日,旬阳地税局向巨隆公司发出询问通知书、税务事项通知书。1月24日,旬阳地税局下属的菜湾税务所向中成公司发出询问通知书,通知其法定代表人于1月31日到旬阳县地方税务局就涉税事宜接受询问。1月29日,菜湾税务所向中成公司发出税务检查通知书,对中成公司2009年以来有关地方税收情况进行检查。2月16日,菜湾税务所向中成公司发出税务事项通知书和调取账簿资料通知书,通知中成公司于2月19日前上报"太极大厦"的相关资料和2002年1月1日至2012年12月31日的账簿等有关资料。中成公司以本公司遭受2010年7月18日洪水为由,仅提供了部分财务资料。经旬阳地税局、菜湾税务所税务检查,发现中成公司在向巨隆公司出具收款收据时,未出具税务发票,将建设用地过户到巨隆公司取得的款项记录在账册中的"履约保证金"名下,未在会计报表中计入收入,2005年的部分票据原件未向菜湾税务所提供。

2013年3月4日,菜湾税务所以中成公司在2009年至2012年期间未依法申报纳税为由,向中成公司发出责令限期改正通知书,限期于2013年3月10日前到旬阳县地方税务局纳税服务中心办理纳税申报。后中成公司到旬阳县地方税务局申报营业税525 000元、城市建设维护税26 250元、教育费附加15 750元、地方教育附加10 500元、水利基金8 400元、印花税3 150元(购销合同)、印花税(营业账簿)5 000元、企业所得税105 000元,合计699 050元,并于2013年3月11日向旬阳地税局缴纳营业税、城市维护建设税、教育费附加、地方教育附加、水利建设基金、印花税、企业所得税,共计699 050元;于2013年4月26日向旬阳县地税局缴纳营业税(含滞纳金)、企业所得税(含滞纳金)、城市维护建设税(含滞纳金)、教育费附加、土地增值税、印花税(含滞纳金),共计1 035 358.50元;于2013年5月31日向旬阳地税局缴纳城镇土地使用税87 011.84元。

2013年4月11日,旬阳地税局向中成公司送达了旬地税罚告(2013)1号税务行政处罚事项告知书,拟对中成公司处以罚款470 957.60元。经中成公司申请,于4月26日举行了听证会。2013年5月15日,菜湾税务所作出旬税菜处(2013)2号税务处理决定书,决定向中成公司追缴税款736 495.50元,加收滞纳金377 374.84元。同日,旬阳地税局作出旬地税罚(2013)1号税务行政处罚决定书。该决定书载明:①2005年1月至2009年7月,中成公司在持有"太极商城"土地使用权期间,未按照规定申报、缴纳城镇土地使用税46 145.50元。②2009年5月、6月,中成公司先后与巨隆公司签署"联合开发合同""股权转让协议",实质是转让土地使用权行为。在此行为中,中成公司未按照规定申报缴纳营业税600 000元、企业所得税120 000元、城市维护建设税30 000元、印花税6 000元、教育费附加18 000元、地方教育附加2 000元。未按照规定进行土地增值税清算,少缴纳土地增值税600 000元。2013年3月4日,旬阳地税局责令其限期改正后,中成公司于2013年3月12日申报缴纳了营业税525 000元、企业所得税105 000元、城市维护建设税26 250元、印花税3 150元、教育费附加15 750元,多申报缴纳地方教育附加10 500元。未申报缴纳城镇土地使用税46 145.50元、少申报缴纳营业税75 000元、企业所得税15 000元、城市维护建设税3 750元、印花税2 850元、教育费附加2 250元,多申报缴纳地方教育附加8 500元。中成公司采取《税收征收管理法》第六十三条叙述的手段,造成少缴税款142 745.50元(土地增值税除外),已构成偷税。依据《税收征收管理法》第六十三条之规定,决定对中成公司处以少缴税款117 984.50元1倍的罚款,即117 984.50元;依据《税收征收管理法》第六十四条之规定,对于不进行申报(税款所属期限)的营业税、城市维护建设税、企业所得税、印花税处以0.5倍的罚款,即329 700元,上述两项合计447 684.50元。该处罚决定作出后,中成公司不服,依法提起行政诉讼。经陕西省白河县人民法院审理后,于2014年5月12日作出(2013)白河行初字第00012号行政判决,判决:①撤销旬阳县地方税务局于2013年5月15日作出旬地税罚(2013)1号税务行政处罚决定书;②责令旬阳县地方税务局重新作出税务处罚决定。该判决生效后,旬阳地税局于2014年7月18日作出旬地税罚(2014)1号税务行政处罚决定书,认定:①2005年1月至2009年7月,中成公司持有"太极商城"土地使用权期间,未按照规定申报、缴纳城镇土地使用税46 145.50元。②2009年5月、6月,中成公司先后与巨隆公司签署"联合开发合同""股权转让协议",实质是转让土地使用权行为。中成公司在此行为中少申报缴纳营业税2 500元。③中成公司少申报缴纳企业所得税15 000元。④中成公司少缴纳土地增值税600 000元。⑤中成公司少申报缴纳城市维护建设税125元。⑥中成公司少申报缴纳印花税2 850元。⑦中成公司少申报缴纳教育费附加75元。⑧中成公司多申报缴纳地方教育附加8 500元。根据《税收征收管理法》第六十三条之规定,中成公司的行为已构成偷税。依据《税收征收管理法》第六十三条之规定,决定对中成公司处以少缴税款41 859.50元(营业税2 500元,城市维护建设税125元,企业所得税15 000元,印花税2 850元,2008年至2009年城镇土地使用税21 384.50元)一倍的罚款,即罚款41 859.50元。根据《税收征收管理法》第六十四条规定对于中成公司不进行申报(税款所属限期)的营业税、城市维护建设税、企业所得税、印花税(责令限改后申报缴纳)处以0.5倍的罚款,即罚款329 700.00元。以上罚款合计371 559.50元,中成公司已于2013年5月31日前将上述款项缴清。

原审认为,①2009年5月23日,中成公司、巨隆公司签订了以中成公司提供出让土地使用权、巨隆公司提供资金作为共同投资、分享份额为基本内容的"联合开发合同"。2009年6月23日,中成公司、巨隆公司又签订了以中成公司出让约定份额给巨隆公司,巨隆公司支付价款为基本内容的"股权转让协议",形成了中成公司、巨隆公司通过"股权转让"形式进行土地使用权转让的事实。即中成公司出让土地使用权予巨隆公司并收取价款,巨隆公司受让土地使用权并支付价款的事实。②中成公司在经营活动中,在取得、持有土地使用权后,又将土地使用权转让巨隆公司,按照税务法律、法规的规定,应依法缴纳城镇土地使用税、营业税、企业所得税、土地增值税、城市维护建设税、印花税、教育费附加、地方教育附加。但中成公司在纳税义务发生后,未在税务法律、法规规定的期限内进行申报纳税。在土地使用权转让中,收取巨隆公司的转让款,未向巨隆公司出具税务发票。在账册中将取得的土地转让款记录在"履约保证金"名下,不在会计报表中将其计入收入。在税务机关进行税务检查时,以中成公司遭受洪水侵害为由未向税务机关提供全部会计账簿、资料。在税务机关责令改正的情况下,不申报城镇土地使用税、土地增值税,少申报营业税、企业所得税、城市维护建设税、印花税、教育费附加。中成公司的上述行为符合《税收征收管理法》第六十三条规定的情形,属于偷税。税务机关可依照该规定向中成公司追缴其不缴或者少缴的税款、滞纳金,并处不缴或者少缴的税款百分之五十以上五倍以下的罚款。③《中华人民共和国行政处罚法》(以下简称《行政处罚法》)第二十四条规定:"对当事人的同一个违法行为,不得给予两次以上罚款的行政处罚。"中成公司前后相连的违法行为属于"偷税"这一个违法行为,对"偷税"这一个违法行为只能适用《税收征收管理法》第六十三条进行处罚,不能适用《税收征收管理法》第六十四条再次罚款。综上所述,旬阳地税局作出的税务行政处罚决定适用法律、法规错误,同时也违背了《行政处罚法》之相关规定,故对该决定应予以撤销。

原审判决:①撤销旬阳地方税务局于2014年7月18日作出的旬地税罚(2014)1号税务行政处罚决定;②责令旬阳县地方税务局重新作出税务行政处罚决定。案件受理费50元,由旬阳县地方税务局负担。

旬阳县地方税务局不服,向本院提起上诉。其上诉称:①原判认定事实错误。被上诉人中成公司在2009年5、6月期间,转让土地使用权所得1 200万元,不按法定期限办理纳税申报和缴纳税款。2013年3月4日,旬阳地税局菜湾税务所向其发出旬地税菜限改

(2013)01号《责令限期整改通知书》,限令其于2013年3月10日前到旬阳地税局办理纳税申报。2013年3月11日,被上诉人按照《责令限期整改通知书》所限期限办理了部分纳税申报和缴纳了相应税款共计699 050元,但还有部分应纳税款未进行纳税申报和缴纳。2013年5月15日,菜湾税务所对被上诉人作出旬地税菜处(2013)2号《税务处理决定书》:继续追缴被上诉人经责令整改,在部分整改后,仍不申报缴纳的税款736 495.50元;对被上诉人在法定所属纳税期限内未办理纳税申报的应缴税款,加收滞纳金377 374.84元。2014年5月12日,白河县人民法院作出(2013)白河行初字第00011号行政判决,认为菜湾税务所在计算营业税时未依照《财政部 国家税务总局〈关于营业税若干政策问题的通知〉》(财税〔2003〕16号文件)第三条第二十项规定的"单位和个人销售或转让其购置的不动产或受让的土地使用权,以全部收入减去不动产或土地使用权的购置或受让原价后余额为营业额",扣减被上诉人在受让土地使用权时支付的出让金145万元,从而撤销菜湾税务所原作出的旬地税菜处(2013)2号《税务处理决定书》,责令菜湾税务所重新作出税务处理决定。2014年7月18日,菜湾税务所重新作出旬地税菜处(2014)1号《税务处理决定书》,依照《财政部国家税务总局〈关于营业税若干政策问题的通知〉》(财税〔2003〕16号文件)第三条第二十项之规定,在计算营业额时,对应纳税营业额扣减了145万元,按1 055万元的营业额计征营业税,同时调整了城市维护建设税和教育费附加的应纳税款数额。在《税务处理决定书》送达后,被上诉人再次提起行政诉讼。2015年6月17日,被上诉人向白河县人民法院申请撤回对该税务处理决定的起诉,白河县人民法院裁定准许撤诉。菜湾税务所所作的旬地税菜处(2014)1号《税务处理决定书》所认定的事实,属于生效法律文书所确定的法律事实。但原审法院在认定案件事实和证据时,不予认定巨隆公司代被上诉人退付给重庆建安公司100万元保证金用于抵付土地使用权转让款的事实,以及认定被上诉人拟证明的应在土地转让款中扣减380万元的结算票据、收款收据等,与旬地税菜处(2014)1号《税务处理决定书》所认定的事实相冲突。②原审判决适用法律错误。上诉人根据《税收征收管理法》第六十三条规定,对被上诉人中成公司在菜湾税务所向其发出限期整改通知后,被上诉人补缴了部分税款,但仍还少申报缴纳税款66 620.50元(土地增值税除外)。故上诉人对被上诉人仍少申报缴纳的这部分税款行为,认定为偷税,即对被上诉人少申报缴纳税款中的41 859.50元(营业税2 500元、城建税125元,企业所得税15 000元,印花税2 850元,2008年至2009年城镇土地使用税21 384.50元)处以1倍的罚款,即罚款41 859.50元。另上诉人根据《税收征收管理法》第六十四条规定,对被上诉人未在法定纳税期限内进行纳税申报部分(企业所得税为纳税义务发生年度终了的5个月内汇算清缴;其他税种为纳税义务发生的次月15日内),即限期整改已整改部分税款659 400元处以0.5倍的罚款,即罚款329 700.00元。也就是说,上诉人对被上诉人所作的行政处罚,将被上诉人的不进行申报纳税的行为分两部分:一部分是责令期限改正,被上诉人已申报缴纳部分;另一部分是责令限期改正,其仍未申报缴纳部分。上诉人对被上诉人责令缴纳,其已缴纳部分,属于未在法定所属纳税期限内申报纳税,依据《税收征收管理法》第六十四条规定,处以0.5倍罚款;对责令缴纳,仍不缴纳部分,按偷税论,依据《税收征收管理法》第六十三条规定,处以1倍的罚款。上诉人在税收行政执法过程中,既从违法行为的性质上考虑,又从违法行为的结果上考虑,更能体现税收行政执法的公平性原则,根本不存在原审法院认定的一事二罚问题。所以,原审法院适用法律错误。综上,上诉人所作的行政处罚,事实认定清楚,证据确凿、充分、适用法律正确,请求二审依法改判,驳回被上诉人的原诉讼请求。

被上诉人中成公司答辩称:①一审判决认定事实清楚,证据充分,上诉人的上诉理由不能成立。一审判决认定答辩人通过股权转让形式进行了土地使用权转让,没有认定当事人股权转让协议所写价款就是上诉人处罚计征税款的事实依据,是基于双方当事人存在的实际交易行为,是根据法庭查明的案件事实所作的正确判决。上诉人对答辩人的处罚是在认定事实错误的情况下所为,其处罚结果错误,当事人不服是必然的。答辩人撤回诉讼,是对其诉权的放弃或出于其他事由,但不能等同是对行政处罚案件事实存在错误的认同和对行政机关违法行政的认同,更不能作为行政机关坚持其违法处罚的理由。②一审判决适用法律正确,程序合法。上诉人是以答辩人与巨隆公司进行土地使用权转让交易中的涉税行为作出的行政处罚,从其认定的事实可以肯定答辩人违法与否都只能是同一涉税行为,根本不存在上诉人主张的将答辩人同一土地使用权交易转让行为不进行申报纳税的行为分为两部分,并以《税收征收管理法》第六十三条和六十四条分别进行处罚。比较《税收征收管理法》第六十三条和第六十四条,第六十三条规定的法律责任要比第六十四条规定的法律责任重,上诉人已经选择了从重处罚条款第六十三条进行了处罚,还要以第六十四条规定对答辩人进行处罚,即上诉人提出的"既从性质上考虑,又从结果上考虑",才采取的轻重并用,分段两次处罚,是上诉人对法律的错误理解和适用,是典型的违法行政行为。一审判决维护了当事人的合法权利,纠正了上诉人的错误处罚。综上,请求二审依法驳回上诉人的上诉,维持一审判决。

经二审公开开庭查明的事实与一审一致,本院予以确认。

二审另查明,2014年5月12日,陕西省白河县人民法院作出(2013)白河行初字第00011号行政判决,撤销旬阳地税局菜湾税务所作出的旬税菜处(2013)2号税务处理决定,并责令其重新作出税务处理决定。该判决送达后,双方均未提出上诉。2014年7月18日,旬阳地税局菜湾税务所依据生效的(2013)白河行初字第00011号行政判决认定的事实,将中成公司与巨隆公司在土地使用权转让交易活动中的全部收入1 200万元,受让土地原价145万元,依照《财政部 国家税务总局〈关于营业税若干政策问题的通知〉》规定,对中成公司应纳税营业额扣减其受让土地使用权时支付的出让金145万元后,以1 055万元的营业额为计征营业额,作出旬地税菜处(2014)1号《税务处理决定书》,对中成公司经菜湾税务所2013年3月4日责令限期改正后仍未申报缴纳的税款,依法进行追缴。该处理决定主要内容为:①追缴税款666 695.5元。其中城镇土地使用税46 145.50元,营业税2 500元,企业所得税15 000元,土地增值税600 000.00元,城市维护建设税125.00元,印花税2 850元,教育费附加75.00元。②依法加收滞纳金326 865.9元。从税款滞纳之日起按日分项目分税种计算加收滞纳金,其中营业税滞纳金229 546.25元,城市维护建设税滞纳金 11 477.31 元,印花税滞纳金 3 981 元,企业所得税滞纳金 40 995 元,城镇土地使用税滞纳金 40 866.34 元。该处理决定送达后,中成公司仍不服,再次提起行政诉讼。该案在白河县人民审理过程中,中成公司于 2015 年 6 月 17 日申请撤诉。白河县人民法院于 2015 年 6 月 17 日作出(2015)白河行初字第 00002 号行政裁定书,准许中成公司撤回起诉。另外,中成公司诉巨隆公司建设用地使用权转让合同纠纷一案,陕西省西安市雁塔区人民法院审理后,于 2014 年 5 月 14 日作出(2013)雁民初字第 02031 号民事判决,判决由巨隆公司支付中成公司太极大厦土地转让过户税费 1 389 400 元,股权转让款 100 万元、违约金 5 万元。巨隆公司不服,向陕西省西安市中级人民法院提出上诉。陕西省西安市中级人民法院于 2015 年 7 月 9 日作出(2015)西中民四终字第 00036 号民事判决,驳回巨隆公司的上诉,维持原判。

本院认为,被上诉人中成公司 2003 年取得"太极大厦"建设用地使用权,2009 年通过签订《联合开发合同》及《股权转让协议》的形式,将"太极大厦"土地使用权转让给巨隆公司。根据《中华人民共和国城镇土地使用税暂行条例》《中华人民共和国企业所得税法》《中华人民共和国营业税暂行条例》等税收法律、法规规定,被上诉人中成公司在持有、转让"太极大厦"土地使用权过程中,应依法申报并缴纳城镇土地使用税、营业税、企业所得税、土地增值税等税款。上诉人旬阳县地方税务局因被上诉人中成公司未依法履行申报纳税义务,对其进行处罚是履行税收征管职责的行为。本案的争议焦点是:①上诉人对被上诉人转让"太极大厦"土地使用权过程中计税营业额的确定是否正确;②上诉人对被上诉人的行政处罚是否系重复处罚。

关于第一个焦点,因计税营业额的确定系税务行政执法的范围,故其如何确定应以税收相关法律法规为依据。《中华人民共和国营业税暂行条例》第五条规定:"纳税人的营业额为纳税人提供应税劳务、转让无形资产或者销售不动产收取的全部价款和价外费用。"第十二条规定:"营业税纳税义务发生时间为纳税人提供应税劳务、转让无形资产或者销售不动产并收讫营业收入款项或者取得索取营业收入款项凭据的当天。国务院财政、税务主管部门另有规定,从其规定。"同时,《营业税暂行条例实施细则》第十三条规定:"条例第五条所称价外费用,包括收取的手续费、补贴、基金、集资费、返还利润、奖励费、违约金、滞纳金、延期付款利息、赔偿金、代收款项、代垫款项、罚息及其他各种性质的价外收费。"第二十四条二款规定:"条例第十二条所称取得索取营业收入款项凭据的当天,为书面合同确定的付款日期的当天;未签订书面合同或者书面合同未确定付款日期的,为应税行为完成的当天。"依据上述规定,本案的计税营业额应根据中成公司与巨隆公司签订的《股权转让协议》中确定的全部转让价款及价外费用,即股权转让价款 1 000 万元和补偿款 200 万元,共计 1 200 万元为计税营业额,其纳税义务发生时间应为中成公司与巨隆公司签订的《股权转让协议》所确定的付款到期时间。此外,参照《财政部国家税务总局〈关于营业税若干政策问题的通知〉》(财税〔2003〕16 号文件)第三条第二十项规定的"单位和个人销售或转让其购置的不动产或受让的土地使用权,以全部收入减去不动产或土地使用权的购置或受让原价后余额为营业额",故本案的计税营业额应以土地使用权全部转让价款 1 200 万元为基数,扣减中成公司支付的土地使用权购置原价 145 万元,即 1 055 万元为计税营业额。中成公司当庭辩称应以生效的民事判决认定其实际收到的 900 万元土地转让价款作为计税依据的请求,以及原审判决将被上诉人中成公司支出的 380 万元费用全部从转让价款中扣减作为计税营业额的认定,因与上述税收法律法规规定不符,且与生效的旬阳地税局菜湾税务所旬地税菜处(2014)1 号《税务处理决定书》认定的事实不符,本院不予采纳。

关于第二个焦点,因中成公司在旬阳地税局菜湾税务所 2013 年 3 月 4 日发出责令限期整改通知后,仅申报补缴了部分税款,仍有部分税款未依法申报缴纳。旬阳地税局在查清中成公司上述违法事实的基础上,根据《中华人民共和国税收征收管理法》的规定,将其违法事实区分为性质不同的两部分:一部分为经菜湾税务所限期改正后,其仍未申报缴纳部分,对该仍未申报缴纳部分,依法认定为偷税;另一部分为限期改正后,中成公司已缴纳部分,对该已整改缴纳部分,认定为未在法定所属纳税期限内申报纳税。针对以上两种不同的违法事实,旬阳县地税局依据《中华人民共和国税收征收管理法》不同的条款规定,分别予以处罚,该处罚决定认定事实清楚,适用法律正确,处罚适当。

综上,原审判决将上诉人旬阳地税局基于被上诉人中成公司不同违法事实、依据不同法律规定分别进行的处罚,认定为重复处罚,属适用法律错误,应依法改判。依照《中华人民共和国行政诉讼法》第六十九条、第八十九条一款(二)项之规定,判决如下:

(1) 撤销陕西省白河县人民法院(2015)白河行初字第 00001 号行政判决。
(2) 驳回原审原告陕西中成工贸有限公司的诉讼请求。
(3) 一、二审案件受理费各 50 元,由陕西中成工贸有限公司承担。

本判决为终审判决。

审　判　长　张晓坤
审　判　员　王玉红
代理审判员　陈泉池
书　记　员　孟小静
二〇一五年十二月十日

第四节　企业集团资金统筹税务管理

一、企业集团概念

企业集团是指以资本为主要联结纽带的母子公司为主体,以集团章程为共同行为规范的母公司、子公司、参股公司及其他成员企业或机构共同组成的具有一定规模的企业法人联合体。企业集团不具有企业法人资格。

取消企业集团核准登记前,成立企业集团需要具备三个基本条件:集团母公司注册资本在5 000万元人民币以上,母公司和其子公司(至少5家)的注册资本总和在1亿元人民币以上,集团成员单位均具有法人资格。

根据《国务院关于取消一批行政许可等事项的决定》(国发〔2018〕28号)规定,取消企业集团核准登记。《国家市场监督管理总局关于做好取消企业集团核准登记等4项行政许可等事项衔接工作的通知》(国市监企注〔2018〕139号,以下简称《通知》),取消《企业集团登记证》核发,强化企业信息公示。

《通知》明确,取消企业集团核准登记后,企业不需要再办理企业集团核准登记和申请《企业集团登记证》。同时,《通知》对如何在企业名称中使用"集团"字样进行了规范:企业法人可以在名称中的组织形式之前使用"集团"或者"(集团)"字样,该企业为企业集团的母公司;企业集团名称应与母公司名称的行政区划、字号、行业或者经营特点保持一致;需要使用企业集团名称和简称的,母公司应当在章程中记载,并在申请企业名称登记时一并提出;母公司全资或者控股的子公司、经母公司授权的参股公司,可以在名称中冠以企业集团名称或者简称。

二、企业集团内统借统还的税务管理

(一)统借统还的基本特征

企业集团在经营过程中,由于集团内的母公司和子公司各自都有向有关金融机构融资的需要,如果各自向金融机构申请贷款业务,可能不利于管理,效率也是比较低的;另外,资信条件不好的子公司,可能也很难申请到银行贷款。为了解决上述问题,同时增强与银行谈判的砝码,出现了由总公司(母公司)统一向银行申请贷款,然后拨给下属公司使用,下属公司按照金融机构向总公司(母公司)收取的借款利率水平向总公司支付利息,贷款由总公司(母公司)统一归还,我们把这样的融资行为称作统借统还业务。在实践中,统借统还业务在企业集团中比较常见。

(二)统借统还的税收政策分析及风险管理

1. 统借统还的增值税政策分析及税务管控

1)统借统还的增值税政策分析

根据《财政部 国家税务总局关于全面推开营业税改征增值税试点的通知》(财税〔2016〕36号)规定,统借统还业务中,企业集团或企业集团中的核心企业以及集团所属财务公司按不高于支付给金融机构的借款利率水平或者支付的债券票面利率水平,向企业集团或者集团内下属单位收取的利息,免征增值税。统借方向资金使用单位收取的利息,高于支付给金融机构借款利率水平或者支付的债券票面利率水平的,应全额缴纳增值税。统借统还业务,是指:①企业集团或者企业集团中的核心企业向金融机构借款或对外发行债券取得资金后,将所借资金分拨给下属单位(包括独立核算单位和非独立核算单位,下同),并向下属单位收取用于归还金融机构或债券购买方本息的业务。②企业集团向金融机构借款或对外发行债券取得资金后,由集团所属财务公司与企业集团或者集团内下属单位签订统借统还贷款合同并分拨资金,并向企业集团或者集团内下属单位收取本息,再转付企业集团,由企业集团统一归还金融机构或债券购买方的业务。

根据上述政策,一是企业集团资金管理模式只有两种选择:

模式一,企业集团或其核心企业(统借方)直接分拨资金,如图2-1所示。

模式二,企业集团(统借方)通过所属财务公司(代管方)分拨资金,如图2-2所示。

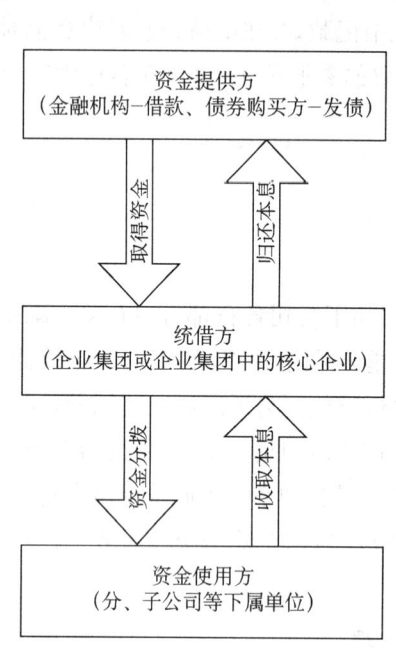

图2-1 企业集团或其核心企业(统借方)直接分拨资金

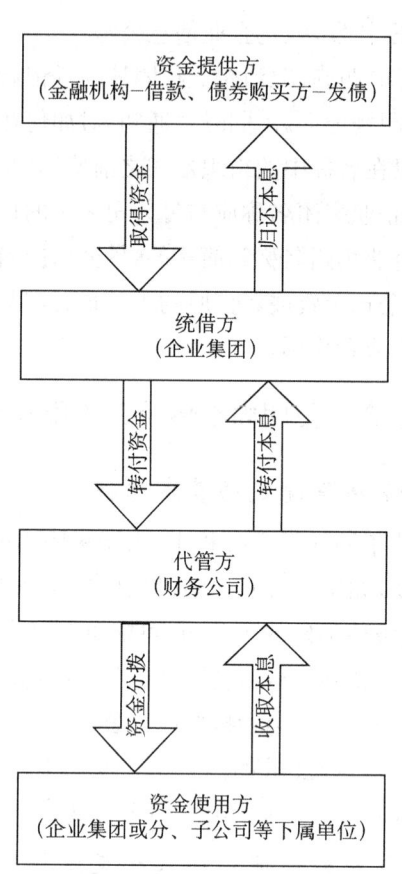

图2-2 企业集团(统借方)通过所属财务公司(代管方)分拨资金

二是资金的使用和归还要满足以下要求:①资金来源必须是外部,且仅限于金融机构借款或对外发行债券两种筹资方式。②模式一的资金使用方只能是企业集团的下属单位;模式二的资金使用方可以是企业集团或集团内下属单位。③分拨资金利率不得高于统借方支付给金融机构的借款利率水平或者支付的债券票面利率水平。④资金本息必须由统借方统一收取并统一归还。

2)统借统还的增值税税务管控

企业要享受统借统还优惠政策必须满足以下几个条件:

(1)企业集团取消核准登记后,强化企业信息公示,未进行公示的集团公司存在税务机关不予以确认的风险。

(2) 资金来源必须是金融机构。如果是来自非金融机构的借款,不适用该政策;如果是集团内部资金委托金融机构进行的委托贷款,也不适用该政策。

(3) 融资主体(统借方)必须是集团企业,或者集团中的核心企业。该核心企业可以是集团的财务公司,也可以是集团中的某个公司。

(4) 资金由融资主体(统借方)统一借入,归还时也必须由融资主体(统借方)统一归还。

(5) 融资主体归还的利息应来自使用方。

(6) 融资主体(统借方)借入资金后,统一调拨,且仅限一级调拨,如果二级或者多级转拨,则不适用该政策。

(7) 融资主体(统借方)向集团内部其他企业借出资金的利率不得超过向金融机构借入资金的利率。

(8) 资金从金融机构流入,到最终使用方,必须有清晰的、一一对应的资金流。

(9) 必须签订统借统还协议。协议里明确约定,按照统借统还的税收政策,资金借出方应当提供增值税免税发票。

(10) 企业集团应尽量与银行协商,明确约定借款用途为"统借统还";如果银行出于监管要求无法让步,则企业集团应提前与主管税务机关沟通并报备,避免后期产生税企争议。

【案例 2-4-1】 某集团于某地开发一个地产项目,因此设立项目公司 D。D 公司的融资能力有限,因此由集团公司核心企业 A 公司向金融机构进行融资,集团公司进行全额担保,融资 1 亿元,年利率 5%,按照集团公司的资金管理规定,由 A 公司借给 B 公司,利率 5%;再由 B 公司借给 D 公司(项目公司),利率 5%。

集团架构如图 2-3 所示。

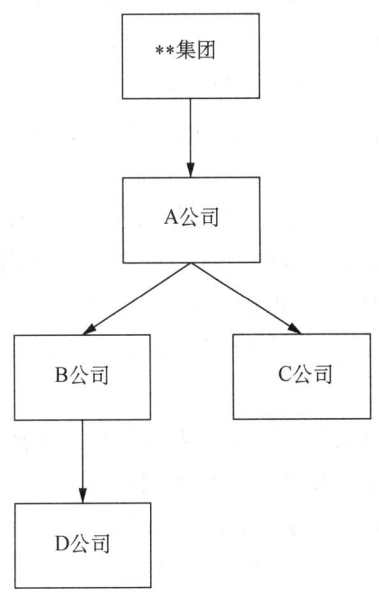

图 2-3 集团架构

【税务处理】

假设融资主体为上述集团架构中的 A 公司，A 公司融资后可以向集团公司调拨，也可以直接向 B 公司、C 公司、D 公司中的任何一个公司调拨，这种情况下 A 公司收取的不高于金融机构的利息是免征增值税的；但是如果 A 公司将资金借给 B 公司，B 公司再借给 D 公司，那么 B 公司将资金借给 D 公司的行为就属于二级转拨了，此时 B 公司收取 D 公司的借款利息不适用统借统还政策，需要全额缴纳增值税。因此企业税务管理部门应建议企业集团修订资金使用管理规定，资金统一管理，统一调拨，由 A 公司直接拨付给 D 公司，以规避纳税风险。

2. 统借统还企业所得税的政策分析及税务管控

1）统借统还企业所得税的政策分析

在统借统还业务中，实际使用款项的单位需要向统借方支付资金使用费，即借款利息。根据《企业所得税法实施条例》第三十七条规定，企业在生产经营活动中发生的合理的不需要资本化的借款费用，准予扣除。那么对于支付的该项利息，是按照《企业所得税法实施条例》第三十八条第一款的规定作为向金融企业的借款利息支出，还是按照第三十八条第二款的规定作为向关联方的非金融企业借款利息支出，自 2008 年《企业所得税法》实施以来，中央层面的税收政策法规尚未作出明确规定。

在政策法规中仅是对于房地产开发企业统借统还业务做出了规定，准予实际用款方支付给统借方的利息支出税前列支。《国家税务总局关于印发〈房地产开发经营业务企业所得税处理办法〉的通知》（国税发〔2009〕31 号）第二十一条规定："企业的利息支出按以下规定进行处理：企业为建造开发产品借入资金而发生的符合税收规定的借款费用，可按企业会计准则的规定进行归集和分配，其中属于财务费用性质的借款费用，可直接在税前扣除；企业集团或其成员企业统一向金融机构借款分摊集团内部其他成员企业使用的，借入方凡能出具从金融机构取得借款的证明文件，可以在使用借款的企业间合理地分摊利息费用，使用借款的企业分摊的合理利息准予在税前扣除"。但是并没有直接地说明这种集团向金融机构借款，分摊给成员企业适用的是否属于关联方借款。从目前获取的信息看，各省说法并不一致。

《辽宁省地方税务局关于印发企业所得税若干业务问题的通知》（辽地税发〔2010〕3 号）第二条规定，企业集团或其成员企业统一向金融机构借款，分摊集团内部其他成员企业使用的，凡能出具从金融机构取得借款的证明文件，并在使用借款的企业间合理分摊利息费用的，使用借款的企业分摊的合理利息准予在税前扣除。但企业集团或其成员企业不得重复扣除。

《浙江省国家税务局所得税处 2011 年企业所得税汇算清缴问题解答》第十三条规定，企业集团公司统借统贷成员企业按金融机构相同利率水平支付的利息属于与生产经营有关的合理支出，予以税前扣除。企业应提供董事会决议、集团共同利息分摊办法、分摊企业名单、银行借款合同、利息支出凭证、发票（包括地税监制收款收据）等相关合法凭证。

《苏州市地方税务局关于做好 2009 年度企业所得税汇算清缴工作的通知》（苏州地税

函〔2009〕278号）规定，对集团公司和所属企业采取"由集团公司统一向金融机构借款，所属企业按一定程序申请使用并按同期银行贷款利率将利息支付给集团公司，由集团公司统一与金融机构结算"的信贷资金管理方式的，不属于关联企业之间借款。对集团公司所属企业从集团公司取得使用的金融机构借款支付的利息，凡集团公司能够出具从金融机构取得贷款的证明文件，其所属企业使用集团公司转贷的金融机构借款支付的利息，不高于金融机构同类同期贷款利率计算的数额的部分，允许在企业所得税前扣除。

根据上述分析和部分省区市的地方性文件，笔者认为统借统还业务不属于关联方借款，应该继续延续老税法下的处理原则，将其作为金融企业信贷资金处理。

2) 统借统还企业所得税的税务管控

（1）统借统还的利息支出可以在企业所得税前扣除是没有异议的，但是按一般金融借款还是按关联交易处理在国家层面一直没有明确表态，各省市的各自理解也不一致，因此，为了防止关联交易的风险，建议企业最好是准备能证明符合独立交易原则的有关资料备查，将风险降到最低。

（2）下属企业所得税前扣除时应取得拨款方开具的免税增值税发票。

【案例2-4-2】 为保证公司经营业务发展的资金需求，2019年3月20日上海A企业股份有限公司董事会审议通过了《公司或控股子公司与福州B实业发展有限公司签署资金统借统还财务支持协议（草签）的议案》。福州B实业发展有限公司为上海A企业股份有限公司控股股东。控股子公司指上海A企业股份有限公司控股70%的C地产（福建）有限公司及其控股子公司和控股52%的W（常州）置业发展有限公司。

福州B实业发展有限公司向上海A企业股份有限公司及其子公司提供累计不超过人民币20亿元的统借统还财务资金支持。福州B实业发展有限公司可根据其统借资金到位情况分期分贷给上海A企业股份有限公司及其子公司使用。借款期限为自本协议签署之日起，至福州B实业发展有限公司的统借资金到期日止，但最长不超过32个月。

上海A企业股份有限公司及其子公司按照福州B实业发展有限公司统借资金支付给金融机构的利率水平（利率水平最高不超过11.5%）和资金的实际占用天数，计算应负担的利息金额，并在福州B实业发展有限公司统一向金融机构支付利息之前，将应付利息支付给福州B实业发展有限公司指定银行账户。

【税务管理建议】

本案例属于统借统还业务，福州B实业发展有限公司作为统借方将其向金融机构借入的资金提供给上海A企业股份有限公司及其子公司使用，按照支付给金融机构的利率水平向上海A企业股份有限公司及其子公司收取利息。

根据《财政部 国家税务总局关于全面推开营业税改征增值税试点的通知》（财税〔2016〕36号）规定，符合增值税免税条件，但拨款方应提供增值税发票作为资金使用方所得税税前扣除的合法有效凭证。

根据《国家税务总局关于印发〈房地产开发经营业务企业所得税处理办法〉的通知》（国税发〔2009〕31号）第二十一条的规定，福州B实业发展有限公司统一借款给上海A企业股份有限公司及其子公司使用,上海 A 企业股份有限公司及其子公司按照使用款项的金额和时间等计算分摊的利息准许在税前列支,凭福州 B 实业发展有限公司与金融机构签订的借款协议、与福州 B 实业发展有限公司签订的用款协议、金融机构给福州 B 实业发展有限公司开具的利息发票的复印件以及用款分摊计算表或福州 B 实业发展有限公司出具的利息发票等作为税前扣除的凭证,可以在计算企业所得税时列支。但是由于上海 A 企业股份有限公司登记注册在上海市,其企业所得税受上海市税务机关的管辖,在该问题上应该按照上海市国家税务局、上海市地方税务局关于转发《国家税务总局关于印发〈房地产开发经营业务企业所得税处理办法〉的通知》的通知(沪国税所〔2009〕31 号)的相关规定处理,即上海 A 企业股份有限公司从福州 B 实业发展有限公司取得的统借统还款项,应该视为关联方借款处理,在具体税务处理上还应该遵循《企业所得税法》及其实施条例、《财政部、国家税务总局关于企业关联方利息支出税前扣除标准有关税收政策问题的通知》(财税〔2008〕121 号)以及《国家税务总局关于印发〈特别纳税调整实施办法(试行)〉的通知》(国税发〔2009〕2 号)等法规中有关"资本弱化"条款的规定。

而其子公司,C 地产(福建)有限公司和 W(常州)置业发展有限公司等由于登记注册地不在上海市,故不应该受资本弱化等条款的限制。

实施统借统还业务的主体有三个,分别为"企业集团总部""企业集团中的核心企业""集团所属财务公司"。《中国银行业监督管理委员会关于修改〈企业集团财务公司管理办法〉的决定》明确规定,财务公司是指以加强企业集团资金集中管理和提高企业集团资金使用效率为目的,为企业集团成员单位(以下简称成员单位)提供财务管理服务的非银行金融机构。本办法所称企业集团是指在中华人民共和国境内依法登记,以资本为联结纽带、以母子公司为主体、以集团章程为共同行为规范,由母公司、子公司、参股公司及其他成员企业或机构共同组成的企业法人联合体。本办法第六条指出企业集团财务公司名称应当经工商登记机关核准,并标明"财务有限公司"或"财务有限责任公司"字样,名称中应包含其所属企业集团的全称或者简称。由此可见,财务公司属于金融机构范畴。

既然财务公司属于金融机构,则其与其他公司签订的借款协议应该按下列规定缴纳印花税:

(1)根据印花税税目税率表借款合同规定,包括银行及其他金融组织和借款人(不包括银行同业拆借)所签订的借款合同,按借款金额的 0.05‰贴花,单据作为合同使用的,按合同贴花。

(2)借款合同的计税依据为借款金额,合同价税分离的按不含税金额贴花,没有价税分离的按借款总额贴花。银行及其他金融组织的融资租赁业务签订的融资租赁合同,应按合同所载租金总额,暂按借款合同计税。

【案例 2-4-3】 某集团有限公司于 2016 年 3 月 4 日在银行间市场交易商协会发行了 4 亿元超短期融资券(SCP),票面利率 3.98%,期限 240 日。发行债券实行到期一次性还本付息。发行债券资金到达专用账户后,该集团有限公司分别统借给下属子公司 A 公司 1 亿元,B 公司 1.5 亿元,C 公司 1.5 亿元,统借统还借款利率 3.98%(等于债券票面利率),已签订统借统还借款合同。

【税务管理建议】

本案例的统借统还借款主体是集团公司与下属子公司之间,属于企业之间借款,统借统还借款合同不需要贴花,不缴纳印花税(通过发债直接融资也不贴花)。

【案例2-4-4】 某集团有限公司于2016年3月4日向中国银行借款4亿元流动资金借款(价税未分离),贷款年利率3.98%,拨给集团所属财务公司,财务公司再分别统借给下属子公司A公司1亿元,B公司1.5亿元,C公司1.5亿元,已签订统借统还借款合同。

【税务管理建议】

集团公司向中国银行借款4亿元按规定贴花20 000元(400 000 000×0.05‰);集团公司拨给集团所属财务公司时不贴花;财务公司借给集团下属子公司时签订的统借统还借款合同属于其他金融组织(财务公司属于非银行金融机构)和借款人之间的借款合同,按规定贴花,财务公司与A、B、C公司分别就各自的合同金额贴花,财务公司应纳印花税20 000元,A、B、C公司分别应纳印花税5 000元、7 500元、7 500元。

三、企业集团内单位资金无偿拆借的税务管理

(一)企业集团内单位无偿借贷资金增值税政策分析及税务管理

根据《财政部 税务总局关于明确养老机构免征增值税等政策的通知》(财税〔2019〕20号)规定,对企业集团内单位(含企业集团)之间的资金无偿借贷行为,自2019年2月1日至2020年12月31日,免征增值税。根据《财政部 税务总局关于延长部分税收优惠政策执行期限的公告》(财政部 税务总局公告2021年第6号)第一条规定,《财政部 税务总局关于设备器具扣除有关企业所得税政策的通知》(财税〔2018〕54号)等16个文件规定的税收优惠政策凡已经到期的,执行期限延长至2023年12月31日。

根据这一政策,企业在税务管理中应把握以下关键点。

1. 企业集团的标准把握

2018年8月以后,工商部门和市场监管部门对企业集团的准入条件大大放宽,企业在名称中使用"集团"等字样不再需要取得《企业集团登记证》,有关部门也不再对资本情况和子公司数量进行审查。因此,企业只需要按照相关的规定,向有关部门申请在名称中使用"集团"字样,只要名称中带有"集团"字样的,即可享受无偿资金往来免征增值税政策。

2. 集团内单位的范围把握

鉴于财税〔2019〕20号文件规定的无偿资金借贷行为仅限于集团内单位(含企业集团)之间,集团内单位不只限定于集团公司的全资或控股子公司。根据《国家市场监督管理总局关于做好取消企业集团核准登记等4项行政许可等事项衔接工作的通知》(国市监企注〔2018〕139号)的规定,母公司全资或控股的子公司、经母公司授权的参股公司可以在名称中冠以企业集团名称或简称。且鉴于各级工商和市场监管部门不再对企业集团成

员企业的注册资本和数量做审查，只要求集团母公司应当将企业集团名称及集团成员信息通过国家企业信用信息公示系统向社会公示。因此，集团内单位应以可直接参考企业在国家企业信用信息公示系统向社会公示的成员单位信息为标准。

3. 政策适用时间的把握

财税〔2019〕20 号文件明确，企业集团间无偿资金往来免征增值税的期限为 2019 年 2 月 1 日至 2020 年 12 月 31 日，即在该期限内可以享受政策优惠，那么对于 2019 年 2 月 1 日之前已经发生的无偿资金往来行为如何处理则需和税务机关协商处理，如果按法律不溯及既往原则，企业纳税风险依然存在。另根据财税〔2021〕6 号规定，该优惠政策的截止时间为 2023 年 12 月 31 日，对于政策时限之后，在国家税务总局政策明确之前不可滥用。

4. 政策适用情形的把握

对于无偿资金往来免税的适用主体，财税〔2019〕20 号文件明确为企业集团内单位，包含企业集团，即集团与成员公司、成员公司互相之间的无偿资金往来，均可以享受免税政策。

（二）企业集团内单位无偿借贷资金企业所得税的政策分析及税务管理

针对集团间企业无偿资金往来的企业所得税风险，按照《企业所得税法》第四十一条的规定，企业与其关联方之间的业务往来，不符合独立交易原则而减少企业或者其关联方应纳税收入或者所得额的，税务机关有权按照合理方法调整。

鉴于我国企业所得税在集团内部是以法人为单位征收，即母子公司是独立的企业所得税纳税人，总、分公司原则汇总纳税。因此，集团内成员企业之间的无偿资金往来问题在企业所得税领域本身就存在关联交易的避税风险。

课后练习

甲公司计划在全国增设 10 家分公司，经测算，每家分公司需要工作人员不超过 50 人，所需资产规模不超过 1 000 万元，每年的销售规模在 500 万元左右，每年所得税前利润在 180 万元左右，而且利润还可以通过总部直销进行调剂。如果你是甲公司的税务管理人员，请对设立子公司和分公司进行方案比选，为甲公司提出合理的税收管理建议。

第三章

企业税负预算管理

第一节 企业增值税税负管理与控制

一、增值税税负预算管理策略

企业增值税税负预算管理是根据企业发展战略,逐层分解,对其各个部门以及下属公司下达当年度的税负指标,全程管理其经营活动中税负情况,并对其发生的税负情况进行考核与评价的内部管理制度。企业在进行增值税税负预算管理时,一般可根据增值税行业税负参照表(见表3-1)来进行。

表3-1 增值税行业税负参照表

序列	行业	税负率
01	农副食品加工	3.5%
02	食品饮料	4.5%
03	纺织品(化纤)	2.25%
04	纺织服装、皮革羽毛(绒)及制品	2.91%
05	造纸及纸制品业	5%
06	建材产品	4.98%
07	化工产品	3.35%
08	医药制造业	8.5%
09	卷烟加工	12.5%
10	塑料制品业	3.5%
11	非金属矿物制品业	5.5%
12	金属制品业	2.2%
13	机械交通运输设备	3.7%
14	电子通信设备	2.65%
15	工艺品及其他制造业	3.5%
16	电气机械及器材	3.7%
17	电力、热力的生产和供应业	4.95%
18	商业批发	0.9%
19	商业零售	2.5%
20	其他	3.5%

企业增值税税负预算管理中的税负率(以下简称增值税税负率)是指增值税纳税义务

人当期应纳增值税占当期应税销售收入的比例。对小规模纳税人来说,由于国家采用简易计税方式征收,税负率就是征收率即3%;而对一般纳税人来说,虽然增值税税率由13%、9%、6%三档组成,但由于各行业或各个企业成本费用结构性差异较大,进项税额抵扣情况千差万别,每一个企业要结合自身企业的特点,参考以上行业税负值对本企业或本企业每一个项目的税负进行预算。其计算公式如下:

$$本期增值税的税负率 = 本期应纳增值税 \div 本期销售收入 \times 100\%$$

$$实际抵扣进项税额 = 期初留抵进项税额 + 本期进项税额 - 进项税额转出 - 出口退税 - 期末留抵进项税额$$

对实行"免抵退"的生产企业而言,应纳增值税包括了出口抵减内销产品应纳税额。通常情况下,当期应纳增值税=应纳增值税明细账"转出未交增值税"累计数+"出口抵减内销产品应纳税额"累计数

对于小规模纳税人而言,不涉及进项税额,那么增值税税负率直接用征收率来表示即可。

二、增值税税负预算管理影响因素

(1)价税同质化。税是依附于价格的,价税存在同质化倾向。当然不同行业企业甚至业务的同质化程度也是有差异的。价税是否分项议价是供需谈判的标准,其谈判程度跟价税同质化呈正相关关系。如供货长期稳定,全部提供增值税发票,且为一般纳税人,那么双方会合并议价。由于影响价格的因素很多,甚至税负转嫁的议价涉及其他方面的让步条件,价格与税的关联度因企业而异,真实的税收负担更倾向于主观的认知和判断。

(2)从现实增值税税负征管角度理解,以利润最大化为前提,税收负担最低为目标。如相关人员应综合考虑,来选择供货商为一般纳税人或小规模纳税人。

(3)销售价格分析,企业可以比较一段时期内的销售价格走势,并分析销售价格变动的原因,比如季节性、供大于求、商业竞争激烈等。进货价格上涨,可以抵扣的进项税额也会增加,从而使税负率降低。一个时期内的进货多、销售少,也会降低这个时期的税负率。

(4)进项抵扣规则。固定资产一次性抵扣使得抵扣当期的增值税税负率大幅度降低甚至进销项倒挂,取票当期、税额抵扣以及可选择抵扣时间等规则使得增值税税负率呈现不规律性,也使得短期增值税税负率有很大的人为操作空间。

三、增值税税负管控及风险防范

增值税实际税负率高而毛利低,属于理论税负小于实际税负,尽管其实际税负可能正常,但由于其毛利太低,有成本不实的嫌疑,可能会带来税务管理系统风险。对于当期增值税税负率低而毛利高,属于理论税负大于实际税负,会被税务管理系统按推迟收入实现进行风险预警,税务管理部门会调查企业是否有抵扣前期已实现销售之存货的进项税额存在。如果其账面列示的存货不存在,则企业可能有延期确认收入或隐匿收入的嫌疑,则

会移交相关部门对其进行实质性调查。控制企业增值税税负可以考虑但不限于以下几个方面因素：

（1）国家的税收优惠政策。随着国家深化增值税改革，近年来不断有新的优惠政策出台。不仅仅是减税并档，还有提高小规模纳税人的增值税起征点，扩大增值税可抵扣范围，部分行业的加计抵减政策，增值税留抵退税政策等，都可以减轻纳税人的税收负担。因此，企业要充分享受国家的税收红利。

（2）企业自身的税收筹划和管理强化。如果企业自身疏于管理，那么即使国家给与优惠，减税的效果也不能得到充分的发挥。因此，企业要降低增值税税负率，就必须对自身的情况进行分析，强化管理。

（3）业务与流程的变化。企业要定期对增值税税负率的变化进行分析，及时发现可能出现的问题和风险。对于宏观问题带来的税负变化，比如外部经济环境的影响、国家政策调整等，可以视为正常，但是对于企业本身的微观问题，比如流程变化、业务组成变化等，要特别引起重视，及时评估风险，切莫等到大数据筛查发现才恍然大悟。

实际工作过程中，企业必须根据自身的实际情况作出判断和选择，不要为了迎合征管系统中预设的风险指标而弄虚作假、弄巧成拙。

（4）税负管理不仅仅是税务管理人员的事，也与整个企业有关。增值税税负率高低是由业务决定的，特别在销售和采购部门与客户商讨价格的时候，要把税收当作价格的内容。价格含税，税也是价格的一部分。综合的价格跟税收有关，业务部门对相关税收政策的理解和把握、业务部门与税务管理部门的协同程度以及对客户供应商的税务状况的了解都会有利于税负的管控。

（5）客户与供应商的税负联动。企业如果毛利较高，或者客户都是一般纳税人需要增值税发票用于抵扣，供应商有相当部分无法提供发票，那么税负率就会相对较高。客户或者供应商由于各种因素税负率较低，就可以考虑将价格的一部分（如改变运费的支付方式，由客户或者供应商支付运费）转移到客户或者供应商，这样会总体降低税负率。

（6）建立包括税负管控在内的税务预算管理体系，运用税务分析、管理会计的工具实行全面财务管理。要实行税负的计划管理，根据销售额的增减、预计大额固定成本的采购、主要客户供应商的涉税基本情况等，制定预计税负控制目标。

（7）只有配比的税负率才能真正反映企业的经营效果。企业只有通过对配比税负率的核算和管理才能真正达到有效管理和降低税负水平的目的。

（8）涉税事项的风险管控，特别是业务部分、上下游客户供应商的取票、开票等方面应该引起足够的重视。

（9）清晰企业的价值链。制造企业的价值链包括了研发设计、采购、生产制造、销售、运输、售后服务、行政、人力资源等部分。对于一个独立的企业，具有完整的内部价值链，各个部分产生的增加值在同一家公司汇集，企业税负比较高。对于集团公司，内部价值链各个部分可能是分开的，因此，每家企业的增值税税负比较低。

（10）疏通企业的运输方式。企业销售产品往往是送货到对方的仓库，运输成本比较高。运输费用的处理有不同的方式,两种常见方式的税负差异如下:一是买方承担,运输公司直接开具发票给买方;二是卖方承担,运输公司直接开具发票给卖方,企业在签订购销合同时,根据双方税负情况综合考虑,以实现整体税负最小化。

(11) 把控企业的生产方式。企业的加工费用包括了折旧、人工、辅助生产的费用,这些费用都没有对应的进项税额可以抵扣。但如果企业将部分产品发外加工,对方开具增值税专用发票,这些加工费就产生了进项税额,企业销售额相同的情况下,税负下降。企业高速成长过程中,选择委托加工模式的情况很普遍,所以分析税负率时,要分析企业是否存在委托加工的情况。

(12) 合理安排企业产品的市场定位。通常在分析税负时比较强调同行业比较。其实,同一行业的企业在市场中的定位往往不同。有些企业树立品牌形象,走高端路线,产品品质好,销售价格贵。有些产品重视低成本运作,重视大众市场,市场容量大,赢在薄利多销。由于市场地位不同,产品的毛利不一样,利润是增值额的一部分,利润越高,税负越高。因此在同一行业中,做高端产品的企业税负比较高,做低端产品的企业税负比较低。

(13) 合理安排企业的销售策略。影响增值税税负的因素还包括企业的销售策略。基本的营销策略有两种:一种是推动式,特点是给予经销商大的折扣、优惠、返点、奖励,靠经销商来推动市场;另一种是拉动式,特点是通过品牌运作、广告投入、营销活动使最终消费者对产品认同、产生好感,拉动市场,对经销商没有特别的奖励和优惠。

(14) 企业年度增值税预算管理的考核包括两个方面:一是对企业整体增值税预算管理结果进行考核评价,即考核企业的预算管理经营税负情况;二是对增值税预算执行者进行考核评价,即通过对预算执行者税负结果进行考核评估。

【案例3-1-1】 甲企业为批发零售业一般纳税人。2019年实现销售额1 000万元,应交增值税44万元,期初留抵税额12万元。2020年11月实现销售额1 200万元,应交增值税29.9万元。目前甲企业属于战略发展阶段,因"双十一"促销活动的宣传力度和商品质量原因,A产品实现收入120万元,占整个销售额的10%。

【税务管理建议】

经财务核算,A产品的取货成本为115万元,毛利率仅有4.17%,经分析A产品的供货商丙公司为个体经营户,开具增值税税率为1%的发票,价格虽然比同样供货的商家便宜0.1%,但是整体成本却是偏高的。现有供货商乙公司,为一般纳税人,同类产品的单价比丙公司高0.6%,但能开具增值税税率为13%的发票,经领导层决策,税务管理部门分析,最终选择乙公司作为供货商,以筹备"双十二"的货物。

【案例3-1-2】 一家生产空调的公司,如果空调的最终销售单价为5 000元,生产空调可抵扣的进项税额为3 000元。如果公司采取两种不同的经营模式,一种是生产和销售在同一家公司,一种是生产和销售分立。假设无其他事项,请对该公司的采取两种不同的经营模式提出选择方案。

方式一:应纳增值税=(5 000-3 000)×13%=260(元),税负率为5.2%。

方式二：假设给销售公司的最终销售单价为 4 250 元，应纳增值税＝(4 250－3 000)×13％＝162.5(元)，对应的税负率为 3.82％。

【税务管理建议】

从以上不同经营模式中可以看出，价值链分割将会导致各个部分的税负下降，因此，在比较不同企业的税负时，需要对两家公司的经营模式进行比较，不同的经营模式，税负不同属于正常现象。

第二节 企业所得税税负管理与控制

一、企业所得税税负预算管理策略

企业所得税税负预算管理是根据企业发展战略，逐层分解，对其各个部门以及下属公司下达当年度的税负指标，全程管理其经营活动中税负情况，并对其发生的税负情况进行考核与评价的内部管理制度。企业在进行所得税税负预算管理时，一般可根据企业所得税行业税负率参照表(见表3-2)来进行。

表 3-2　企业所得税行业税负率参照表

序列	行业	税负率
01	租赁业	1.5％
02	专用设备制造业	2％
03	专业技术服务业	2.5％
04	专业机械制造业	2％
05	造纸及纸制品业	1％
06	印刷业和记录媒介的复制印刷	1％
07	饮料制造业	2％
08	医药制造业	2.5％
09	畜牧业	1.2％
10	通用设备制造业	2％
11	通信设备、计算机及其他电子设备制造业	2％
12	塑料制品业	3％
13	食品制造业	1％
14	商务服务业	2.5％
15	其他制造业——管业	3％

(续表)

序列	行业	税负率
16	其他制造业	1.5%
17	其他建筑业	1.5%
18	其他服务业	4%
19	其他采矿业	1%
20	居民服务业	1.2%

企业所得税税负预算管理中的企业所得税贡献率,是指企业所得税缴纳税额与收入的比例关系,是对所得税进行纳税评估时最为关注的指标。

二、企业所得税税负预算影响因素及税负管控

企业所得税税负率的计算有两种方法:一种是与流转税税负率计算相同,即税额除以销售收入;另一种是税额除以应纳税所得额。企业应根据不同的情形来选择不同的税负率计算法。一般情况下,相同的行业,相同的利润率,应该有相同的税负率,如果不一样就有必要进行企业税负的分析,通过比较,来寻找差异,并深入分析原因,做出合理解释。一般有横向和纵向两种比较法。

横向比较,就是与本地区同行业的企业税负率进行比较。对于企业来说,一般完全同质的标的企业数据比较难以获取。因此,实际操作中更多采用纵向比较法。

纵向比较,就是与企业的历史数据或者预算数据相比较,找到差异并进行细分,从而来判断企业的税负是否出现了异常。

(一) 企业所得税税负率计算

公式一:

$$本期的企业所得税税负率 = 本期应纳所得税额 \div 本期销售收入 \times 100\%$$

直接计算法:应纳税所得额=收入总额-不征税收入-免税收入-各项扣除金额-允许弥补的以前年度亏损。

间接计算法:应纳税所得额=会计利润总额±纳税调整项目金额。

其中,应纳税所得额一般由会计利润调整而来。

公式二:

$$本期的企业所得税税负率 = 本期应纳所得税额 \div 本期应纳税所得额 \times 100\%$$

(二) 收入类分析指标

$$主营业务收入变动率 = (本期主营业务收入 - 基期主营业务收入) \div 基期主营业务收入 \times 100\%$$

如主营业务收入变动率超出预算值范围,企业需要核实是否存在少计收入、多列成本等问题,从而影响所得税税负,需要运用其他指标进一步分析。

(三) 成本类分析指标

(1) 单位产成品原材料耗用率＝本期投入原材料÷本期产成品成本×100％。

分析单位产品当期耗用原材料与当期产出的产成品成本比率，判断企业是否错误使用存货计价方法、是否人为调整产成品成本或应纳所得额等问题。

(2) 主营业务成本变动率＝(本期主营业务成本－基期主营业务成本)÷基期主营业务成本×100％；主营业务成本率＝(主营业务成本÷主营业务收入)×100％。

主营业务成本变动率超出预算值范围，企业要自查是否存在销售未计收入、多列成本费用、扩大税前扣除范围等问题。

(四) 费用类分析指标

(1) 主营业务费用变动率＝(本期主营业务费用－基期主营业务费用)÷基期主营业务费用×100％；主营业务费用率＝(主营业务费用÷主营业务收入)×100％。

如果主营业务费用变动率与预算值相差较大，可能存在多列费用问题。

(2) 销售(管理、财务)费用变动率＝[本期销售(管理、财务)费用－基期销售(管理、财务)费用]÷基期销售(管理、财务)费用×100％。

如果销售(管理、财务)费用变动率与预算值相差较大，可能存在税前多列支销售(管理、财务)费用问题的风险。

(3) 成本费用率＝(本期销售费用＋本期管理费用＋本期财务费用)÷本期主营业务成本×100％。

分析纳税人期间费用与销售成本之间关系，与预算值相比较，如相差较大，企业可能存在多列期间费用问题，从而影响企业所得税税负。

(4) 成本费用利润率＝利润总额÷成本费用总额×100％；其中：成本费用总额＝主营业务成本总额＋费用总额。

如果企业本期成本费用利润率与预算值相差较大，可能存在多列成本、费用等问题，从而影响企业所得税税负。

(5) 税前列支费用分析指标。工资扣除限额、"三费"(职工福利费、工会经费、职工教育经费)扣除限额、业务招待费扣除限额、公益救济性捐赠扣除限额、开办费摊销额、技术开发费加计扣除额、广告费扣除限额、业务宣传费扣除限额、财产损失扣除限额、呆(坏)账损失扣除限额、总机构管理费扣除限额、社会保险费扣除限额、无形资产摊销额、递延资产摊销额等。

如果申报扣除(摊销)额超过允许扣除(摊销)标准，可能存在未按规定进行纳税调整，擅自扩大扣除(摊销)基数等问题。

(五) 利润类分析指标

(1) 主营业务利润变动率＝(本期主营业务利润－基期主营业务利润)÷基期主营业务利润×100％。

(2) 其他业务利润变动率＝(本期其他业务利润－基期其他业务利润)÷基期其他业

务利润×100%。

上述指标与预警值相比相差较大,可能存在多结转成本或不计、少计收入问题。

(3) 税前弥补亏损扣除限额。按税法规定审核分析允许弥补的亏损数额。如申报弥补亏损额大于税前弥补亏损扣除限额,可能存在未按规定申报税前弥补等问题。

(4) 营业外收支增减额。营业外收入增减额与基期相比减少较多,可能存在隐瞒营业外收入问题;营业外支出增减额与基期相比支出增加较多,可能存在将不符合规定支出列入营业外支出,从而影响企业所得税税负。

(六) 资产类分析指标

(1) 净资产收益率=净利润÷平均净资产×100%。

分析纳税人资产综合利用情况,如果指标与预警值相差较大,可能存在隐瞒收入,或闲置未用资产计提折旧问题,进而影响企业所得税税负。

(2) 总资产周转率=(利润总额+利息支出)÷平均总资产×100%。

(3) 存货周转率=主营业务成本÷[(期初存货成本+期末存货成本)÷2]×100%。

分析总资产和存货周转情况,推测销售能力。如果总资产周转率或存货周转率加快,而应纳税税额减少,可能存在隐瞒收入、虚增成本的问题。

(4) 应收(付)账款变动率=(期末应收(付)账款-期初应收(付)账款)÷期初应收(付)账款×100%。

分析纳税人应收(付)账款增减变动情况,判断其销售实现和可能发生坏账情况。如果应收(付)账款增长率增高,而销售收入减少,可能存在隐瞒收入、虚增成本的问题。

(5) 固定资产综合折旧率=基期固定资产折旧总额÷基期固定资产原值总额×100%。

如果固定资产综合折旧率高于与基期标准值,可能存在税前多列支固定资产折旧额问题。要求企业提供各类固定资产的折旧计算情况,分析固定资产综合折旧率变化的原因。

(6) 资产负债率=负债总额÷资产总额×100%。其中:负债总额=流动负债+长期负债,资产总额是扣除累计折旧后的净额。

分析纳税人经营活力,判断其偿债能力。如果资产负债率与预警值相差较大,则企业偿债能力有问题,要考虑由此对税收收入产生的影响,从而影响企业所得税税负。

(七) 主营业务收入变动率与主营业务利润变动率配比分析

(1) 主营业务收入变动率=(本期主营业务收入-上期主营业务收入)÷上期主营业务收入。

(2) 主营业务利润变动率=(本期主营业务利润-上期主营业务利润)÷上期主营业务利润。

正常情况下,主营业务收入变动率与主营业务利润变动率两者同步增长。当比值小于1且相差较大、两者都为负时,可能存在企业多列成本费用、扩大税前扣除范围问题;当比值大于1且相差较大、两者都为正时,可能存在企业多列成本费用、扩大税前扣除范围等问题;当比值为负数,且前者为正后者为负时,可能存在企业多列成本费用、扩大税前扣除范围等问题。

对产生疑点的企业,通常可从以下三方面进行风险排查:结合"主营业务利润率"指标进行分析,了解企业历年主营业务利润率的变动情况;对"主营业务利润率"指标异常的企业,应通过年度申报表及附表分析企业收入构成情况,以判断是否存在少计收入问题;结合资产负债表中"应付账款""预收账款""其他应付账款"等科目的期初、期末数额进行分析,如出现"应付账款""其他应付账款"红字余额和"预收账款"期末大幅度增长等情况,应判断存在少计收入问题。

(八) 主营业务收入变动率与主营业务成本变动率配比分析

(1) 主营业务收入变动率＝(本期主营业务收入－上期主营业务收入)÷上期主营业务收入。

(2) 主营业务成本变动率＝(本期主营业务成本－上期主营业务成本)÷上期主营业务成本。

正常情况下,主营业务收入变动率与主营业务成本变动率两者同步增长。当比值小于1且相差较大,两者都为负时,可能存在企业多列成本费用、扩大税前扣除范围等问题;当比值大于1且相差较大,两者都为正时,可能存在企业多列成本费用、扩大税前扣除范围等问题;当比值为负数,且前者为正后者为负时,可能存在企业多列成本费用、扩大税前扣除范围等问题。

对产生疑点的企业,通常可以从以下三个方面进行风险排查:结合"主营业务收入变动率"指标,对企业主营业务收入情况进行分析,通过分析企业年度申报表及附表和营业收入表,了解企业收入的构成情况,判断是否存在少计收入的情况;结合资产负债表中"应付账款""预收账款""其他应付账款"等科目的期初、期末数额进行分析,如出现"应付账款""其他应付账款"红字余额和"预收账款"期末大幅度增长情况,应判断存在少计收入问题;结合"主营业务成本率"指标对年度申报表及附表进行分析,了解企业成本的结转情况,分析是否存在改变成本结转方法、少计存货(含产成品、在产品和材料)等问题。

(九) 主营业务收入变动率与主营业务费用变动率配比分析

(1) 主营业务收入变动率＝(本年主营业务收入－上期主营业务收入)÷上期主营业务收入。

(2) 主营业务费用变动率＝(本年主营业务费用额－上期主营业务费用额)÷上期主营业务费用额。

正常情况下,主营业务收入变动率与主营业务费用变动率两者同步增长。当比值小于1且相差较大,两者都为负时,可能存在企业多列成本费用、扩大税前扣除范围等问题;当比值大于1且相差较大,两者都为正时,可能企业存在多列成本费用、扩大税前扣除范围等问题;当比值为负数,且前者为正后者为负时,可能存在企业多列成本费用、扩大税前扣除范围等问题。

对产生疑点的企业，通常可从以下三个方面进行风险排查：结合资产负债表中"应付账款""预收账款"和"其他应付账款"等科目的期初、期末数额进行分析。如出现"应付账款"和"其他应付账款"红字余额和"预收账款"期末大幅度增长等情况，应判断存在少计收入问题；结合主营业务成本，对年度申报表及附表进行分析，了解企业成本的结转情况，以判断是否存在改变成本结转方法、少计存货（含产成品、在产品和材料）等问题；对"主营业务费用率""主营业务费用变动率"两项指标进行分析，与同行业的水平比较；通过损益表对销售费用、财务费用、管理费用的若干年度数据进行分析，对财务费用中增长较多的项目，结合资产负债表中短期借款、长期借款的期初、期末数额进行分析，以判断财务费用增长是否合理，是否存在基建贷款利息列入当期财务费用等问题。

（十）主营业务成本变动率与主营业务利润变动率配比分析

正常情况下，主营业务成本变动率与主营业务利润变动率两者同步增长。当比值大于1且相差较大，两者都为正时，可能存在多列成本的问题；当比值为负数，且前者为正后者为负时，可能存在多列成本、扩大税前扣除范围等问题。

（十一）资产利润率、总资产周转率、销售利润率配比分析

(1) 资产利润率＝利润总额÷资产平均占有额×100%。

(2) 总资产周转率＝销售收入÷总资产×100%。

(3) 销售利润率＝利润总额÷营业收入×100%。

综合分析本期资产利润率与上年同期资产利润率，本期销售利润率与上年同期销售利润率，本期总资产周转率与上年同期总资产周转率。如果本期总资产周转率－上年同期总资产周转率＞0，本期销售利润率－上年同期销售利润率≤0，而本期资产利润率－上年同期资产利润率≤0时，说明本期的资产使用效率提高，但收益不足以抵补销售利润率下降造成的损失，可能存在隐匿销售收入、多列成本费用等问题。如果本期总资产周转率－上年同期总资产周转率≤0，本期销售利润率－上年同期销售利润率＞0，而本期资产利润率－上年同期资产利润率≤0时，说明资产使用效率降低，导致资产利润率降低，可能存在隐匿销售收入问题。

（十二）存货变动率、资产利润率、总资产周转率配比分析

(1) 存货变动率＝(本期期末库存－基期期末库存)÷基期期末库存×100%。

(2) 资产利润率＝(利润总额÷资产平均占有额)×100%。

(3) 总资产周转率＝销售收入÷总资产。

比较分析本期资产利润率与上年同期资产利润率，本期总资产周转率与上年同期总资产周转率。若本期存货增加不大，即存货变动率≤0，本期总资产周转率－上年同期总资产周转率≤0，可能存在隐匿销售收入问题。

综上，企业要定期对税负率的变化进行分析，及时发现可能出现的问题和风险。对于宏观问题带来的税负变化，比如外部经济环境的影响、国家政策调整等，可以视为正常，但是对于企业本身的微观问题，比如流程变化、业务组成变化等，要特别引起重视，及时评估风险。

【案例3-2-1】 位于某市的一家生产企业,2020年度会计自行核算取得主营业务收入68 000万元,其他业务收入6 000万元,营业外收入4 500万元,投资收益1 500万元,应扣除主营业务成本42 000万元,其他业务成本3 500万元,营业外支出3 200万元,税金及附加6 100万元,管理费用6 500万元,销售费用13 000万元,财务费用3 100万元,当年实现利润总额2 600万元,拟申报的企业应纳税所得额与利润总额相等,全年已预缴企业所得税240万元。2021年1月经聘请的税务师事务所进行审核,发现该企业2020年度自行核算存在以下问题:

(1) 一栋闲置生产车间申报缴纳房产税6.24万元和城镇土地使用税3万元,该生产车间占地面积1 000平方米,原值650万元,已提取折旧420万元,车间余值230万元。

(2) 2019年12月8日购置办公楼一栋,支付不含增值税的金额2 200万元,增值税198万元并办妥权属证明,当月已经提取折旧费20万元,缴纳契税88万元。

(3) 营业外支出中包含通过非营利的社会团体向贫困山区捐款360万元,已经取得该团体开具的合法票据。

(4) 扣除的成本和管理费用中包含了实发工资总额5 600万元,职工福利费920万元,拨缴的工会经费120万元,职工教育经费160万元。

(5) 销售费用和管理费用中包含全年发生的广告费11 300万元,业务招待费660万元。

(6) 财务费用中含向非居民企业借款支付的6个月利息费用130万元,借款金额为3 200万元,当年同期同类银行贷款年利息率为6%。

(7) 管理费用中含新产品研究开发费用460万元。

(8) 投资收益中含取得的国债利息收入70万元,直接投资居民企业的股息收入150万元(持有期超过12个月)。

(9) 其他业务收入中含技术转让收入2 300万元,与收入对应的成本和税费共计1 400万元。(其他相关资料:该企业计算房产原值扣除比例为20%,契税4%,城镇土地使用税税额是30元/平方米。)

【税务管理建议】

根据上述情况,税务师事务所给出的结果如下:

(1) 当月购入固定资产,次月计提折旧,本题当月计提折旧,属于会计差错,影响了会计利润,应做纳税调整。利润总额=2 600−3−6.24+20=2 610.76(万元)。

(2) 职工福利费扣除限额=5 600×14%=784(万元),实际发生920万元,纳税调增136万元。

职工工会经费扣除限额=5 600×2%=112(万元),实际发生120万元,纳税调增8万元。

职工教育经费扣除限额=5 600×8%=448(万元),实际发生额160万元,不做调整。

"三项经费"应调增应纳税所得额=136+8=144(万元)。

(3) 广告费扣除限额=(68 000+6 000)×15%=11 100(万元),实际发生额为

11 300万元,所以应调增应纳税所得额＝11 300－11 100＝200(万元)。

业务招待费支出按照发生额的60%扣除,但最高不得超过当年营业收入的0.5%。即(68 000＋6 000)×0.5%＝370(万元)<发生额的60%＝660×60%＝396(万元),实际可以扣除金额为370万元,所以应调增应纳税所得额＝660－370＝290(万元)。

两项合计调增应纳税所得额＝200＋290＝490(万元)。

(4)技术转让收入应缴纳企业所得税＝(2 300－1 400－500)×25%×50%＝50(万元)。

(5)公益性捐赠扣除限额＝2 610.76×12%＝313.29(万元),实际捐赠额360万元,应调增应纳税所得额＝360－313.29＝46.71(万元)。

借款利息扣除限额＝3 200×6%×6÷12＝96(万元),实际扣除额为130万元,所以应调增应纳税所得额＝130－96＝34(万元)。

新产品研究开发费用按照75%加计扣除,所以应调减应纳税所得额＝460×75%＝345(万元)。

国债利息收入免税,应调减应纳税所得额70万元。

直接投资居民企业的股息收入免税,应调减应纳税所得额150万元。

该企业2020年应补缴企业所得税＝[2 610.76＋46.71＋144＋490＋34－345－70－150－(2 300－1 400)]×25%＋50－240＝275.12(万元)。

(6)该企业2020年度税负率＝275.12÷(68 000＋6 000)×100%＝0.37%。

第三节 职工薪酬个人所得税税负安排

一、职工薪酬个人所得税税负预算管理策略

职工薪酬预算管理是在管理过程中进行的一系列人工成本开支方面的权衡和取舍。详细分析薪酬成本构成以及成本变化趋势,是企业进行薪酬预算的首要工作,同时在发放个人职工薪酬时履行预扣预缴个人所得税也是需要考虑的重要问题。

职工薪酬具体包括职工工资、奖金、津贴和补贴,是企业在一定时期内支付给本单位全部职工的劳动报酬总和。

企业为职工提供的交通、住房、通信待遇,已经实行货币化改革补贴,应纳入职工工资总额;企业给职工发放的节日补助、未统一供餐而按月发放的午餐费补贴,也纳入职工工资总额。

二、职工薪酬个人所得税政策分析

(1)根据《个人所得税法实施条例》第六条规定,工资、薪金所得,是指个人因任职或者受雇取得的工资、薪金、奖金、年终加薪、劳动分红、津贴、补贴以及与任职或者受雇有关的其他所得。

（2）根据《国家税务总局关于个人兼职和退休人员再任职取得收入如何计算征收个人所得税问题的批复》（国税函〔2005〕382号）文件规定，个人兼职取得的收入应按照"劳务报酬所得"应税项目缴纳个人所得税；退休人员再任职取得的收入，在减除按《个人所得税法》规定的费用扣除标准后，按"工资、薪金所得"应税项目缴纳个人所得税。

（3）年终一次性奖金的政策分析。根据《国家税务总局关于调整个人取得全年一次性奖金等计算征收个人所得税方法问题的通知》（国税发〔2005〕9号）文件规定，全年一次性奖金是指行政机关、企事业单位等扣缴义务人根据全年经济效益和对雇员全年工作业绩的综合考核情况，向雇员发放的一次性奖金。一次性奖金也包括年终加薪、实行年薪制和绩效工资办法的单位根据考核情况兑现的年薪和绩效工资。根据《财政部 税务总局关于个人所得税法修改后有关优惠政策衔接问题的通知》（财税〔2018〕164号）文件规定，居民个人取得全年一次性奖金，符合《国家税务总局关于调整个人取得全年一次性奖金等计算征收个人所得税方法问题的通知》（国税发〔2005〕9号）规定的，在2021年12月31日前，不并入当年综合所得，以全年一次性奖金收入除以12个月得到的数额，按照本通知所附按月换算后的综合所得税率表（以下简称月度税率表），确定适用税率和速算扣除数，单独计算纳税。计算公式为：

$$应纳税额 = 全年一次性奖金收入 \times 适用税率 - 速算扣除数$$

居民个人取得全年一次性奖金，也可以选择并入当年综合所得计算纳税。

自2022年1月1日起，居民个人取得全年一次性奖金，应并入当年综合所得计算缴纳个人所得税。

（4）个人与用人单位解除劳动关系个人所得税的政策分析。根据《财政部 税务总局关于个人所得税法修改后有关优惠政策衔接问题的通知》（财税〔2018〕164号）文件规定，个人与用人单位解除劳动关系取得一次性补偿收入（包括用人单位发放的经济补偿金、生活补助费和其他补助费），在当地上年职工平均工资3倍数额以内的部分，免征个人所得税；超过3倍数额的部分，不并入当年综合所得，单独适用综合所得税率表，计算纳税。按照上述方法计算的个人一次性经济补偿收入应纳的个人所得税税款，由支付单位在支付时一次性代扣，并于次月7日内缴入国库。

（5）内退收入个人所得税的政策分析。根据《国家税务总局关于个人所得税有关政策问题的通知》（国税发〔1999〕58号）文件规定，实行内部退养的个人在其办理内部退养手续后至法定离退休年龄之间从原任职单位取得的工资、薪金，不属于离退休工资，应按"工资、薪金所得"项目计征个人所得税。个人在办理内部退养手续后从原任职单位取得的一次性收入，应按办理内部退养手续后至法定离退休年龄之间的所属月份进行平均，并与领取当月的"工资、薪金"所得合并后减除当月费用扣除标准，以余额为基数确定适用税率，再将当月工资、薪金加上取得的一次性收入，减去费用扣除标准，按适用税率计征个人所得税。个人在办理内部退养手续后至法定离退休年龄之间重新就业取得的"工资、薪金"所得，应与其从原任职单位取得的同一月份的"工资、薪金"所得合并，并依法自行向主管税务机关申报缴纳个人所得税。

（6）免征个人所得税项目。根据《个人所得税法》第四条规定，下列各项个人所得免征个人所得税：①省级人民政府、国务院部委和中国人民解放军军以上单位，以及外国组织、国际组织颁发的科学、教育、技术、文化、卫生、体育、环境保护等方面的奖金；②国债和国家发行的金融债券利息；③按照国家统一规定发给的补贴、津贴；④福利费、抚恤金、救济金；⑤保险赔款；⑥军人的转业费、复员费、退役金；⑦按照国家统一规定发给干部、职工的安家费、退职费、基本养老金或者退休费、离休费、离休生活补助费；⑧依照有关法律规定应予免税的各国驻华使馆、领事馆的外交代表、领事官员和其他人员的所得；⑨中国政府参加的国际公约、签订的协议中规定免税的所得；⑩国务院规定的其他免税所得。上述所说的按照国家统一规定发给的补贴、津贴，是指按照国务院规定发给的政府特殊津贴、院士津贴、资深院士津贴，以及国务院规定免纳个人所得税的其他补贴、津贴。

三、职工薪酬个人所得税业务核算

企业应按照劳动工资制度的规定，将根据考勤记录、工时记录、工资标准、工资等级等编制的"工资表"在自然人电子税务局（扣缴端），进行全员全额个人所得税纳税申报。

四、职工薪酬个人所得税税负控制

（一）将非税项目收入全部扣除

企业必须清楚地了解在员工的个人收入中，哪些是应税收入，哪些是非税收收入。

（二）均衡发放员工的收入

在2021年12月31日前，如果在发放年终奖时不并入当年综合所得，年终奖在3.6万元、14.4万元、30万元、42万元、66万元和96万元这几个临界点上，会出现年终奖多发1元甚至1分钱，税后收入反而减少的情况，最极端的是多给1元税后收入减少8万多元。比如年终奖为36 000元，那么需要缴纳1 080元的税，如果按年终奖为36 001元，则需要多纳税2 310.1元，即3 390.1元。同理，144 001元的年终奖比144 000元多纳13 200.2元；发300 001元比300 000元多纳13 750.25元；发420 001元比420 000元多纳19 250.3元；发660 001元比660 000元多纳30 250.35元；发960 001元比960 000元多纳88 000.45元，因此年终奖的发放有六个"盲区"分别为：36 001～38 566.67元，144 001～160 500元，300 001～318 333.33元，420 001～447 500元，660 001～706 538.46元，960 001～1 120 000元。鉴于此，发放年终奖时应尽量避开这些区域。

（三）让职工充分享受福利

有些单位职工的收入较高，远远超过了费用扣除额，但是单位和个人并没有按照国家相关规定缴纳住房公积金、基本社会保险费等，使得原本可以扣除的收入项目不能扣除，增加了职工的税负。如果企业和个人能够按照国家的规定，用收入的一部分缴纳社会保障性款项或者转为发放免税补贴，不仅达到了国家对社保的要求，企业的利益没有受到影响,而且职工利益得到了提升。在进行工资薪金申报时,应按要求填写子女教育、继续教育、大病医疗、住房贷款利息、住房租金和赡养老人等六项专项附加扣除,从而达到降低个人所得税应纳税额的基数。

【案例3-3-1】 居民个人王某及其配偶名下均无住房,在某省会工作并租房居住,2018年9月开始攻读工商管理硕士。2019年王某每月从单位领取扣除社会保险费用及住房公积金后的收入为8 000元,截至2019年12月底累计已经预扣预缴个人所得税税款363元,取得年终奖48 000元。假设以上专项扣除均由王某100%扣除,请对王某2019年度个人所得税汇算提出税收策划方案。

【税务管理建议】

方案一:年终奖单独计算

(1) 12月王某应预扣预缴个人所得税=(8 000×12−5 000×12−1 500×12−400×12)×3%−363=33(元)。

由于王某2018年9月开始攻读工商管理硕士,2019年的继续教育支出按12个月计算扣除。

(2) 48 000÷12=4 000(元),税率为10%,速算扣除数为210元。年终奖应纳个人所得税=48 000×10%−210=4 590(元)。

2019年度王某共应该缴纳个人所得税4 623元。

方案二:年终奖并入综合所得进行计算

2019年度王某共缴纳个人所得税=(8 000×12+48 000−5 000×12−1 500×12−400×12)×10%−2 520=3 600(元)。

经过以上分析,王某选择将年终奖并入综合所得进行计算税收负担最低。

课后练习

甲国有企业职工张某,于2019年1月因健康原因办理了提前退休手续(至法定退休年龄尚有24个月),取得单位按照统一标准支付的一次性补贴160 000元。如果你是甲国有企业的税务管理人员,请对张某取得一次性补贴应扣留多少个人所得税提出合理建议。

第四章 企业日常运营税务管理

第一节 企业采购环节税务管理

一、采购对象的税务管理

(一) 采购对象的基本概况

在我国,现阶段的增值税制是依据企业经营规模和企业财务会计制度是否健全等标准,将企业分为增值税一般纳税人和小规模纳税人两类,企业因类别不同在税收待遇上也不同。增值税一般纳税人和小规模纳税人不仅会影响自身的增值税负担,而且会影响采购它们产品的企业增值税负担。因为一般纳税人可以开具增值税专用发票,从一般纳税人处采购货物的纳税人可以抵扣其中所包含的增值税,小规模纳税人通常只能开具普通发票(部分可以开具增值税专用发票的试点行业除外,自2020年2月1日起,小规模纳税人均可以自行开具增值税专用发票),从小规模纳税人处采购货物的纳税人无法抵扣其中所包含的增值税,但是,增值税一般纳税人的产品相对价格较高。因此,很多企业都会进行选择和比较。

(二) 采购对象的税务管理策略

从一般纳税人处进货可获取按税率开具的增值税发票,而从小规模纳税人处进货可取得按征收率开具的普通发票或专用发票,但存在价格优势。例如,某企业需要的A材料一直由甲企业供货,该甲企业属于增值税一般纳税人。同时,乙企业(属于工业小规模纳税人)也能够供货,而且愿意给予价格优惠,但不能提供增值税专用发票。因此企业在选择供货商时定价标准尤为重要。此类问题的实质是:增值税一般纳税人产品的价格与增值税小规模纳税人产品的价格之比达到什么程度就会导致采购某种类型企业的产品比较合算,这就需要寻求税收成本平衡点。下面以取得13%增值税税率专用发票与取得普通发票税收成本平衡点进行推算。

假定取得普通发票的购货单价为 X,取得13%增值税税率专用发票的购货单价为 Y。因为专用发票可以抵扣 $Y \div 1.13 \times 13\%$ 的进项税额,同时可减少12%增值税附加的城市维护建设税、教育费附加和地方教育附加。在此条件下,令两者相等,得到下面的等式:

$$Y - Y \div 1.13 \times 13\% \times (1 + 12\%) = X$$

$$Y \div X = 1.15 \quad X \div Y = 0.8696$$

也就是说,①如果增值税一般纳税人的进价为 Y,小规模纳税人的进价等于一般纳税人进价的86.96%,两者所导致的增值税税负就是相等的。②小规模纳税人的进价 X 小于一般纳税人进价 Y 的86.96%,则从小规模纳税人采购货物所导致的增值税负担较轻。③如果小规模纳税人价格为 X,则一般纳税人含税进价等于小规模纳税人进价的115%,则达到平衡点,如果小于115%则更为有利。(受新型冠状病毒性肺炎疫情影响,小规模纳税人开具发票时增值税征收率可选择,为方便测算,此处假设仅适用取得增值税普通发票的情形)。

实务中比较简单的方法就是将取得增值税专用发票上的不含税价格与增值税普通发票上的含税价格直接比较,价格低者即是应当选择的供货方,而不考虑增值税附加税产生的影响。

【案例 4-1-1】 某企业属于增值税一般纳税人。其所使用的原材料有两种进货渠道:一种是从一般纳税人处进货,含税价格为 116 元/件,可以开具 13% 的增值税专用发票;另一种是从小规模纳税人处进货,含税价格为 100 元/件,不能开具增值税专用发票。该企业 2019 年度一直从一般纳税人处进货,一共进货 10 万件。企业该如何选择?

【税务管理建议】

根据上述标准来判断,如果开具增值税普通发票相对应的价格为 100 元,与之相对应的增值税专用发票价格应为 113 元。本案中一般纳税人的含税价格为 116 元,因此,从一般纳税人那里购进货物的价格较高。该企业应当选择小规模纳税人为供货商。当然,选择供货商除了考虑增值税负担以外,还需要考虑其他因素,比如信用关系、运输成本、洽谈成本等。

二、采购项目的税务管理

(一) 购进货物的税务管理

1. 增值税税务管理

1) 纳税人取得增值税发票抵扣进项税额

增值税纳税人分为一般纳税人和小规模纳税人。小规模纳税人的购进货物不能抵扣进项税额,一般纳税人购进货物取得增值税普通发票不能抵扣进项税额,取得增值税专用发票可以抵扣进项税额。根据《增值税暂行条例》第十条规定,下列项目的进项税额不得从销项税额中抵扣:

(1) 用于简易计税方法计税项目、免征增值税项目、集体福利或者个人消费的购进货物、劳务、服务、无形资产和不动产。

(2) 非正常损失的购进货物,以及相关的劳务和交通运输服务。

(3) 非正常损失的在产品、产成品所耗用的购进货物(不包括固定资产)、劳务和交通运输服务。

(4) 国务院规定的其他项目。

本条第(1)项至第(4)项规定的货物的运输费用和销售免税货物的运输费用。

进项税额不得抵扣分两种情况处理:①进项税额转出;②视同销售。判断一项业务所产生的增值税是进项税额转出还是视同销售,应首先判断货物有无发生增值。对于已经进入生产环节,成为产成品或在产品的购进货物,由于发生了增值,若发生特定经济业务时,就应按照增值后的计税价格计算缴纳增值税。对于没有进入生产环节的购进货物,没有在企业内发生增值,这时就需要判断购进货物有无发生流转,如发生流转,则视同销售,作销项税额处理;如未发生流转,只是企业内部资产不同形态的转化,则作为进项税额转出处理。而会计上,对于购进货物改变用途时是否需要确认收入,主要应判断该笔业务是否具有销售实质(满足收入的5个确认条件),具有销售实质的,确认收入,根据销货成本与销售收入配比的原则结转销售成本;不具有销售实质,则不确认销售收入,直接结转销货成本。由此可见,对于购进货物改变用途,如果是用于非增值税应税项目、免征增值税项目、集体福利或者个人消费、非正常损失的在产品、产成品以及自身发生非正常损失时,作为进项税额转出处理;如果是作为投资,提供给其他单位或者个体工商户分配给股东或者投资者、无偿赠送其他单位或者个人时,视同销售,作销项税额处理。

2) 增值税一般纳税人取得增值税专用发票的税务管理

增值税一般纳税人取得增值税专用发票认证抵扣期限发展历程:

(1) 根据《国家税务总局关于增值税一般纳税人取得防伪税控系统开具的增值税专用发票进项税额抵扣问题的通知》(国税发〔2003〕17号)第一条规定,增值税一般纳税人申请抵扣的防伪税控系统开具的增值税专用发票,必须自该专用发票开具之日起90日内到税务机关认证,否则不予抵扣进项税额。第二条规定,增值税一般纳税人认证通过的防伪税控系统开具的增值税专用发票,应在认证通过的当月按照增值税有关规定核算当期进项税额并申报抵扣,否则不予抵扣进项税额。

(2) 根据《国家税务总局关于调整增值税扣税凭证抵扣期限有关问题的通知》(国税函〔2009〕617号)第一条规定,增值税一般纳税人取得2010年1月1日以后开具的增值税专用发票、公路内河货物运输业统一发票和机动车销售统一发票,应在开具之日起180日内到税务机关办理认证,并在认证通过的次月申报期内,向主管税务机关申报抵扣进项税额。

(3) 根据《国家税务总局关于进一步明确营改增有关征管问题的公告》(国家税务总局公告2017年第11号)第十条规定,自2017年7月1日起,增值税一般纳税人取得的2017年7月1日及以后开具的增值税专用发票和机动车销售统一发票,应自开具之日起360日内认证或登录增值税发票选择确认平台进行确认,并在规定的纳税申报期内,向主管税务机关申报抵扣进项税额。

(4) 根据《国家税务总局关于取消增值税扣税凭证认证确认期限等增值税征管问题的公告》(国家税务总局公告2019年第45号)第一条规定,增值税一般纳税人取得2017年1月1日及以后开具的增值税专用发票、海关进口增值税专用缴款书、机动车销售统一发票、收费公路通行费增值税电子普通发票,取消认证确认、稽核比对、申报抵扣的期限。纳税人在进行增值税纳税申报时,应当通过本省(自治区、直辖市和计划单列市)增值税发票综合服务平台对上述扣税凭证信息进行用途确认。

国家税务总局公告2019年第45号公告出台之前,发票认证(勾选确认)是有期限的。从最早的90天(自2003年3月1日起)到180天(自2010年1月1日起),之后,自2017年7月1日起,认证期限由180日延长至360日。增值税一般纳税人取得增值税专用发票、海关进口增值税专用缴款书等扣税凭证,需在规定期限内办理认证或申请稽核比对,并于认证当月抵扣,认证通过的次月申报期内,向主管税务机关申报抵扣进项税额。

为简化办税流程,自 2016 年 3 月 1 日起,陆续将 A 级、B 级、C 级和 M 级的增值税一般纳税人纳入取消增值税发票认证的纳税人范围,可以不再进行扫描认证,而是登录增值税发票综合服务平台进行查询、勾选确认用于申报抵扣或者出口退税的增值税发票信息。凡逾期未申报认证的,一律不得作为扣税凭证。增值税扣税凭证申报抵扣期限的管理措施,对于提高增值税征管信息系统的运行质量,督促纳税人及时申报起到积极作用,但随着增值税发票综合服务平台等系统处理能力的提升和数字技术的应用,认证确认、稽核比对、申报抵扣期限等传统手段的限制已意义不大。

国家税务总局公告 2019 年第 45 号还同步取消了增值税扣税凭证的申报抵扣期限。在该文件发布之前,增值税一般纳税人认证通过的防伪税控系统开具的增值税专用发票等扣税凭证,应在认证通过的当月按照增值税有关规定核算当期进项税额并申报抵扣,否则不予抵扣进项税额。为解决增值税一般纳税人增值税扣税凭证因客观原因未按期申报抵扣增值税进项税额问题,《国家税务总局关于未按期申报抵扣增值税扣税凭证有关问题的公告》(国家税务总局公告 2011 年第 78 号)规定,自 2012 年 1 月 1 日起,增值税一般纳税人取得的增值税扣税凭证已认证确认或稽核比对结果相符,但因客观原因未按期申报抵扣增值税进项税额,经主管税务机关审核,允许纳税人继续申报抵扣其进项税额。自 2020 年 3 月 1 日起,根据国家税务总局公告 2019 年第 45 号公告规定,增值税一般纳税人取得 2017 年 1 月 1 日及以后开具的增值税扣税凭证,取消申报抵扣的期限,不再要求扣税凭证在认证通过的次月申报期内,向主管税务机关申报抵扣进项税额。需要注意的是,与取消认证确认期限规定相同,增值税一般纳税人取得的 2016 年 12 月 31 日及以前开具的增值税扣税凭证,未能在认证通过的次月申报期内申报抵扣的,符合国家税务总局公告 2011 年第 78 号公告规定情形的,经主管税务机关审核,允许纳税人继续申报抵扣其进项税额;如其他原因造成增值税扣税凭证未按期申报抵扣的,不得作为合法的增值税扣税凭证,不得计算进项税额抵扣。

2. 印花税税务管理

根据《印花税暂行条例》第一条规定,在中华人民共和国境内书立、领受本条例所列举凭证的单位和个人,都是印花税的纳税义务人(以下简称纳税人),应当按照本条例规定缴纳印花税。第二条规定,购销、加工承揽、建设工程承包、财产租赁、货物运输、仓储保管、借款、财产保险、技术合同或者具有合同性质的凭证为应纳税凭证。第三条规定,应纳税额不足一角的,免纳印花税。应纳税额在一角以上的,其税额尾数不满五分的不计,满五分的按一角计算缴纳。表 4-1 为印花税税目税率表。

表 4-1 印花税税目税率表

税目	范围	税率	纳税义务人	说明
1. 购销合同	包括供应、预购、采购、购销结合及协作、调剂、补偿、易货等合同	按购销金额 0.3‰ 贴花	立合同人	

（续表）

税目	范围	税率	纳税义务人	说明
2. 加工承揽合同	包括加工、定作、修缮、修理、印刷、广告、测绘、测试等合同	按加工或承揽收入0.5‰贴花	立合同人	
3. 建设工程勘察设计合同	包括勘察、设计合同	按收取费用0.5‰贴花	立合同人	
4. 建筑安装工程承包合同	包括建筑、安装工程承包合同	按承包金额0.3‰贴花	立合同人	
5. 财产租赁合同	包括租赁房屋、船舶、飞机、机动车辆、机械、器具、设备等	按租赁金额1‰贴花。税额不足1元的按1元贴花	立合同人	
6. 货物运输合同	包括民用航空、铁路运输、海上运输、内河运输、公路运输和联运合同	按运输费用0.5‰贴花	立合同人	单据作为合同使用的，按合同贴花
7. 仓储保管合同	包括仓储、保管合同	按仓储保管费用1‰贴花	立合同人	仓单或栈单作为合同使用的，按合同贴花
8. 借款合同	银行及其他金融组织和借款人（不包括银行同业拆借）所签订的借款合同	按借款金额0.05‰贴花	立合同人	单据作为合同使用的，按合同贴花
9. 财产保险合同	包括财产、责任、保证、信用等保险合同	按投保金额0.03‰贴花	立合同人	单据作为合同使用的，按合同贴花
10. 技术合同	包括技术开发、转让、咨询、服务等合同	按所载金额0.3‰贴花	立合同人	
11. 产权转移书据	包括财产所有权和版权、商标专用权、专利权、专有技术使用权等转移书据	按所载金额0.5‰贴花	立据人	
12. 营业账簿	生产经营用账册	记载资金的账簿，按固定资产原值与自有流动资金总额0.5‰贴花。其他账簿按件贴花5元	立账簿人	
13. 权利、许可证照	包括政府部门发给的房屋产权证、工商营业执照、商标注册证、专利证、土地使用证	按件贴花5元	领受人	

根据《印花税暂行条例》第四条规定，下列凭证免纳印花税：①已缴纳印花税的凭证的副本或者抄本；②财产所有人将财产赠给政府、社会福利单位、学校所立的书据；③经财政部批准免税的其他凭证。

购销合同缴纳印花税按照含税价还是不含税价缴纳取决于签订的合同。如果购销合同中只有不含税金额,以不含税金额作为印花税的计税依据;如果购销合同中既有不含税金额又有增值税金额,且分别记载的,以不含税金额作为印花税的计税依据;如果购销合同所载金额中包含增值税金额,但未分别记载的,以合同所载金额(即含税金额)作为印花税的计税依据。由此可见,合同的签订对印花税尤为重要。印花税不是税务会计计算出来的,而是通过所签订的合同体现的。综上,合同影响流程,合同影响业务,合同影响税收。

(二)购入机动车船的税务管理

1. 车辆购置税税务管理

根据《中华人民共和国车辆购置税法》规定,车辆购置税的纳税人为中华人民共和国境内购置(包括购买、进口、自产、受赠、获奖或以其他方式取得并自用)应税车辆的单位和个人,征税范围为汽车、有轨电车、汽车挂车、排气量超过150毫升的摩托车。车辆购置税计算公式为:

$$车辆购置税 = 计税依据 \times 10\%$$

根据《企业所得税法实施条例》第五十八条第一款规定,外购的固定资产,以购买价款和支付的相关税费以及直接归属于使该资产达到预定用途发生的其他支出为计税基础。因此,购买的车辆缴纳的车辆购置税应计入固定资产。

2. 车船税税务管理

根据《中华人民共和国车船税法》第一条规定,在中华人民共和国境内属于本法所附《车船税税目税额表》规定的车辆、船舶(以下简称车船)的所有人或者管理人,为车船税的纳税人,应当依照本法缴纳车船税。车船税税目税额表如表4-2所示。

表4-2 车船税税目税额表

税目		计税单位	年基准税额	备注
乘用车〔按发动机汽缸容量(排气量)分档〕	1.0升(含)以下的	每辆	60元至360元	核定载客人数9人(含)以下
	1.0升以上至1.6升(含)的		300元至540元	
	1.6升以上至2.0升(含)的		360元至660元	
	2.0升以上至2.5升(含)的		660元至1 200元	
	2.5升以上至3.0升(含)的		1 200元至2 400元	
	3.0升以上至4.0升(含)的		2 400元至3 600元	
	4.0升以上的		3 600元至5 400元	
商用车	客车	每辆	480元至1 440元	核定载客人数9人以上,包括电车
	货车	整备质量每吨	16元至120元	包括半挂牵引车、三轮汽车和低速载货汽车等

（续表）

税目		计税单位	年基准税额	备注
挂车		整备质量每吨	按照货车税额的50%计算	
其他车辆	专用作业车	整备质量每吨	16元至120元	不包括拖拉机
	轮式专用机械车		16元至120元	
摩托车		每辆	36元至180元	
船舶	机动船舶	净吨位每吨	3元至6元	拖船、非机动驳船分别按照机动船舶税额的50%计算
	游艇	艇身长度每米	600元至2 000元	

根据《中华人民共和国车船税法》第六条规定，从事机动车第三者责任强制保险业务的保险机构为机动车车船税的扣缴义务人，应当在收取保险费时依法代收车船税，并出具代收税款凭证。

3. 印花税税务管理

根据《印花税暂行条例》规定，购销合同包括供应、预购、采购、购销结合及协作、调剂、补偿、贸易等合同，车辆买卖属于购销合同，所以按照购销金额0.3‰的税率贴花。

4. 企业所得税税务管理

根据《财政部 税务总局关于设备器具扣除有关企业所得税政策的通知》（财税〔2018〕54号）规定，企业在2018年1月1日至2020年12月31日期间新购进的设备、器具，单位价值不超过500万元的，允许一次性计入当期成本费用在计算应纳税所得额时扣除，不再分年度计算折旧；单位价值超过500万元的，仍按《企业所得税法实施条例》《财政部 国家税务总局关于完善固定资产加速折旧企业所得税政策的通知》（财税〔2014〕75号）《财政部 国家税务总局关于进一步完善固定资产加速折旧企业所得税政策的通知》（财税〔2015〕106号）等相关规定执行。设备、器具，是指除房屋、建筑物以外的固定资产。

根据《财政部 税务总局关于延长部分税收优惠政策执行期限的公告》（财政部 税务总局公告2021年第6号）规定，《财政部 税务总局关于设备器具扣除有关企业所得税政策的通知》（财税〔2018〕54号）等16个文件规定的税收优惠政策凡已经到期的，执行期限延长至2023年12月31日。

【案例4-1-2】 吕家乐公司从乙汽车销售公司购买一辆轿车自用，支付车款226 000元（含税，增值税税率为13%），另外支付临时牌照费200元，随车购买工具3 000元，代收保险金350元，车辆装饰费14 530元。各款项由汽车销售公司开具发票。请对上述公司进行纳税筹划。

【税务管理建议】

方案一:将各项代收款项体现在乙汽车销售公司(代收单位)开具的机动车销售统一发票中。

车辆购置税计税价格 = (226 000 + 200 + 3 000 + 350 + 14 530) ÷ (1 + 13%) = 216 000(元)

应纳车辆购置税 = 216 000 × 10% = 21 600(元)

方案二:各代收款项由委托方另行开具票据。

车辆购置税计税价格 = 226 000 ÷ (1 + 13%) = 200 000(元)

应纳车辆购置税 = 200 000 × 10% = 20 000(元)

方案二比方案一少缴纳车辆购置税1 600元。

(三) 购入不动产的税务管理

1. 增值税税务管理

根据《财政部 国家税务总局关于全面推开营业税改征增值税试点的通知》(财税〔2016〕36号)附件2《营业税改征增值税试点有关事项的规定》第一条第(四)项规定,适用一般计税方法的试点纳税人,2016年5月1日后取得并在会计制度上按固定资产核算的不动产或者2016年5月1日后取得的不动产在建工程,其进项税额应自取得之日起分2年从销项税额中抵扣,第一年抵扣比例为60%,第二年抵扣比例为40%。

根据《财政部 税务总局 海关总署关于深化增值税改革有关政策的公告》(财政部 税务总局 海关总署公告2019年第39号)第五项规定,自2019年4月1日起,《营业税改征增值税试点有关事项的规定》(财税〔2016〕36号印发)第一条第(四)项第1点、第二条第(一)项第1点停止执行,纳税人取得不动产或者不动产在建工程的进项税额不再分2年抵扣。此前按照上述规定尚未抵扣完毕的待抵扣进项税额,可自2019年4月税款所属期起从销项税额中抵扣。

2. 契税税务管理

根据《中华人民共和国契税法》第一条规定,在中华人民共和国境内转移土地、房屋权属,承受的单位和个人为契税的纳税人,应当依照本法规定缴纳契税。第三条规定,契税税率为3%~5%。契税的具体适用税率,由省、自治区、直辖市人民政府在前款规定的税率幅度内提出,报同级人民代表大会常务委员会决定,并报全国人民代表大会常务委员会和国务院备案。省、自治区、直辖市可以依照前款规定的程序对不同主体、不同地区、不同类型的住房的权属转移确定差别税率。

(四) 购入土地使用权的税务管理

1. 土地使用税税务管理

根据《中华人民共和国城镇土地使用税暂行条例》第二条规定,凡在城市、县城、建制镇、工矿区范围内使用土地的单位和个人应缴纳城镇土地使用税;同时根据《财政部 国家税务总局关于房产税、城镇土地使用税有关政策的通知》(财税〔2006〕186号)规定,以出让或转让方式有偿取得土地使用权的,应由受让方从合同约定交付土地时间的次月起缴纳城镇土地使用税;合同未约定交付土地时间的,由受让方从合同签订的次月起缴纳城镇土地使用税。土地使用税以纳税人实际占用的土地面积(平方米)为计税依据,依照规定税额计算征收。土地使用税每平方米年税额如下:

(1) 大城市 1.5 元至 30 元。

(2) 中等城市 1.2 元至 24 元。

(3) 小城市 0.9 元至 18 元。

(4) 县城、建制镇、工矿区 0.6 元至 12 元。

2. 印花税税务管理

根据《印花税暂行条例》第一条的规定,在中国境内书立、领受本条例所列举凭证的单位和个人,都应按规定缴纳印花税。土地使用权转让合同属于产权转移书据,以合同中的金额为计税依据,按 0.5‰的税率征收印花税。根据《财政部 国家税务总局关于印花税若干政策的通知》(财税〔2006〕162 号)文件的规定,对土地使用权出让合同、土地使用权转让合同按产权转移书据征收印花税。

3. 契税管理

根据《中华人民共和国契税法》第一条规定,在中华人民共和国境内转移土地、房屋权属,承受的单位和个人为契税的纳税人,应当依照本法规定缴纳契税。第三条规定,契税税率为3%～5%。契税的具体适用税率,由省、自治区、直辖市人民政府在前款规定的税率幅度内提出,报同级人民代表大会常务委员会决定,并报全国人民代表大会常务委员会和国务院备案。省、自治区、直辖市可以依照前款规定的程序对不同主体、不同地区、不同类型的住房的权属转移确定差别税率。

4. 增值税、土地增值税、企业所得税税务管理

房地产企业与地方土地储备中心签订土地出让合同时,往往会出现地方政府给予工业企业、房地产企业一定的土地返还款现象。这种土地返还款表面上看来是企业支付给土地储备中心购买土地款的一部分,实质上是财政资金的一部分,我们必须把企业支付给政府土地价款和财政拨付给企业款项看作两个过程。财政拨付给企业款项,政府往往会与购买土地的房地产公司约定特别的用途。例如,约定用于房地产企业进行拆迁补助;用于房地产企业就地建安置房;用于房地产企业项目外城市道路、供水、排水、燃气、热力、防洪等基础设施工程建设。针对这些土地返还款不同用途的约定,企业税务管理部门和财务管理部门必须根据相关法律依据进行税务处理和账务处理,否则会有税收风险。

(1) 企业取得土地环节税收政策适用与管理。企业取得土地支付的土地出让金从财务角度而言,应全额计入土地成本,不得扣除土地返还款;从税务角度而言,应按规定全额缴纳契税,同样不得按扣除土地返还款差额确认计税依据,企业缴纳的契税计入企业的土地成本。

(2) 土地返还款用于回迁房建设的税收政策适用与管理。土地出让金返还用于建设购买安置回迁房的法律实质是房地产企业开发的回迁房销售给政府,政府通过土地出让

金返还的形式支付给房地产企业销售回迁房的销售款,然后政府无偿把回迁房移交给拆迁户。对房地产开发企业来说,属于销售回迁房行为。土地返还款相当于回迁房销售收入,按规定缴纳增值税、土地增值税、企业所得税。关于这部分返还款是否需要预缴增值税和所得税,国家目前没有明确的税收文件,企业需要与当地税务机关进行沟通,妥善解决。

（3）土地返还款用于代理拆迁和代理支付拆迁补偿费的税收政策适用与管理。土地出让金返还用于支付拆迁户补偿款和拆迁费用时,属于政府委托代理行为,是一笔往来资金。如果出现结余,企业应按代理服务费确认收入,缴纳增值税。如果出现超支,超支部分应计入企业开发成本中的拆迁补偿费。如果属于代政府进行拆迁,则属于建筑业劳务,应按规定缴纳增值税。招拍挂制度要求土地以"熟地"出让,但现实工作中一些开发商先期介入拆迁,政府以生地招拍挂,由开发商代为拆迁。在开发商交纳土地出让金后,政府部门对开发商进行部分返还,用于拆迁或安置补偿。根据《国家税务总局关于政府收回土地使用权及纳税人代垫拆迁补偿费有关营业税问题的通知》（国税函〔2009〕520号）第二条规定,纳税人受托进行建筑物拆除、平整土地并代委托方向原土地使用权人支付拆迁补偿费的过程中,其提供建筑物拆除、平整土地劳务取得的收入应按照"建筑业"税目缴纳营业税（营改增后纳入增值税征税范围）；其代委托方向原土地使用权人支付拆迁补偿费的行为属于"服务业—代理业"行为,应以提供代理劳务取得的全部收入减去其代委托方支付的拆迁补偿费后的余额为营业额计算缴纳营业税（营改增后纳入增值税征税范围）。根据《中华人民共和国土地增值税暂行条例》第二条规定,转让国有土地使用权、地上的建筑物及其附着物并取得收入的单位和个人,为土地增值税的纳税义务人。根据《中华人民共和国土地增值税暂行条例实施细则》第二条规定,条例第二条所称的转让国有土地使用权、地上的建筑物及其附着物并取得收入,是指以出售或者其他方式有偿转让房地产的行为。由此可以得出结论,平整土地劳务取得的收入和代理服务取得的收入,不属于转让不动产收入,不征收土地增值税。

（4）土地返还款用于拆迁补偿支出税收政策适用与管理。政府给予房地产企业的土地返还款,专门用于拆迁补偿款补助的不作为土地增值税征税收入,要冲减开发成本中的补偿支出,从而减少计算土地增值税时的扣除项目金额。

（5）土地返还款用于该项目外城市道路、供水、排水、燃气、热力、防洪等基础设施工程建设（即红线之外建设基础设施）的税务政策适用与管理。一般情况下,由于实施了土地的储备制度,政府将生地转化为熟地后再进行"招拍挂"。在土地在招标、拍卖、挂牌活动开始前,拆迁问题已妥善得到解决,土地的开发工作也已经基本完成,周边的市政建设将逐步完善,水、电、煤等市政都有计划地分配到位,国土部门已将拟出让的土地处置为净地,即权属明晰、界址清楚、地面平整、无地面附着物的宗地。但是在经营性用地招标、拍卖、挂牌的实际工作中,尤其是在企业改革、改制处置土地资产时,大量存在"毛地"出让的情况。因此,很多政府部门在招、拍、挂出让土地后,都会以土地出让金返还的形式,给予开发项目相关城市道路、供水、排水、燃气、热力、防洪等工程建设以补偿。其中,土地返还款用于该项目外城市道路、供水、排水、燃气、热力、防洪等基础设施工程建设(即红线之外建设基础设施)的实质是房地产企业代替或代理政府从事红线之外的基础设施建设,没有产生税收义务行为。因此,企业取得的土地返还款用于红线之外建设基础设施,在"专项应付款"中核算,不缴纳增值税、土地增值税和企业所得税。

(6)土地返还款用于企业在开发区内建造会所、物业管理场所、电站、热力站、水厂、文体场馆、幼儿园等配套设施(即红线之内建基础设施)的税收政策适用与管理。如果协议约定项目内开发企业自行承担,且产权属于全体业主,或无偿赠与地方政府、政府公用事业单位的城市道路、供水、排水、燃气、热力、防洪、会所、物业管理场所等基础设施工程支出,则此业务的税务处理国家没有明确政策规定,各地税务机关在实务处理中存在两种情况:

第一种情况是将收到的财政返还土地出让金冲减"开发成本－土地征用费及拆迁补偿费"。开发成本减少,必然会产生企业土地增值税和企业所得税增加的税收效应。

例如,《大连市地税局关于进一步加强土地增值税清算工作的通知》(大地税函〔2008〕188号)规定:"纳税人应当凭政府或政府有关部门下发的《土地批件》《土地出让金缴费证明》以及财政、土地管理等部门出具的土地出让金缴纳收据、土地使用权购置发票、政府或政府部门出具的相关证明等合法有效凭据,计算取得土地使用权所支付的金额。凡取得票据或者其他资料,但未实际支付土地出让金或购置土地使用权价款或支付土地出让金、购置土地使用权价款后又返还的,不允许计入扣除项目"。《青岛市地税局房地产开发项目土地增值税税款清算管理暂行办法》(青地税发〔2008〕100号)规定:"对于开发企业因从事拆迁安置、公共配套设施建设等原因,从政府部门取得的补偿以及财政补贴款项,抵减房地产开发成本中的土地征用及拆迁补偿费的金额"。

第二种情况是将收到的财政返还的土地出让金视同房地产开发企业取得政府补贴处理,只对企业所得税产生影响。

根据《房地产开发经营业务企业所得税处理办法》(国税发〔2009〕31号)第十八条规定,企业在开发区内建造的邮电通讯、学校、医疗设施应单独核算成本。其中,由企业与国家有关业务管理部门、单位合资建设,完工后有偿移交的,国家有关业务管理部门、单位给予的经济补偿可直接抵扣该项目的建造成本,抵扣后的差额应调整当期应纳税所得额。

(五) 购入旅客运输服务的税务管理

1. 企业所得税税务管理

自2007年1月1日起施行的新《企业财务通则》并没有对差旅费的开支范围和标准作出明确规定,只是对企业的费用支出作了原则性规定,以及规定了不得由企业承担的支出。新《企业财务通则》第三十七条规定,企业实行费用归口、分级管理和预算控制,应当建立必要的费用开支范围、标准和报销审批制度。第四十六条规定,企业不得承担属于个人的下列支出:娱乐、健身、旅游、招待、购物、馈赠等支出;购买商业保险、证券、股权、收藏品等支出;个人行为导致的罚款、赔偿等支出;购买住房、支付物业管理费等支出;应由个人承担的其他支出。

从《企业财务通则》来看，只要是合理的并且不是应由个人承担的差旅费，是可以在税前扣除的。

《企业所得税法》对成本费用支出作了原则性规定，并未对差旅费的开支范围、开支标准具体明确。《企业所得税法》第八条规定，企业实际发生的与取得收入有关的、合理的支出，包括成本、费用、税金、损失和其他支出，准予在计算应纳税所得额时扣除。

《企业所得税法实施条例》第二十七条规定，《企业所得税法》第八条所称有关的支出，是指与取得收入直接相关的支出。《企业所得税法》第八条所称合理的支出，是指符合生产经营活动常规，应当计入当期损益或者有关资产成本的必要和正常的支出。

由此可知，《企业所得税法》和《企业所得税法实施条例》对合理的差旅费支出允许税前扣除。

2. 个人所得税处理

《中华人民共和国个人所得税法实施条例》规定，工资、薪金所得，是指个人因任职或者受雇取得的工资、薪金、奖金、年终加薪、劳动分红、津贴、补贴以及与任职或者受雇有关的其他所得。该文件所说的"津贴、补贴"不包括差旅费津贴。《国家税务总局关于印发〈征收个人所得税若干问题的规定〉的通知》（国税发〔1994〕89号）规定，下列不属于工资、薪金性质的补贴、津贴或者不属于纳税人本人工资、薪金所得项目的收入，不征税：独生子女补贴；执行公务员工资制度未纳入基本工资总额的补贴、津贴差额和家属成员的副食品补贴；托儿补助费；差旅费津贴、误餐补助。

因此，对个人在规定标准内取得的差旅费津贴和误餐补助不征收个人所得税。

按照《财政部 国家税务总局关于误餐补助范围确定问题的通知》（财税字〔1995〕82号）规定，不征税的误餐补助，是指按财政部门规定，个人因公在城区、郊区工作，不能在工作单位或返回就餐，确实需要在外就餐的，根据实际误餐顿数，按规定的标准领取的误餐费。一些单位以误餐补助名义发给职工的补贴、津贴，应当并入当月工资、薪金所得计征个人所得税。

三、采购环节发票的税务管理

（一）发票的基本概述

发票是指在购销商品、提供或者接受服务以及从事其他经营活动中，开具、收取的收付款凭证，它既是企业据以会计核算的原始凭证，又是税务机关据以征税和实施税务检查的重要依据。在税收征收管理中，发票一般分为：增值税普通发票、增值税专用发票、专业发票。

（二）发票的税务管控

1. 小规模纳税人自开专票全面放开

根据《国家税务总局关于增值税发票管理等有关事项的公告》（国家税务总局公告2019年第33号）规定，自2020年2月1日起，增值税小规模纳税人（其他个人除外）发生增值税应税行为,需要开增值税专用发票的,可以自愿使用增值税发票管理系统自行开具。选择自行开具增值税专用发票的小规模纳税人,税务机关不再为其代开增值税专用发票。

增值税小规模纳税人应当就开具增值税专用发票的销售额计算增值税应纳税额,并在规定的纳税申报期内向主管税务机关申报缴纳。在填写增值税纳税申报表时,应当将当期开具增值税专用发票的销售额,按照3%和5%的征收率,分别填写在《增值税纳税申报表》(小规模纳税人适用)第2栏和第5栏"税务机关代开的增值税专用发票不含税销售额"的"本期数"相应栏。

2. 小规模纳税人可以开具1%发票

根据《国家税务总局关于支持个体工商户复工复业等税收征收管理事项的公告》(国家税务总局公告2020年第5号)规定,增值税小规模纳税人取得应税销售收入,纳税义务发生时间在2020年2月底以前,适用3%征收率征收增值税的,按照3%征收率开具增值税发票;纳税义务发生时间在2020年3月1日至5月31日,适用减按1%征收率征收增值税的,按照1%征收率开具增值税发票。

根据《财政部 税务总局关于支持个体工商户复工复业增值税政策的公告》(财政部 税务总局公告2020年第13号)规定,自2020年3月1日至5月31日,对湖北省增值税小规模纳税人,适用3%征收率的应税销售收入,免征增值税;适用3%预征率的预缴增值税项目,暂停预缴增值税。除湖北省外,其他省、自治区、直辖市的增值税小规模纳税人,适用3%征收率的应税销售收入,减按1%征收率征收增值税;适用3%预征率的预缴增值税项目,减按1%预征率预缴增值税。

根据《财政部 税务总局关于延长小规模纳税人减免增值税政策执行期限的公告》(财政部 税务总局公告2020年第24号)规定,《财政部 税务总局关于支持个体工商户复工复业增值税政策的公告》(财政部 税务总局公告2020年第13号)规定的税收优惠政策实施期限延长到2020年12月31日。

根据《财政部 税务总局关于延续实施应对疫情部分税费优惠政策的公告》(财政部 税务总局公告2021年第7号)规定,《财政部 税务总局关于支持个体工商户复工复业增值税政策的公告》(财政部 税务总局公告2020年第13号)规定的税收优惠政策,执行期限延长至2021年12月31日。其中,自2021年4月1日至2021年12月31日,湖北省增值税小规模纳税人适用3%征收率的应税销售收入,减按1%征收率征收增值税;适用3%预征率的预缴增值税项目,减按1%预征率预缴增值税。

3. 新版电子普通发票推行,电子签名代替发票专用章

根据《国家税务总局关于增值税发票综合服务平台等事项的公告》(国家税务总局公告2020年第1号)规定,纳税人通过增值税电子发票公共服务平台开具的增值税电子普通发票,属于税务机关监制的发票,采用电子签名代替发票专用章,其法律效力、基本用途、基本使用规定等与增值税普通发票相同。

4. 丢失发票后续处理方式简化

根据《国家税务总局关于增值税发票综合服务平台等事项的公告》(国家税务总局公

告 2020 年第 1 号)第四条规定,纳税人同时丢失已开具增值税专用发票或机动车销售统一发票的发票联和抵扣联,可凭加盖销售方发票专用章的相应发票记账联复印件,作为增值税进项税额的抵扣凭证、退税凭证或记账凭证。

纳税人丢失已开具增值税专用发票或机动车销售统一发票的抵扣联,可凭相应发票的发票联复印件,作为增值税进项税额的抵扣凭证或退税凭证;纳税人丢失已开具增值税专用发票或机动车销售统一发票的发票联,可凭相应发票的抵扣联复印件,作为记账凭证。

5. 取消增值税扣税凭证认证期限

根据《国家税务总局关于取消增值税扣税凭证认证确认期限等增值税征管问题的公告》(国家税务总局公告 2019 年第 45 号)规定,增值税一般纳税人取得 2017 年 1 月 1 日及以后开具的增值税专用发票、海关进口增值税专用缴款书、机动车销售统一发票、收费公路通行费增值税电子普通发票,取消认证确认、稽核比对、申报抵扣的期限。纳税人在进行增值税纳税申报时,应当通过本省(自治区、直辖市和计划单列市)增值税发票综合服务平台对上述扣除凭证信息进行用途确认。

增值税一般纳税人取得 2016 年 12 月 31 日及以前开具的增值税专用发票、海关进口增值税专用缴款书、机动车销售统一发票,超过认证确认、稽核比对、申报抵扣期限,但符合条件规定的,仍可按照《国家税务总局关于逾期增值税扣税凭证抵扣问题的公告》(2011 年第 50 号)、《国家税务总局关于未按期申报抵扣增值税扣税凭证有关问题的公告》(2011 年第 78 号)规定,继续抵扣进项税额。

6. 进项税额抵扣范围逐步扩大

根据《财政部 国家税务总局关于全面推开营业税改征增值税试点的通知》(财税〔2016〕36 号)附件1《营业税改征增值税试点实施办法》第二十五条规定,下列进项税额准予从销项税额中抵扣:①从销售方取得的增值税专用发票(含税控机动车销售统一发票,下同)上注明的增值税额。②从海关取得的海关进口增值税专用缴款书上注明的增值税额。③购进农产品,除取得增值税专用发票或者海关进口增值税专用缴款书外,按照农产品收购发票或者销售发票上注明的农产品买价和13%的扣除率计算的进项税额。计算公式为:进项税额=买价×扣除率。买价,是指纳税人购进农产品在农产品收购发票或者销售发票上注明的价款和按照规定缴纳的烟叶税。购进农产品,按照《农产品增值税进项税额核定扣除试点实施办法》抵扣进项税额的除外。④从境外单位或者个人购进服务、无形资产或者不动产,自税务机关或者扣缴义务人取得的解缴税款的完税凭证上注明的增值税额。

根据《交通运输部 财政部 国家税务总局 国家档案局关于收费公路通行费电子票据开具汇总等有关事项的公告》(交通运输部公告 2020 年第 24 号)规定,收费公路通行费增值税进项抵扣事项按照现行增值税政策有关规定执行。增值税一般纳税人申报抵扣的通行费电子发票进项税额,在纳税申报时应当填写在《增值税纳税申报表附列资料(二)》(本期进项税额明细)中"认证相符的增值税专用发票"相关栏次中。纳税人取得通行费电子发票后,应当登录增值税发票综合服务平台确认发票用途。税务总局通过增值税发票综合服务平台为纳税人提供通行费电子发票批量选择确认服务。

根据《财政部 税务总局关于租入固定资产进项税额抵扣等增值税政策的通知》(财税〔2017〕90号)规定,自2018年1月1日起,纳税人支付的道路、桥、闸通行费,按照以下规定抵扣进项税额:①纳税人支付的道路通行费,按照收费公路通行费增值税电子普通发票上注明的增值税额抵扣进项税额。2018年1月1日至6月30日,纳税人支付的高速公路通行费,如暂未能取得收费公路通行费增值税电子普通发票,可凭取得的通行费发票(不含财政票据,下同)上注明的收费金额按照下列公式计算可抵扣的进项税额:高速公路通行费可抵扣进项税额=高速公路通行费发票上注明的金额÷(1+3%)×3%。2018年1月1日至12月31日,纳税人支付的一级、二级公路通行费,如暂未能取得收费公路通行费增值税电子普通发票,可凭取得的通行费发票上注明的收费金额按照下列公式计算可抵扣进项税额:一级、二级公路通行费可抵扣进项税额=一级、二级公路通行费发票上注明的金额÷(1+5%)×5%。②纳税人支付的桥、闸通行费,暂凭取得的通行费发票上注明的收费金额按照下列公式计算可抵扣的进项税额:桥、闸通行费可抵扣进项税额=桥、闸通行费发票上注明的金额÷(1+5%)×5%。③本通知所称通行费,是指有关单位依法或者依规设立并收取的过路、过桥和过闸费用。

根据《财政部 税务总局 海关总署关于深化增值税改革有关政策的公告》(财政部 税务总局 海关总署公告2019年第39号)第六条规定,纳税人购进国内旅客运输服务,其进项税额允许从销项税额中抵扣。纳税人未取得增值税专用发票的,暂按照以下规定确定进项税额:

(1) 取得增值税电子普通发票的,为发票上注明的税额。

(2) 取得注明旅客身份信息的航空运输电子客票行程单的,为按照下列公式计算进项税额:

$$航空旅客运输进项税额 = (票价 + 燃油附加费) \div (1+9\%) \times 9\%$$

(3) 取得注明旅客身份信息的铁路车票的,为按照下列公式计算的进项税额:

$$铁路旅客运输进项税额 = 票面金额 \div (1+9\%) \times 9\%$$

(4) 取得注明旅客身份信息的公路、水路等其他客票的,按照下列公式计算进项税额:

$$公路、水路等其他旅客运输进项税额 = 票面金额 \div (1+3\%) \times 3\%$$

7. 发票备注栏填写要求

根据《国家税务总局关于停止使用货物运输业增值税专用发票有关问题的公告》(国家税务总局公告2015年第99号)规定,增值税一般纳税人提供货物运输服务,使用增值税专用发票和增值税普通发票,开具发票时应将起运地、到达地、车种车号以及运输货物信息等内容填写在发票备注栏中,如内容较多可另附清单。其中,铁路运输企业受托代征的印花税款信息,可填写在发票备注栏中。

根据《国家税务总局关于全面推开营业税改征增值税试点有关税收征收管理事项的公告》(国家税务总局公告2016年第23号)规定,按照现行政策规定适用差额征税办法缴纳增值税,且不得全额开具增值税发票的(财政部、税务总局另有规定的除外),纳税人自行开具或者税务机关代开增值税发票时,通过新系统中差额征税开票功能,录入含税销售额(或含税评估额)和扣除额,系统自动计算税额和不含税金额,备注栏自动打印"差额征税"字样,发票开具不应与其他应税行为混开。

提供建筑服务,纳税人自行开具或者税务机关代开增值税发票时,应在发票的备注栏注明建筑服务发生地县(市、区)名称及项目名称。

销售不动产,纳税人自行开具或者税务机关代开增值税发票时,应在发票"货物或应税劳务、服务名称"栏填写不动产名称及房屋产权证书号码(无房屋产权证书的可不填写),"单位"栏填写面积单位,备注栏注明不动产的详细地址。

出租不动产,纳税人自行开具或者税务机关代开增值税发票时,应在备注栏注明不动产的详细地址。

税务机关为跨县(市、区)提供不动产经营租赁服务、建筑服务的小规模纳税人(不包括其他个人),代开增值税发票时,在发票备注栏中自动打印"YD"字样。

根据《国家税务总局关于营改增试点若干征管问题的公告》(国家税务总局公告2016年第53号)规定,销售方与售卡方不是同一个纳税人的,销售方在收到售卡方结算的销售款时,应向售卡方开具增值税普通发票,并在备注栏注明"收到预付卡结算款",不得开具增值税专用发票。

特约商户收到支付机构结算的销售款时,应向支付机构开具增值税普通发票,并在备注栏注明"收到预付卡结算款",不得开具增值税专用发票。

根据《国家税务总局关于保险机构代收车船税开具增值税发票问题的公告》(国家税务总局公告2016年第51号)规定,保险机构作为车船税扣缴义务人,在代收车船税并开具增值税发票时,应在增值税发票备注栏中注明代收车船税税款信息。具体包括:保险单号、税款所属期(详细至月)、代收车船税金额、滞纳金金额、金额合计等。

根据《国家税务总局关于调整完善外贸综合服务企业办理出口货物退(免)税有关事项的公告》(国家税务总局公告2017年第35号)第六条规定,自2017年11月1日起,生产企业代办退税的出口货物,应先按出口货物离岸价和增值税适用税率计算销项税额并按规定申报缴纳增值税,同时向综服企业开具备注栏内注明"代办退税专用"的增值税专用发票(以下称代办退税专用发票),作为综服企业代办退税的凭证。代办退税专用发票不得作为综服企业的增值税扣税凭证。

8. 异常凭证范围扩大

根据《国家税务总局关于异常增值税扣税凭证管理等有关事项的公告》(国家税务总局公告2019年第38号)的规定,以下发票属于异常凭证:①纳税人丢失、被盗税控专用设备中未开具或已开具未上传的增值税专用发票;②非正常户纳税人未向税务机关申报或未按规定缴纳税款的增值税专用发票;③增值税发票管理系统稽核比对发现"比对不符"

"缺联""作废"的增值税专用发票;④经税务总局、省税务局大数据分析发现,纳税人开具的增值税专用发票存在涉嫌虚开、未按规定缴纳消费税等情形的。

根据《国家税务总局关于走逃(失联)企业开具增值税专用发票认定处理有关问题的公告》(国家税务总局公告 2016 年第 76 号)第二条第(一)项规定,走逃(失联)企业存续经营期间发生下列情形之一的,所对应属期开具的增值税专用发票列入异常增值税扣税凭证(以下简称异常凭证)范围:①商贸企业购进、销售货物名称严重背离的;生产企业无实际生产加工能力且无委托加工,或生产能耗与销售情况严重不符,或购进货物并不能直接生产其销售的货物且无委托加工的。②直接走逃失踪不纳税申报,或虽然申报但通过填列增值税纳税申报表相关栏次,规避税务机关审核比对,进行虚假申报的。

9. 会计凭证电子化的新政策

根据《财政部 国家档案局关于规范电子会计凭证报销入账归档的通知》(财会〔2020〕6 号)规定,电子会计凭证,是指单位从外部接收的电子形式的各类会计凭证,包括电子发票、财政电子票据、电子客票、电子行程单、电子海关专用缴款书、银行电子回单等。来源合法、真实的电子会计凭证与纸质会计凭证具有同等法律效力。

除法律和行政法规另有规定外,同时满足下列条件的,单位可以仅使用电子会计凭证进行报销入账归档:

(1) 接收的电子会计凭证经查验合法、真实。

(2) 电子会计凭证的传输、存储安全、可靠,对电子会计凭证的任何篡改能够及时被发现。

(3) 使用的会计核算系统能够准确、完整、有效接收和读取电子会计凭证及其元数据,能够按照国家统一的会计制度完成会计核算业务,能够按照国家档案行政管理部门规定格式输出电子会计凭证及其元数据,设定了经办、审核、审批等必要的审签程序,且能有效防止电子会计凭证重复入账。

(4) 电子会计凭证的归档及管理符合《会计档案管理办法》(财政部 国家档案局第 79 号令)等要求。

10. 增值税电子专用发票逐步推行

根据《税务总局等十三部门关于推进纳税缴费便利化改革优化税收营商环境若干措施的通知》(税总发〔2020〕48 号)规定,2020 年选择部分地区新办纳税人开展增值税专用发票电子化改革试点,年底前基本实现新办纳税人增值税专用发票电子化。

根据《国家税务总局关于在新办纳税人中实行增值税专用发票电子化有关事项的公告》(国家税务总局 2020 年第 22 号)规定,自 2020 年 12 月 21 日起,在天津、河北、上海、江苏、浙江、安徽、广东、重庆、四川、宁波和深圳等 11 个地区的新办纳税人中实行增值税专用发票电子化,受票方范围为全国。其中,宁波、杭州和石家庄等 3 个地区已试点纳税人开具增值税电子专用发票的受票方范围扩至全国。

自 2021 年 1 月 21 日起,在北京、山西、内蒙古、辽宁、吉林、黑龙江、福建、江西、山东、河南、湖北、湖南、广西、海南、贵州、云南、西藏、陕西、甘肃、青海、宁夏、新疆、大连、厦门等 25 个地区的新办纳税人中实行增值税专用发票电子化,受票方范围为全国。

实行专票电子化的新办纳税人具体范围由国家税务总局各省、自治区、直辖市和计划单列市税务局确定。

(三) 不合规发票处理

(1) 根据《增值税暂行条例》第九条规定,纳税人购进货物、劳务、服务、无形资产、不动产,取得的增值税扣税凭证不符合法律、行政法规或者国务院税务主管部门有关规定的,其进项税额不得从销项税额中抵扣。

(2) 根据《国家税务总局关于发布〈企业所得税税前扣除凭证管理办法〉的公告》(国家税务总局公告2018年第28号)第十二条规定,企业取得私自印制、伪造、变造、作废、开票方非法取得、虚开、填写不规范等不符合规定的发票,以及取得不符合国家法律、法规等相关规定的其他外部凭证,不得作为税前扣除凭证。第九条规定:企业在境内发生的支出项目属于增值税应税项目(以下简称应税项目)的,对方为已办理税务登记的增值税纳税人,其支出以发票(包括按照规定由税务机关代开的发票)作为税前扣除凭证;对方为依法无需办理税务登记的单位或者从事小额零星经营业务的个人,其支出以税务机关代开的发票或者收款凭证及内部凭证作为税前扣除凭证,收款凭证应载明收款单位名称、个人姓名及身份证号、支出项目、收款金额等相关信息。小额零星经营业务的判断标准是个人从事应税项目经营业务的销售额不超过增值税相关政策规定的起征点。

(3) 根据《国家税务总局关于营改增后土地增值税若干征管规定的公告》(国家税务总局公告2016年第70号)第五条规定,营改增后,土地增值税纳税人接受建筑安装服务取得的增值税发票,应按照《国家税务总局关于全面推开营业税改征增值税试点有关税收征收管理事项的公告》(国家税务总局公告2016年第23号)规定,在发票的备注栏注明建筑服务发生地县(市、区)名称及项目名称,否则不得计入土地增值税扣除项目金额。

第二节 企业销售环节税务管理

一、销售方式的税务管理

销售方式多种多样,总体上主要有现销和赊销两种类型。不同销售结算方式纳税义务的发生时间是不同的。

(一) 销售方式有关主要税收政策分析

(1) 根据《增值税暂行条例》第十九条规定,增值税纳税义务发生时间:销售货物或者应税劳务,为收讫销售款项或者取得索取销售款项凭据的当天;先开具发票的,为开具发票的当天。进口货物,为报关进口的当天。增值税扣缴义务发生时间为纳税人增值税纳税义务发生的当天。

(2)《增值税暂行条例实施细则》第三十八条对销售货物或者应税劳务的纳税义务发

生时间,按销售结算方式的不同,作了以下规定:①采取直接收款方式销售货物,不论货物是否发出,均为收到销售款或者取得索取销售款凭据的当天。②采取托收承付和委托银行收款方式销售货物,为发出货物并办妥托收手续的当天。③采取赊销和分期收款方式销售货物,为书面合同约定的收款日期的当天,无书面合同的或者书面合同没有约定收款日期的,为货物发出的当天。④采取预收货款方式销售货物,为货物发出的当天,但生产销售生产工期超过12个月的大型机械设备、船舶、飞机等货物,为收到预收款或者书面合同约定的收款日期的当天。⑤委托其他纳税人代销货物,为收到代销单位的代销清单或者收到全部或者部分货款的当天。未收到代销清单及货款的,为发出代销货物满180天的当天。⑥销售应税劳务,为提供劳务同时收讫销售款或者取得索取销售款的凭据的当天。⑦纳税人发生视同销售货物行为,为货物移送的当天。

(3) 根据《国家税务总局关于增值税纳税义务发生时间有关问题的公告》(国家税务总局公告2011年第40号)规定,纳税人生产经营活动中采取直接收款方式销售货物,已将货物移送对方并暂估销售收入入账,但既未取得销售款或取得索取销售款凭据也未开具销售发票的,其增值税纳税义务发生时间为取得销售款或取得索取销售款凭据的当天;先开具发票的,为开具发票的当天。该公告自2011年8月1日起施行。纳税人此前对发生上述情况进行增值税纳税申报的,可向主管税务机关申请,按该公告规定做纳税调整。

(4) 根据《财政部 国家税务总局关于全面推开营业税改征增值税试点的通知》(财税〔2016〕36号)附件1第四十五条规定,增值税纳税义务、扣缴义务发生时间为:①纳税人发生应税行为并收讫销售款项或者取得索取销售款项凭据的当天;先开具发票的,为开具发票的当天。收讫销售款项,是指纳税人销售服务、无形资产、不动产过程中或者完成后收到款项。取得索取销售款项凭据的当天,是指书面合同确定的付款日期;未签订书面合同或者书面合同未确定付款日期的,为服务、无形资产转让完成的当天或者不动产权属变更的当天。②纳税人提供建筑服务、租赁服务采取预收款方式的,其纳税义务发生时间为收到预收款的当天。③纳税人从事金融商品转让的,为金融商品所有权转移的当天。④纳税人发生本办法第十四条规定情形的,其纳税义务发生时间为服务、无形资产转让完成的当天或者不动产权属变更的当天。⑤增值税扣缴义务发生时间为纳税人增值税纳税义务发生的当天。

(5) 根据《财政部 税务总局关于建筑服务等营改增试点政策的通知》(财税〔2017〕58号)第二条规定,《营业税改征增值税试点实施办法》(财税〔2016〕36号印发)第四十五条第(二)项修改为"纳税人提供租赁服务采取预收款方式的,其纳税义务发生时间为收到预收款的当天"。

(6) 根据《企业所得税法实施条例》第十八条规定,企业将资金提供他人使用但不构成权益性投资,或者因他人占用本企业资金取得的收入,包括存款利息、贷款利息、债券利息、欠款利息等收入,按照合同约定的债务人应付利息的日期确认收入的实现。第十九条规定,企业提供固定资产、包装物或者其他有形资产的使用权取得的租金收入,按照合同约定的承租人应付租金的日期确认收入的实现。第二十条规定,企业提供专利权、非专利技术、商标权、著作权以及其他特许权的使用权取得的收入,按照合同约定的特许权使用人应付特许权使用费的日期确认收入的实现。第二十三条规定,企业的下列生产经营业务可以分期确认收入的实现:①以分期收款方式销售货物的,按照合同约定的收款日期确认收入的实现;②企业受托加工制造大型机械设备、船舶、飞机,以及从事建筑、安装、装配工程业务或者提供其他劳务等,持续时间超过12个月的,按照纳税年度内完工进度或者完成的工作量确认收入的实现。第二十四条规定,采取产品分成方式取得收入的,按照企业分得产品的日期确认收入的实现,其收入额按照产品的公允价值确定。

(7)根据《国家税务总局关于确认企业所得税收入若干问题的通知》(国税函〔2008〕875号)第一条规定,企业销售商品同时满足下列条件的,应确认收入的实现:①商品销售合同已经签订,企业已将商品所有权相关的主要风险和报酬转移给购货方;②企业对已售出的商品既没有保留通常与所有权相联系的继续管理权,也没有实施有效控制;③收入的金额能够可靠地计量;④已发生或将发生的销售方的成本能够可靠地核算。符合上述收入确认条件,采取下列商品销售方式的,应按以下规定确认收入实现时间:①销售商品采用托收承付方式的,在办妥托收手续时确认收入。②销售商品采取预收款方式的,在发出商品时确认收入。③销售商品需要安装和检验的,在购买方接受商品以及安装和检验完毕时确认收入。如果安装程序比较简单,可在发出商品时确认收入。④销售商品采用支付手续费方式委托代销的,在收到代销清单时确认收入。

(二)企业销售方式税务管理

1. 企业货物直接销售与委托代销方式的选择

对于代销方式来说,仅就销售货物的环节而言,企业需要缴纳增值税;另外,受托方提供了劳务,需要获得一定报酬,于是,受托方的这部分收入也需要缴纳增值税。我国税法对代销方式做出了明确规定:①委托方与受托方须签订代销协议;②受托方不垫付资金;③受托方按照委托方确定的价格进行销售,并向委托方收取代销手续费等;否则,按赊销或经销处理;④销售代销货物视同销售。

通常情况下,委托代销有以下两种方式:

(1)视同买断。视同买断是指委托方与受托方签订协议,委托方按照协议收取所代销的货款,实际售价可由受托方自定,实际售价与协议价之间的差额归受托方所有。采用这种方式,委托方在交付商品时不确认收入,受托方也不做购进处理。在受托方将商品销售后,应按实际售价确认收入,并向委托方开具代销清单;委托方收到代销清单,再确认本企业的销售收入。

(2)收取手续费。收取手续费是指受托方根据所代销的商品数量,向委托方收取手续费,以作为其劳务收入,受托方须按规定缴纳增值税;委托方在收到受托方的代销清单后,才能确认本企业的销售收入。我们通常说的代销,主要指的就是这种方式。

通过上面的论述可知,企业采取委托代销,与直接销售相比,其销售收入的确认和纳税义务的发生时间都会滞后,从而可使企业获得一定延期纳税利益。此外,企业支付的代销手续费还可以在销售费用中列支,并在企业所得税前扣除。

随着电子商务的广泛应用,实体代销与网络代销互相渗透,比如很多网站代销商也储存实物,而负责实物代批发和零售的商家也自建网络分销平台。当然,从本质上来说,这些伴随电子商务发展起来的代销方式,仍然属于代销。

【案例4-2-1】 HN省A造纸厂在2019年6月向B纸张供应站销售120万元白板纸,货款结算方式采用销售后付款的方式。2020年1月,B纸张供应站向A造纸厂汇来货款40万元。

【税务管理建议】

该案例中,货款结算方式采用售后付款的方式。从这点上来看,与代销方式的结算方式比较相似。B纸张供应站性质为商业企业,可按照代销方式来核算。在这种情况下,2019年6月可不计算销项税额,2020年1月按规定向代销单位索取销货清单并计算销售,计提销项税额。那么,A造纸厂需缴纳的增值税额为4.6万元[$40\div(1+13\%)\times13\%$],对于尚未收到销货清单的货款,可暂缓申报计算销项税额。假如不按照代销方式申报纳税,而是按照自行销售的方式,那么,A造纸厂需缴纳增值税额为13.81万元[$120\div(1+13\%)\times13\%$]。尽管A造纸厂的货物在交给B供应站时,尚未实质意义上变现,但按税法规定,A造纸厂若不进行申报纳税,则视为违反税法。如此一来,A造纸厂在资金流动上便处于被动。

通过比较可以看出,A造纸厂采用委托代销的方式更为有利。尤其是,A造纸厂与B纸张供应站在利益上属于一体,采用代销方式更能在享受延期纳税方面获益。

【案例4-2-2】 GZ省的A公司与B公司都是增值税一般纳税人。A公司请B公司销售一批价款为100万元的货物(不含税价)。A公司本期的进项税额为10.2万元,若代销则支付B公司手续费20万元;若购进销售,则以80万元(不含税)的价格向B公司出售,并以该价格开具增值税发票。双方缴纳的城市维护建设税税率、教育费附加、地方教育附加税率均为7%、3%和2%。现就流转税而言,有三种方案可供选择:

方案一,受托方以货物的价款与委托方结算,另收取手续费。

方案二,受托方以80万元(不含税)的货物价款与委托方结算,以100万元(不含税)对外销售,差价部分作为手续费。

方案三,受托方部分加价,部分收取手续费。

【税务管理建议】

若采用方案一,B公司按A公司的要求对外销售,取得销售收入113万元(含税),并以该价款与A公司结算,另收取手续费20万元,则A公司需缴纳增值税额=($113\div1.13$)$\times13\%-10.2=2.8$(万元),需缴纳附加税额=$2.8\times(7\%+3\%+2\%)=0.34$(万元),A公司需要缴纳的税款总额=$2.8+0.34=3.14$(万元)。B公司只就其收取的20万元手续费缴纳增值税1.2万元(经纪代理服务增值税税率为6%),附加税为0.14万元,B公司的纳税总额为1.34万元。

若采用方案二,A公司以90.4万元(含税)的价款委托B公司销售,B公司以113万元(含税)的价格出售,差价部分作为 B 公司的手续费收入,则 A 公司需缴纳增值税额=(90.4÷1.13)×13%-10.2=0.2(万元),需缴纳的附加税额=0.02(万元),A 公司的税负总额为 0.22 万元。同时,B 公司需缴纳增值税额=(113÷1.13)×13%+20×6%-(90.4÷1.13)×13%=3.8(万元),附加税为 0.46 万元,则 B 公司的税负总额为 4.26 万元。

若采用方案三,A 公司允许 B 公司以 90 万元(不含税)与之结算,另支付给 B 公司手续费 10 万元,B 公司则以 113 万元(含税)的价格出售。这时,A 公司需缴纳增值税额=90×13%-10.2=1.5(万元),附加税为 0.18 万元,A 公司总税负为 1.68 万元。同时,B 公司需缴纳增值税 1.3 万元,手续费需缴纳增值税 1.2 万元,附加税为 0.3 万元,总税负 2.8 万元。

通过比较可以看出 A、B 两公司在不同方案下的税负,如表 4-3 所示。

表 4-3　A、B 两公司在不同方案下的税负　　　　　　　　单位:万元

方案	方案一	方案二	方案三
A	3.14	0.22	1.68
B	1.34	4.26	2.8
总计	4.48	4.48	4.48

可见,对于 A 公司来说,采用方案二时税负最轻,为 0.22 万元;对于 B 公司来说,采用方案一时税负最轻,为 1.34 万元。无论采取哪种方案,A、B 两公司的总税负都是相同的,即 4.48 万元。因此,两公司间的税负存在此消彼长的关系。在这种情况下,假如双方中的某一方占有市场上的主动地位,显然对自身的节税较为有利。

2. 直接销售方式销售货物税收政策的适用

直接销售方式销售货物,纳税义务是否发生,主要是以是否取得销售款或取得索取销售款凭据为依据,与货物是否发出并不直接关联。当然,如果已开具发票则必须进行增值税纳税义务的确认。因此建议企业在未发出商品前最好不要提前开具发票。否则,一旦销售未最终实现,则会产生虚开增值税发票的风险。

【案例 4-2-3】　某公司是以一个月为纳税期的增值税一般纳税人,今年 9 月份采用直接收款方式销售了一批货物,货物已移送给购货方。当月该公司已参照同类商品市价暂估销售收入入账,10 月 10 日收到货款,同时开具发票。该公司 10 月 13 日进行纳税申报时是否申报该笔收入。

【税务管理建议】

根据《国家税务总局关于增值税纳税义务发生时间有关问题的公告》(国家税务总局公告 2011 年第 40 号)规定,纳税人生产经营活动中采取直接收款方式销售货物,已将货物移送对方并暂估销售收入入账,但既未取得销售款或取得索取销售款凭据也未开具销售发票的,其增值税纳税义务发生时间为取得销售款或取得索取销售款凭据的当天。

本案例中,从增值税角度来说,对于该公司采取直接收款方式结算货款的该项销售业务,虽然 9 月份货物已移送给购货方且暂估销售收入入账,但是该公司既未取得销售款或

取得索取销售款凭据也未开具销售发票,此时并未发生法定的增值税纳税义务。因此,在10月13日申报8月份增值税时,尽管货款已经收回,也不需要反映该笔收入。而该笔收入纳税义务发生时间在10月份,则11月申报10月份增值税时应包含该笔收入。从所得税角度而言,由于企业所得税以会计利润为预缴所得税的计税依据,企业在9月份暂估销售收入入账,必然在当期会计利润中体现,则需按规定在10月13日预缴企业所得税申报时包含该笔收入。

3. 分期收款方式销售货物税收政策的适用

分期收款方式销售货物增值税政策和企业所得税政策规定基本相同,但需要注意的是,增值税政策规定,只要提前开具发票,则开具发票时必须确认收入,但所得税纳税义务发生时间则不受发票约束。

【案例4-2-4】 甲企业于2019年1月2日出售一套大型设备给乙企业,协议约定采用分期收款销售方式,货款从销售当年年末分5年分期平均收取,合计965.81万元(含增值税)。如果购货方在销售成立日支付价款,只需支付772.65万元。增值税按每年协议约定的收款金额计算缴纳。该套大型设备的成本为600万元。甲企业适用的增值税税率、企业所得税税率分别为13%、25%。

【税务管理建议】

(1) 会计核算中未实现融资收益的确认。

不含税的应收价款=965.81÷1.13=854.7(万元)

未来增值税销项税额=1 000÷1.17×17%=111.11(万元)

不含税的应收价款的现值=772.65÷1.13=683.76(万元)

未实现融资收益的初始入账价值=854.7-683.76=170.94(万元)

具体计算如表4-4所示。

表4-4 具体计算

年份	每年年末收款			每年度利息收入	收回本金	未收本金(摊余成本)
	①收款总额	②价款	③税款	④=上年年末⑥×7.93%	⑤=②-④	⑥总计=上年年末⑥-⑤
0						683.76
1	193.162	170.94	22.222	54.22	116.72	567.04
2	193.162	170.94	22.222	44.97	125.97	441.07
3	193.162	170.94	22.222	34.98	135.97	305.11
4	193.162	170.94	22.222	24.2	146.74	158.37
5	193.162	170.94	22.222	12.57	158.37	0
合计	965.81	854.7	111.11	170.94	683.76	

(2) 2019年度会计核算与增值税确认。

2019年1月2日销售成立时甲企业应当确认主营业务收入,同时在月末结转主营业务成本。

借:长期应收款——乙企业——货款	854.70
——税款	111.11
贷:主营业务收入	683.76
未实现融资收益	170.94
应交税费——待转销项税额	111.11

借:主营业务成本	600
贷:库存商品	600

2019年12月31日收款时:

借:银行存款	193.162
贷:长期应收款——乙企业——货款	170.94
——税款	22.222

借:应交税费——待转销项税额	22.222
贷:应交税费——应交增值税(销项税额)	22.222

借:未实现融资收益	54.22
贷:财务费用	54.22

(3) 企业所得税税会差异分析与申报表填列示范(见表4-5)。

表4-5 企业所得税税会差异分析与申报表填列示范

A105020

行次	项目	合同金额(交易金额)	账载金额		税收金额		纳税调整金额
			本年	累计	本年	累计	
		1	2	3	4	5	6(4-2)
6	(一)分期收款方式销售货物收入	854.7	683.76	683.76	170.94	170.94	-512.82

A105000

行次	项目	账载金额	税收金额	调增金额	调减金额
		1	2	3	4
22	(十)与未实现融资收益相关在当期确认的财务费用	-54.22	0		54.22
30	(十七)其他	600	120	480	

二、销售货物的税务管理

(一) 折扣销售形式的税务管理

折扣销售是指企业在商品销售时,因进货方采购数量较多或进货金额较大、购买频次较高等原因,而给予进货方的一种优惠价格。

(1) 根据《国家税务总局关于印发〈增值税若干具体问题的规定〉的通知》(国税发〔1993〕154号)第二条第(二)项规定,纳税人采取折扣方式销售货物,如果销售额和折扣额在同一张发票上分别注明的,可按折扣后的销售额征收增值税;如果将折扣额另开发票,不论其在财务上如何处理,均不得从销售额中减除折扣额。根据《国家税务总局关于折扣额抵减增值税应税销售额问题通知》(国税函〔2010〕56号)规定,《国家税务总局关于印发〈增值税若干具体问题的规定〉的通知》(国税发〔1993〕154号)第二条第(二)项规定"纳税人采取折扣方式销售货物,如果销售额和折扣额在同一张发票上分别注明的,可按折扣后的销售额征收增值税"。纳税人采取折扣方式销售货物,销售额和折扣额在同一张发票上分别注明是指销售额和折扣额在同一张发票上的"金额"栏分别注明的,可按折扣后的销售额征收增值税。未在同一张发票"金额"栏注明折扣额,而仅在发票的"备注"栏注明折扣额的,折扣额不得从销售额中减除。

(2) 根据《国家税务总局关于确认企业所得税收入若干问题的通知》(国税函〔2008〕875号)第一条第(五)项规定,企业为促进商品销售而在商品价格上给予的价格扣除属于商业折扣,商品销售涉及商业折扣的,应当按照扣除商业折扣后的金额确定销售商品收入金额。

(3) 根据《财政部 国家税务总局关于企业促销展业赠送礼品有关个人所得税问题的通知》(财税〔2011〕50号)第一条规定,企业通过价格折扣、折让方式向个人销售商品(产品)和提供服务;企业在向个人销售商品(产品)和提供服务的同时给予赠品,如通信企业对个人购买手机赠话费、入网费,或者购话费赠手机等不征收个人所得税。

(二) 销售返利形式的税务管理

销售返利是企业促销的常见方法,是生产企业为了激励经销商而采取的一种商业模式,并且返利通常是按照经销商的销售业绩,也就是销售量或销售额,给予一定的百分比返利。

1. 销售返利的增值税处理

根据《国家税务总局关于商业企业向货物供应方收取的部分费用征收流转税问题的通知》(国税发〔2004〕136号)规定,商业企业向供货方收取的各种收入,一律不得开具增值税专用发票。另根据《国家税务总局关于纳税人折扣折让行为开具红字增值税专用发票问题的通知》(国税函〔2006〕1279号)规定,纳税人销售货物并向购买方开具增值税专用发票后,由于购货方在一定时期内累计购买货物达到一定数量,或者由于市场价格下降等原因,销货方给予购货方相应的价格优惠或补偿等折扣、折让行为,销货方可按《增值税专用发票使用规定》开具红字增值税专用发票。所以,对于供应商(销售方)给予采购方(经销商)的销售返利,采购方不出具发票,而应由供应商出具红字专用发票。

实物返利的实质是现金返利和购买货物两笔业务"合二为一",所以,销售方以货物抵偿应支付的销售返利,属于有偿销售货物行为,所销售的货物应当缴纳增值税。同时对销售返利应当开具红字发票处理。也就是说,供货商一方面对抵偿的实物要开具增值税发票,以同等金额对销售返利开具红字增值税发票。从表面上看,一红一蓝的对冲开票,最终供销双方的增值税影响都为零,但不可以因此不开票或只开红票。因为如果不开发票,根据《国家税务总局关于平销行为征收增值税问题的通知》(国税发〔1997〕167号)文件的规定,因实物返利商场的进项税额必须作转出处理,否则就是偷逃税行为。同时,因未取得对方的实物返利发票,这部分进项税额无法申报抵扣。供应商方面,返利实物视同销售作"未开具发票"销售申报销项税额后,会因没有按国税函〔2006〕1279号文件规定开具红字发票,而无法申报抵减因折让而引起的原已确认的收入和销项税额。如果只开红字发票,购货方凭红字发票作进项税额转出处理,但返利实物因未取得对方发票无法正常入账,容易形成账外库存。供应商凭开具的红字发票申报抵减因折让而引起的原已确认的收入和销项税额,但对返利实物不开发票不记账,也造成税款流失。

总之,返利的实质是折扣,属于事后折扣,即在一段时期的销售额度实现后才能获得的折扣,无法满足开在一张发票上的折扣的要求,因此采取开具红字发票的措施解决。因此,无论是现金折扣还是实物折扣,均需按照文件规定执行,销售方冲销收入与销项税额,采购方冲减成本与进项税额。同时,用于返利的货物,销售方按照正常的销售进行处理,开具蓝字专用发票申报销项税额,采购方取得专用发票用于抵扣。

2.销售返利的会计处理

销售返利的主要形式包括直接返现或者冲抵货款和实物返利两种。

(1)直接返现或者冲抵货款的会计处理。企业要根据与经销商签订的框架合同和具体销售合同规定的返利条款,以及以往的历史经验等因素,合理预计各经销商最终享受返利的可能性,如果很可能最终会享受到,且在销售确认时又符合《企业会计准则第14号——收入》规定的"很可能导致经济利益流出的现时义务"的条件,应作为预计负债予以计提,借方科目为冲减所确认的当期销售收入。以后经销商实际享受返利时,转销该预计负债。这样处理主要是因为:①将返利计入预计负债是符合权责发生制要求的。②收入代表的经济利益流入应当是导致所有者权益增加的。但此处的部分经济利益与应在未来享受的返利相关,需递延到以后确认,所以不构成现在的收入,计提时应冲减当期收入。按照现行会计制度和相关准则的规定,如果与或有事项相关的义务同时符合以下条件,企业应当确认为预计负债,并同时确认当期损失:①该义务是企业承担的现时义务;②该义务的履行很可能导致经济利益流出企业;③该义务的金额能够可靠地计量。

【案例4-2-5】 A公司2019年4月与代理商协议,销售给代理商10 000元商品,年底完成目标第二年返利3 390元。

【税务管理建议】

(1) 第一年的会计处理：

借：应收账款等　　　　　　　　　　　　　　　　　　　　　　10 000
　　贷：主营业务收入　　　　　　　　　　　　　　　　　　　　8 850
　　　　应交税费——应交增值税(销项税额)　　　　　　　　　　1 150

借：主营业务收入——折扣　　　　　　　　　　　　　　　　　　3 000
　　贷：预计负债　　　　　　　　　　　　　　　　　　　　　　3 000

(2) 第二年，实际开具红字折扣发票抵顶货款等时：

借：预计负债　　　　　　　　　　　　　　　　　　　　　　　　3 000
　　贷：应收账款等　　　　　　　　　　　　　　　　　　　　　3 390
　　　　应交税费——应交增值税(销项税额)　　　　　　　　　　 －390

代理商会计处理：

(1) 第一年的会计处理：

借：库存商品　　　　　　　　　　　　　　　　　　　　　　　　8 850
　　应交税费——应交增值税(进项税额)　　　　　　　　　　　　1 150
　　贷：应付账款等　　　　　　　　　　　　　　　　　　　　　10 000

(2) 第二年，实际开具红字折扣发票抵顶货款等时：

借：应付账款等　　　　　　　　　　　　　　　　　　　　　　　3 000
　　贷：库存商品　　　　　　　　　　　　　　　　　　　　　　3 390
　　　　应交税费——应交增值税(进项税额)　　　　　　　　　　 －390

(2) 实物返利的会计处理。实物用于返利，并不是视同销售，用实物抵销了应支付的返利，这属于取得了其他经济利益，是有偿销售。因此，实物返利应当按照销售与返利两笔业务处理，应返利部分视同预收货款。

【案例4-2-6】　A公司为了鼓励经销商多销售其代理的某型号笔记本电脑，2019年4月与经销商签订返利协议：年度销售电脑超过1 000台，次年可给予销售数量5%的同型号电脑奖励。2019年度，经销商销售笔记本电脑1 100台，每台售价0.3万元、成本价0.25万元。

【税务管理建议】

(1) 第一年确认销售收入并对下一年度交付的实物返利做预提处理：

借：应收账款等　　　　　　　　　　　　　　　　　　　　　3 729 000
　　贷：主营业务收入　　　　　　　　　　　　　　　　　　　3 300 000
　　　　应交税费——应交增值税(销项税额)　　　　　　　　　 429 000

借：主营业务成本　　　　　　　　　　　　　　　　　　　　　2 750 000
　　贷：库存商品　　　　　　　　　　　　　　　　　　　　　2 750 000

借:主营业务收入——折扣　　　　　　　　　　　　　　　　　　　165 000
　　贷:预收账款　　　　　　　　　　　　　　　　　　　　　　　　165 000

注:按照会计的权责发生制原则,按照扣除实物折扣后的金额确定本期销售商品收入金额,把将于下年支付的实物返利确认为应收账款,递延到下一年度交付作为返利的实物时,确认为下一年度的销售收入。

(2) 第二年实物返利时:

借:预收账款　　　　　　　　　　　　　　　　　　　　　　　　　186 450
　　贷:主营业务收入　　　　　　　　　　　　　　　　　　　　　　165 000
　　　　应交税费——应交增值税(销项税额)　　　　　　　　　　　　21 450

借:主营业务成本　　　　　　　　　　　　　　　　(1 100×5‰×0.25)137 500
　　贷:库存商品　　　　　　　　　　　　　　　　　　　　　　　　137 500

代理商的会计处理

(1) 第一年的会计处理:

借:库存商品　　　　　　　　　　　　　　　　　　　　　　　　3 300 000
　　应交税费——应交增值税(进项税额)　　　　　　　　　　　　　429 000
　　贷:应付账款　　　　　　　　　　　　　　　　　　　　　　　3 729 000

(2) 第二年实物返利开具红字发票时:

借:应付账款　　　　　　　　　　　　　　　　　　　　　　　　　186 450
　　贷:库存商品　　　　　　　　　　　　　　　　　　　　　　　　165 000
　　　　应交税费——应交增值税(进项税额)　　　　　　　　　　　　21 450

(三) 买一赠一形式的税务管理

(1) 根据《国家税务总局关于印发〈增值税若干具体问题的规定〉的通知》(国税发〔1993〕154号)第二条规定,纳税人采取折扣方式销售货物,如果销售额和折扣额在同一张发票上分别注明的,可按折扣后的销售额征收增值税;如果将折扣额另开发票,不论其在财务上如何处理,均不得从销售额中减除折扣额。

(2) 根据《国家税务总局关于印发〈增值税若干具体问题的规定〉的通知》(国税发〔1993〕154号)第二条第(二)项规定,纳税人采取折扣方式销售货物,如果销售额和折扣额在同一张发票上分别注明的,可按折扣后的销售额征收增值税。纳税人采取折扣方式销售货物,销售额和折扣额在同一张发票上分别注明是指销售额和折扣额在同一张发票上的"金额"栏分别注明的,可按折扣后的销售额征收增值税。未在同一张发票"金额"栏注明折扣额,而仅在发票的"备注"栏注明折扣额的,折扣额不得从销售额中减除。

(3) 根据《增值税暂行条例实施细则》第四条规定,单位或者个体工商户将自产、委托加工或者购进的货物无偿赠送其他单位或者个人,视同销售货物。

(4) 根据《国家税务总局关于确认企业所得税收入若干问题的通知》(国税函〔2008〕875号)第三条规定,企业以买一赠一等方式组合销售本企业商品的,不属于捐赠,应将总的销售金额按各项商品的公允价值的比例来分摊确认各项的销售收入。

(5) 根据《财政部 国家税务总局关于企业促销展业赠送礼品有关个人所得税问题的通知》(财税〔2011〕50号)第一条规定,企业通过价格折扣、折让方式向个人销售商品(产品)和提供服务;企业在向个人销售商品(产品)和提供服务的同时给予赠品,如通信企业对个人购买手机赠话费、入网费,或者购话费赠手机等不征收个人所得税。因此,个人购入商家买一赠一销售模式取得的赠品,不需要缴纳个人所得税,企业销售时不需代扣代缴个人所得税。

【案例4-2-7】 一般纳税人某制造企业在11月份举办促销活动,销售一台自产A设备赠送一台B机器,A设备含税单价为11 300元,B机器含税单价113元。A、B产品税率均为13%。某企业从该企业购入一台A设备并取得一台B机器,共支付11 300元。

【税务管理建议】

第一种情形,该企业按销售A设备给购买方开票,发票上未体现B机器(或仅在发票"备注"栏体现)。发票列示为:A设备金额10 000元,税额1 300元。

第二种情形,该企业开票时,将A、B产品按公允价分摊,发票列示为:A设备金额9 900.99元,税额1 287.13元;B机器金额99.01元,税额12.87元。A、B产品合计金额10 000元,税额1 300元。

第三种情形,该企业开票时,将A、B产品按公允价开具,同时列示折扣金额100元,发票列示为:A设备金额10 000元,税额1 300元;B机器金额100元,税额13元;B机器折扣金额-100元,税额-13元,合计金额10 000元,税额1 300元。

可见,第一种情形下,销售一台A设备应确认销项税额1 300元,B机器视同销售应确认销项税额13元,共应确认销项税额1 313元。在第二种和第三种情形下,该企业确认销项税额1 300元,赠品B机器不视同销售。

该企业在企业所得税上,第一种情形开票,应确认销售收入9 987元,其中A设备确认收入9 888.12元,B机器确认收入98.88元;第二种和第三种情形开票,应确认A设备销售收入9 900.99元,B机器销售收入99.01元,共确认销售收入10 000元。

(四) 抽奖促销形式的税务管理

根据《关于企业促销展业赠送礼品有关个人所得税问题的通知》(财税〔2011〕50号)的规定,此抽奖促销活动需要缴纳个人所得税,所以建议企业务必在促销活动中说明奖金是税前奖金,税由企业代扣代缴。

向个人赠送礼品或者向个人派发现金返利,企业所得税的处理比较复杂。如果在广告、业务宣传等活动中发生的,计入销售费用;假如在年会、庆典等活动中发生的,归集计入业务招待费;假设是给业务无关的人员,属于非广告性赞助支出,不得税前扣除。

(五) 积分返礼形式的税务管理

随着促销手段的日益增多,在某些情况下,企业在销售产品或提供劳务的同时会授予客户奖励积分,客户在满足一定条件后,可以将奖励积分兑换为企业或第三方提供的免费或折扣后的商品或服务。

1. 税务处理

增值税和企业所得税的税务处理同"买一赠一"形式下销售货物的税务管理。

根据《财政部 国家税务总局关于企业促销展业赠送礼品有关个人所得税问题的通知》(财税〔2011〕50号)第一条规定,个人所得税对累积消费达到一定额度的个人按消费积分反馈礼品,不征税。

2. 会计处理

奖励积分是销售的连带行为,客户在支付货款时就为未来获得的商品或服务预先支付了货款,但是客户的兑现存在不确定性和时间递延性。企业对该交易事项应当分情况进行处理。

(六) 网络红包形式的税务管理

随着互联网、移动支付的快速发展,网络红包在企业支付结算中得到了越来越广泛的运用。本章列举的网络红包,包括微信红包、支付宝红包——代金券、优惠券、折扣券、现金红包等。增值税和企业所得税的税务处理类似"买一赠一"形式下销售货物的处理。而个人所得税要根据具体情况具体分析。

(1) 根据《国家税务总局关于加强网络红包个人所得税征收管理的通知》(税总函〔2015〕409号)规定,对个人取得企业派发的现金网络红包,应按照偶然所得项目计算缴纳个人所得税,税款由派发红包的企业代扣代缴。对个人取得企业派发的且用于购买该企业商品(产品)或服务才能使用的非现金网络红包,包括各种消费券、代金券、抵用券、优惠券等,以及个人因购买该企业商品或服务达到一定额度而取得企业返还的现金网络红包,属于企业销售商品(产品)或提供服务的价格折扣、折让,不征收个人所得税。个人之间派发的现金网络红包,不属于《个人所得税法》规定的应税所得,不征收个人所得税。

(2) 根据《关于个人取得有关收入适用个人所得税应税所得项目的公告》(财政部 税务总局公告2019年第74号)第三条规定,企业在业务宣传、广告等活动中,随机向本单位以外的个人赠送礼品(包括网络红包,下同),以及企业在年会、座谈会、庆典以及其他活动中向本单位以外的个人赠送礼品,个人取得的礼品收入,按照"偶然所得"项目计算缴纳个人所得税,但企业赠送的具有价格折扣或折让性质的消费券、代金券、抵用券、优惠券等礼品除外。

前款所称礼品收入的应纳税所得额按照《财政部 国家税务总局关于企业促销展业赠送礼品有关个人所得税问题的通知》(财税〔2011〕50号)第三条规定,企业赠送的礼品是自产产品(服务)的,按该产品(服务)的市场销售价格确定个人的应税所得;是外购商品(服务)的,按该商品(服务)的实际购置价格确定个人的应税所得。

(3) 根据《中华人民共和国个人所得税法实施条例》第八条规定,个人所得的形式,包括现金、实物、有价证券和其他形式的经济利益。根据《国家税务总局关于生活补助费范围确定问题的通知》(国税发〔1998〕155号)第二条第二项规定,"从福利费和工会经费中支付给本单位职工的人人有份的补贴、补助"不属于免税的福利费范围,应当并入纳税人的工资、薪金收入计征个人所得税。

根据以上规定,如果红包发给非本单位员工按"偶然所得"代扣代缴个人所得税,如果发给本单位员工则应按"工资薪金"代扣代缴个人所得税。

(七)折让销售形式的税务管理

折让销售是指在货物出售以后,由于其品种、质量、保质期等原因,客户虽未退货,但销售方给予客户的一种价格优惠。

根据《国家税务总局关于确认企业所得税收入若干问题的通知》(国税函〔2008〕875号)第一条规定,企业因售出商品的质量不合格等原因而在售价上给的减让属于销售折让;企业因售出商品质量、品种不符合要求等原因而发生的退货属于销售退回。企业已经确认销售收入的售出商品发生销售折让和销售退回,应当在发生当期冲减当期销售商品收入。

【案例4-2-8】 某工业企业2019年10月份会计凭证记载,销售给甲企业产品一批,开具增值税专用发票销售额为200 000元,销项税额26 000元,货已发出,货款及税款已委托银行托收,企业作如下会计分录:

借:应收账款　　　　　　　　　　　　　　　　　　　　226 000
　　贷:主营业务收入　　　　　　　　　　　　　　　　200 000
　　　　应交税费——应交增值税(销项税额)　　　　　 26 000

11月份银行转来甲企业部分货款拒付理由书,称"发来的产品因含量不够不能按一级品付款,按二级品付款,让价15%",并收到甲企业货款192 100元。该企业经研究同意甲企业的意见,并开具红字增值税专用发票销售额30 000元,销项税额5 100元。

【税务管理建议】

企业作如下会计分录:

借:银行存款　　　　　　　　　　　　　　　　　　　　192 100
　　主营业务收入　　　　　　　　　　　　　　　　　　 30 000
　　应交税费——应交增值税(销项税额)　　　　　　　　3 900
　　贷:应收账款　　　　　　　　　　　　　　　　　　226 000

(八)销售折扣形式的税务管理

销售折扣是指企业在货物赊销以后,为了鼓励客户尽早回款,缩短应收账款的账龄,对提前回款的客户给予的一种优惠价格。

根据《国家税务总局关于确认企业所得税收入若干问题的通知》(国税函〔2008〕875号)第一条规定,债权人为鼓励债务人在规定的期限内付款而向债务人提供的债务扣除属于现金折扣,销售商品涉及现金折扣的,应当按扣除现金折扣前的金额确定销售商品收入金额,现金折扣在实际发生时作为财务费用扣除。

【案例4-2-9】 某企业销售货物,价款为20 000元,增值税额为2 600元,购买方在10日内付款,享受现金折扣600元(20 000×3%)。

【税务管理建议】

在按折扣前的金额确定销售收入时,会计处理与税务处理如下:

借:应收账款　　　　　　　　　　　　　　　　　　　　22 600
　　贷:主营业务收入　　　　　　　　　　　　　　　　　　20 000
　　　　应交税费——应交增值税(销项税额)　　　　　　　2 600

销售企业折扣期内取得货款,应做以下会计处理:

借:银行存款　　　　　　　　　　　　　　　　　　　　22 000
　　财务费用　　　　　　　　　　　　　　　　　　　　　　600
　　贷:应收账款　　　　　　　　　　　　　　　　　　　22 600

(九) 特殊销售的税务管理

1. 混合销售与兼营业务的税务管理

1) 混合销售的税务管理

根据《财政部 国家税务总局关于全面推开营业税改征增值税试点的通知》(财税〔2016〕36号)第四十条规定,一项销售行为如果既涉及货物又涉及服务,为混合销售。从事货物的生产、批发或者零售的单位和个体工商户的混合销售行为,按照销售货物缴纳增值税;其他单位和个体工商户的混合销售行为,按照销售服务缴纳增值税。上述从事货物的生产、批发或者零售的单位和个体工商户,包括以从事货物的生产、批发或者零售为主,并兼营销售服务的单位和个体工商户在内。

混合销售成立的行为标准分两点:一是销售行为必须是同一项经济行为;二是该行为必须既涉及服务又涉及货物。货物是指增值税法中规定的有形动产,包括电力、热力和气体可供出售的物品;服务是指属于"营改增"范围的交通运输服务、建筑服务、金融保险服务、邮政服务、电信服务、现代服务、生活服务。如果一项销售行为只涉及销售服务,不涉及货物,就不是混合销售;反之,如果涉及销售服务和涉及货物的行为,不是存在于一项销售行为之中,这种行为也不是混合销售行为。

混合销售中有两种特殊情况:

(1) 销售(自产)货物及提供建筑、安装服务。根据《国家税务总局关于进一步明确营改增有关征管问题的公告》(国家税务总局公告2017年第11号)第一条规定,纳税人销售活动板房、机器设备、钢结构件等自产货物的同时提供建筑、安装服务,不属于《营业税改征增值税试点实施办法》(财税〔2016〕36号)第四十条规定的混合销售,应分别核算货物和建筑服务的销售额,分别适用不同的税率或者征收率。

(2) 销售(外购/自产)设备及提供安装服务。根据《国家税务总局关于明确中外合作办学等若干增值税征管问题的公告》(国家税务总局公告2018年第42号)第六条规定,一般纳税人销售自产机器设备的同时提供安装服务,应分别核算机器设备和安装服务的销售额,安装服务可以按照甲供工程选择适用简易计税方法计税。

一般纳税人销售外购机器设备的同时提供安装服务,如果已经按照兼营的有关规定,分别核算机器设备和安装服务的销售额,安装服务可以按照甲供工程选择适用简易计税方法计税。

2) 兼营业务的税务管理

根据《财政部 国家税务总局关于全面推开营业税改征增值税试点的通知》(财税〔2016〕36号)规定,纳税人销售货物、加工修理修配劳务、服务、无形资产或者不动产适用不同税率或者征收率的,应当分别核算适用不同税率或者征收率的销售额,未分别核算销售额的,按照以下方法适用税率或者征收率:

(1) 兼有不同税率的销售货物、加工修理修配劳务、服务、无形资产或者不动产,从高适用税率。

(2) 兼有不同征收率的销售货物、加工修理修配劳务、服务、无形资产或者不动产,从高适用征收率。

(3) 兼有不同税率和征收率的销售货物、加工修理修配劳务、服务、无形资产或者不动产,从高适用税率。

纳税人兼营免税、减税项目的,应当分别核算免税、减税项目的销售额;未分别核算的,不得免税、减税。

适用一般计税方法的纳税人,兼营简易计税方法计税项目、免征增值税项目而无法划分不得抵扣的进项税额,按照下列公式计算不得抵扣的进项税额:

$$\text{不得抵扣的进项税额} = \text{当期无法划分的全部进项税额} \times \left(\text{当期简易计税方法计税项目销售额} + \text{免征增值税项目销售额} \right) \div \text{当期全部销售额}$$

【案例4-2-10】 SX省某公司从事电梯销售,在2019年11月有一笔电梯销售业务,销售额90万元,购销双方就销售合作方式正在洽谈中。考虑到节税问题,该电梯销售公司的王总让税务管理部张经理提出合理化建议。

【税务管理建议】

张经理受命后,经过仔细研究,认为按照公司以前的做法,签订合同时未分别核算电梯金额与安装服务金额,销售电梯按13%的税率就全部收入缴纳增值税。因此,这笔销售业务需要缴纳增值税为10.35万元[90÷(1+13%)×13%]。

根据《国家税务总局关于明确中外合作办学等若干增值税征管问题的公告》(国家税务总局公告2018年第42号)第六条规定,一般纳税人销售自产机器设备的同时提供安装服务,应分别核算机器设备和安装服务的销售额,安装服务可以按照甲供工程选择适用简易计税方法计税。如果企业改变合同签订方式,改为与客户签订销售合同,金额为70万元,同时与客户签订安装合同,金额为20万元,则该项业务的应纳税额的计算如下:

销售电梯业务应纳税额 = 70÷(1+13%)×13% = 8.05(万元)
安装服务业务应纳税额 = 20÷(1+9%)×9% = 1.65(万元)

两项合计应纳税额9.70万元,因此,如果公司采用该种合同签订方式,可以少缴税款0.65万元。

【案例 4-2-11】 某钢材厂属于增值税一般纳税人。某月销售钢材,取得含税销售额 1 800 万元,同时又经营农机,取得含税销售额 200 万元。前项经营的增值税税率为 13%,后项经营的增值税税率为 9%。该厂对两种经营统一进行核算。请计算该厂应纳增值税税款,并提出税收策划方案。

【税务管理建议】

在未分别核算的情况下,该钢材厂应纳增值税=(1 800+200)÷(1+13%)×13%=230.09(万元)。由于两种经营的税率不同,分别核算对企业有利,建议该企业对两种经营活动分别核算。这样,该钢材厂应纳增值税=1 800÷(1+13%)×13%+200÷(1+9%)×9%=223.59(万元)。由此可见,分别核算可以为该钢材厂减轻增值税税负 6.5 万元。

2. 以旧换新业务的税务管理

以旧换新是指购货方用已经使用过的物品换取销售方的新产品。它实际上是一种以销为主,购销兼有的销售方式。

1) 会计处理

根据《企业会计准则第 14 号——收入》应用指南规定,销售商品采用以旧换新方式的,销售的商品应当按照销售商品收入确认条件确认收入,回收的商品作为购进商品处理。由此可见,以旧换新销售方式,在会计处理上,也同样是按照销售、购买两笔业务处理。销售方在回收旧商品后,对旧商品的处理一般分为三种情况:一是将旧商品销售给废旧物资回收单位;二是将旧商品作为资源回收利用;三是为避免旧商品废弃后对环境产生污染(如旧电池等),企业将旧商品回收后进行综合处理。无论哪种情况,取得旧商品后企业一般先将其作为存货管理,根据不同情况按其抵价金额记入"原材料"或"库存商品"科目中,由于一般无法取得旧商品相应的增值税发票,也就不能计算抵扣进项税额。

2) 税务处理

根据《国家税务总局关于印发〈增值税若干具体问题的规定〉的通知》(国税发〔1993〕154 号)规定,纳税人采取以旧换新方式销售货物,应按新货物的同期销售价格确定销售额。

根据《财政部 国家税务总局关于金银首饰等货物征收增值税管理问题的通知》(财税字〔1996〕074 号)规定,考虑到金银首饰以旧换新业务的特殊情况,对金银首饰以旧换新业务,可以按销售方实际收取的不含增值税的全部价款征收增值税。

销售货物与有偿收购旧货是两项不同的业务活动,销售额与收购额不能相互抵减。在公平交易的情况下,旧商品的折价和购买方支付的货币金额之和应该与新商品的含税公平市价相当,因此应以旧商品的折价和购买方支付的差价来确定含税销售收入,然后再根据企业适用的增值税税率来确定销售收入。

旧货销售的增值税处理。根据《财政部 国家税务总局关于部分货物适用增值税低税率和简易办法征收增值税政策的通知》(财税〔2009〕9 号)规定,所称旧货,是指进入二次流通的具有部分使用价值的货物(含旧汽车、旧摩托车和旧游艇),但不包括自己使用过的物品。"纳税人销售旧货"简易计税应当是指旧货经营单位销售旧货,商场没有销售旧货的经营范围,并且也没有取得国务院商品流通主管部门统一印制的《旧货经营资格证书》,因此,不能按照简易办法3%减按2%征收增值税。"以旧换新"销售货物,实际上是"以物易物"销售货物,根据《增值税暂行条例》规定,在中华人民共和国境内销售货物或者提供加工、修理修配劳务以及进口货物的单位和个人,为增值税的纳税人。《增值税暂行条例实施细则》规定,所称销售货物,是指有偿转让货物的所有权。本细则所称有偿,是指从购买方取得的货币、货物或者其他经济利益。因此,一般纳税人"以旧换新"销售旧货物,同样应以取得的全部收入按照适用税率计算缴纳增值税。

根据《财政部 国家税务总局关于调整金银首饰消费税纳税环节有关问题的通知》(财税字〔1994〕095号)第七条规定,纳税人采用以旧换新(含翻新改制)方式销售的金银首饰,应按实际收取的不含增值税的全部价款确定计税依据征收消费税。

《国家税务总局关于确认企业所得税收入若干问题的通知》(国税函〔2008〕875号)第一条规定,销售商品以旧换新的,销售商品应当按照销售商品收入确认条件确认收入,回收的商品作为购进商品处理。

【案例4-2-12】 某商场采用以旧换新方式促销电视机,每台旧电视机作价400元,消费者支付2 312元现金就可以取得新电视机一台。上述款项已通过现金结算,收回的旧电视机已验收入库。同类电视机平均售价为每台2 712元,当月采用此方式销售电视机1 000台。

【税务管理建议】

家电商场所标售价为含税售价,销售收入 = 2 712×1 000÷(1+13%) = 2 400 000(元)。会计处理如下:

借:库存商品——旧电视机　　　　　　　　　　　　　　　　400 000
　　库存现金　　　　　　　　　　　　　　　　　　　　　2 312 000
　贷:主营业务收入　　　　　　　　　　　　　　　　　　　2 400 000
　　　应交税费——应交增值税(销项税额)　　　　　　　　　312 000

【案例4-2-13】 宏新有限公司是一般纳税人,2020年11月采用以旧换新的销售方式销售排量为1.5升的小汽车1辆,不含税销售价格为10万元,开具机动车销售统一发票;顾客的旧车估值3万元,并按含税价3.09万元销售给第三方公司。

【税务管理建议】

会计处理如下:

(1)销售汽车时。

借:银行存款　　　　　　　　　　　　　　　　　　　　　　83 000
　　库存商品——旧汽车　　　　　　　　　　　　　　　　　 30 000
　贷:主营业务收入　　　　　　　　　　　　　　　　　　　 100 000
　　　应交税费——应交增值税(销项税额)　　　　　　　　　 13 000

借：税金及附加 3 000
　　贷：应交税费——应交消费税 3 000

注：1.5 升小汽车的消费税税率为 3%。

（2）销售旧汽车时。

借：银行存款 30 900
　　贷：主营业务收入 30 300
　　　　应交税费——应交增值税（销项税额） 600

注：按销售旧货计算缴纳增值税，30 900÷1.03×0.02=600（元）。

（3）月末结转旧汽车销售成本。

借：主营业务成本 30 000
　　贷：库存商品 30 000

【案例 4-2-14】 A 珠宝店通过以旧换新方式，用足金戒指 100 克（含税售价每克 160 元），从消费者手中换回足金旧戒指 100 克，旧戒指的含税金额为 15 200 元，实际收取的含税金额为 800 元。

【税务管理建议】

增值税销项税额=800÷(1+13%)×13%=100.97（元）；金银首饰零售环节税率为 5%，应缴纳消费税=800÷(1+13%)×5%=35.40（元）。

借：银行存款 800
　　库存商品——旧金银首饰 15 200
　　贷：主营业务收入 15 899.03
　　　　应交税费——应交增值税（销项税额） 100.97

同时计提消费税：

借：税金及附加 35.4
　　贷：应交税费——应交消费税 35.4

3. 售后回购业务的税务管理

售后回购是指企业销售商品的同时承诺或有权选择日后再将该商品（包括相同或几乎相同的商品，或以该商品作为组成部分的商品）购回的销售方式。

1）会计处理

根据《企业会计准则第 14 号——收入》第三十八条规定，对于售后回购交易，企业应当区分下列两种情形分别进行会计处理：

第一，企业因存在与客户的远期安排而负有回购义务或企业享有回购权利的，表明客户在销售时点并未取得相关商品控制权，企业应作为租赁交易或融资交易进行相应的会计处理。其中，回购价格低于原售价的，应视为租赁交易，按照《企业会计准则第 21 号——租赁》的相关规定进行会计处理；回购价格不低于原售价的，应视为融资交易，在收到客户款项时确认金融负债,并将该款项和回购价格的差额在回购期间内确认为利息费用等。企业到期未行使回购权利的,应当在该回购权利到期时终止确认金融负债,同时确认收入。

第二,企业负有应客户要求回购商品义务的,应在合同开始日评估客户是否具有行使该要求权的重大经济动因。客户具有行使该要求权重大经济动因的,企业应当将售后回购作为租赁交易或融资交易,按照第一种情形的规定进行会计处理;否则,企业应当将其作为附有销售退回条款的销售交易,按照本准则第三十二条规定进行会计处理。第三十二条规定,对于附有销售退回条款的销售,企业应当在客户取得相关商品控制权时,按照因向客户转让商品而预期有权收取的对价金额(即不包含预期因销售退回将退还的金额)确认收入,按照预期因销售退回将退还的金额确认负债;同时,按照预期将退回商品转让时的账面价值,扣除收回该商品预计发生的成本(包括退回商品的价值减损)后的余额,确认为一项资产,按照所转让商品转让时的账面价值,扣除上述资产成本的净额结转成本。每一资产负债表日,企业应当重新估计未来销售退回情况,如有变化,应当作为会计估计变更进行会计处理。

因此,售后回购在会计处理方面有两种情况:

第一种,回购价格小于原售价,应当按照租赁准则进行会计处理,视为租赁交易。这种租赁交易一般构成经营租赁,出售方(出租方)应在约定的期限内按合理方法分摊回购价格与原售价之间的差额,确认为当期租赁收入。

第二种,回购价格大于或等于原售价,应当视为融资交易,在收到客户款项时确认金融负债,并将该款项和回购价格的差额在回购期间内确认为利息费用等。

对方企业到期未行使回购权利的,应当在该回购权利到期时终止金融负债的确认,同时确认收入。

2) 税务处理

根据《国家税务总局关于确认企业所得税收入若干问题的通知》(国税函〔2008〕875号)第一条规定,采用售后回购方式销售商品的,销售的商品按售价确认收入,回购的商品作为购进商品处理。有证据表明不符合销售收入确认条件的,如以销售商品方式进行融资,收到的款项应确认为负债,回购价格大于原售价的,差额应在回购期间确认为利息费用。

【案例4-2-15】 回购价格大于原售价的售后回购方式销售商品的财税处理。

甲公司在2020年7月1日与乙公司签订一项销售合同,根据合同向乙公司销售一批商品,开出的增值税专用发票上注明的销售价格为100万元,增值税额为13万元。商品尚未发出,款项已收到。该批商品的成本为80万元。7月2日,签订的补充合同约定,甲公司应于同年11月30日将所售商品购回,回购价为110万元(不含增值税额)。乙公司在2020年行使了回购的权力,甲公司按约定支付回购价款127.6万元,并取得增值税专用发票。假定甲公司已执行新收入准则。请对甲公司2020年度售后回购进行财税处理。

【税务管理建议】

1. 会计处理

(1) 2020 年 7 月 1 日,收到货款。

借:银行存款	1 130 000	
贷:应交税费——应交增值税(销项税额)		130 000
合同负债		1 000 000

(2) 回购价格大于原售价的差额,应在回购期间计提利息,计入财务费用。

借:财务费用——售后回购融资利息	100 000	
贷:合同负债		100 000

(3) 11 月 30 日回购商品时,收到的增值税专用发票并支付回购价款。

借:应交税费——应交增值税(进项税额)	143 000	
其他应付款	1 100 000	
贷:银行存款		1 243 000

2. 税务处理及纳税调整

根据《国家税务总局关于确认企业所得税收入若干问题的通知》(国税函〔2008〕875 号)规定,本案例满足"以销售商品方式进行融资"的条件,不确认企业所得税的应税收入。税务处理与会计处理一致,不作纳税调整。

【案例 4-2-16】 回购价格低于原售价的售后回购销售商品的财税处理。

A 公司是一家钢铁制造企业,生产建筑用架管。在 2020 年 6 月 30 日与 B 公司签订一项销售合同,根据合同向 B 公司销售一批架管,开出的增值税专用发票上注明的销售价格为 110 万元,增值税额为 14.3 万元。当日商品发出,款项已收到。该批商品的成本为 80 万元。7 月 1 日,签订的补充合同约定,A 公司应于 2022 年 6 月 30 日将所售商品购回,回购价为 80 万元(不含增值税额),价税合计 90.4 万元。B 公司在 2022 年行使了回购的权力,A 公司按约定支付回购价款 90.4 万元,并取得增值税专用发票。

假设架管可以使用 8 年,在使用期间按平均年限法折旧,预计净残值率为 10%。

【税务管理建议】

本案例中,回购价格低于原售价,根据新修订的收入准则规定,应当按照租赁准则进行会计处理,视为租赁交易。根据租赁准则规定,案例中售后回购形成的租赁属于经营性租赁,不构成融资性租赁。

1. 会计处理

(1) 2020 年 6 月 30 日,收到销售款。

借:银行存款	1 243 000	
贷:合同负债		1 100 000
应交税费——应交增值税(销项税额)		143 000

同时,发出商品:

借:固定资产——出租固定资产(架管)   800 000
  贷:存货   800 000

(2) 2020年度确认租赁收入。

假定按直线法分配,则2020年度应分配确认收入=(110-80)÷2×2=7.5(万元)。

借:合同负债   75 000
  贷:其他业务收入——租赁收入   75 000

同样道理,2021年度应确认租赁收入15万元,2022年度应确认租赁收入7.5万元。会计分录不再赘述。

(3) 2020年度确认架管折旧。

$$2020年度折旧额 = 80×(1-10\%)÷(8×2) = 4.5(万元)$$

借:其他业务成本——租赁成本   45 000
  贷:累计折旧   45 000

同样道理,2021年度应确认租赁成本及固定资产折旧9万元,2022年度应确认租赁成本和固定资产折旧4.5万元。会计分录不再赘述。

(4) 2022年6月所售商品进行回购。

借:合同负债   800 000
  应交税费——应交增值税(进项税额)   128 000
  贷:银行存款   928 000

对于回购的架管,根据A公司对其后续处理,作出恰当的会计处理。如果是继续用于出租,则不做会计处理,将其继续保留在"固定资产——出租固定资产"科目内即可。如果折价销售处理,直接按照固定资产清理进行会计处理。

假定A公司在收回该批架管后,在2022年7月以75万元(不含税价)又对外出售并收到货款。则会计处理如下:

第一步:

借:固定资产清理   620 000
  贷:固定资产——出租固定资产(架管)   (80-9×2)620 000

第二步:

借:银行存款   847 500
  贷:固定资产清理   750 000
    应交税费——应交增值税(销项税额)   97 500

第三步:

借:固定资产清理   130 000
  贷:资产处置收益   130 000

2. 税务处理

(1) 增值税：案例中售后回购的增值税处理，会计处理与税务处理是一致的。

(2) 企业所得税：

根据《国家税务总局关于确认企业所得税收入若干问题的通知》（国税函〔2008〕875号）第一条规定，对于有证据表明不符合销售收入确认条件的，如以销售商品方式进行融资，收到的款项应确认为负债，回购价格大于原售价的，差额应在回购期间确认为利息费用。

该项规定直接点明了回购价格大于原售价的情况，但是对于回购价格低于原售价的情况并没有详细阐明。对于"有证据表明"的证据具体是什么，后续也没有相关规定进行明确，因此实务中很多税务机关都只是认可回购价格大于原售价的情况下，才可以做负债确认而不做收入确认。因此，为了避免产生税务争议以及税务风险，建议对于售后回购的回购价格低于原售价的，在税务处理时还是先做收入确认。

因此，A公司2020年度对于架管应确认销售收入110万元，销售成本80万元；2020年度应确认购入资产，计税基础是80万元。

3. 税会差异分析

2020年度：会计上，确认收入7.5万元，确认成本4.5万元；而税务方面，需要确认收入110万元，成本80万元。其中差异均需要做纳税调整。

2021年度：会计上确认了租赁收入和成本，而税务方面不需要确认租赁收入和成本，因此也需要进行纳税调整。

2022年度：会计上确认收入和成本，而税务方面仍然不需要确认租赁收入和成本，仅需要确认购入资产及计税基础即可。但是，售后回购的管架计税基础是回购价格，因此计税基础是80万元；而会计处理的结果，管架已经作为出租的固定资产处理，通过两年折旧，到2022年6月30日时，其资产的账面价值是62万元（80−9×2）。另外，税务上回购资产仍然属于存货性质，与会计处理计入固定资产也是存在差异的。如有后续处置，也要注意资产类别的差异。

4. 纳税调整

下面通过A公司企业所得税申报表填报来说明纳税调整的具体过程。

1) 2020年度填报与调整过程

第一步：填写《A101010 一般企业收入明细表》，如表4-6所示。

表4-6 A101010 一般企业收入明细表

行次	项目	金额/万元
1	一、营业收入(2+9)	7.5
9	（二）其他业务收入(10+12+13+14+15)	7.5
12	2. 出租固定资产收入	7.5

第二步：填写《A102010 一般企业成本支出明细表》，如表4-7所示。

表 4-7 A102010 一般企业成本支出明细表

行次	项目	金额/万元
1	一、营业成本(2+9)	4.5
9	(一)其他业务成本(10+12+13+14+15)	4.5
12	2.出租固定资产成本	4.5

第三步:填写《A105010 视同销售和房地产开发企业特定业务纳税调整明细表》,如表 4-8 所示。

表 4-8 A105010 视同销售和房地产开发企业特定业务纳税调整明细表

行次	项目	税收金额/万元	纳税调整金额/万元
		1	2
1	一、视同销售(营业)收入(2+3+4+5+6+7+8+9+10)	102.5	102.5
10	(九)其他	102.5	102.5
11	二、视同销售(营业成本)(12+13+14+15+16+17+18+19+20)	80	80
20	(九)其他	80	80

说明:会计处理在 2020 年度已经确认收入 7.5 万元,所以此处调增收入金额=110-7.5=102.50(万元);而会计处理虽然确认了成本 4.5 万元,但是通过固定资产折旧来的,故销售成本还是应保持 80 万元不变,会计上多出的折旧额单独通过资产折旧来调整。

第四步:填写《A105080 资产折旧、摊销情况及纳税调整明细表》,如表 4-9 所示。

表 4-9 A105080 资产折旧、摊销情况及纳税调整明细表

行次	项目	账载金额/万元			税收金额/万元					纳税调整金额/万元
		资产原值	本年折旧、摊销额	累计折旧、摊销额	资产计税基础	税收折旧、摊销额	享受加速折旧政策的资产按税收一般规定计算的折旧、摊销额	加速折旧、摊销统计额	累计折旧、摊销额	
		1	2	3	4	5	6	7=5-6	8	9(2-5)
1	一、固定资产(2+3+4+5+6+7)	80	80	0	0	0	*	*	0	4.5
7	所有固定资产(六)其他	4.5	4.5	0	0	0	*	*	0	4.5

第五步:填写《A105000 纳税调整项目明细表》,如表 4-10 所示。

表 4-10　A105000 纳税调整项目明细表

行次	项目	账载金额/万元	税收金额/万元	调增金额/万元	调减金额/万元
		1	2	3	4
1	一、收入类调整项目(2+3+…+8+10+11)	*	*	102.5	0
2	(一)视同销售收入(填写 A105010)	*	102.5	102.5	*
12	二、扣除类调整项目(13+14+…+24+26+27+28+29+30)	*	*	0	80
13	(一)视同销售成本(填写 A105010)	*	80	*	80
31	三、资产类调整项目(32+33+34+35)	*	*	4.5	0
32	(一)资产折旧、摊销(0 填写 A105080)	4.5	0	4.5	0

说明:通过以上步骤的纳税调整,其纳税申报的最终结果体现的就是税务处理的结果。应税收入=会计收入+纳税调增=7.5+102.5=110(万元);销售成本=纳税调增=80(万元);资产折旧=会计折旧额-纳税调整=4.5-4.5=0。

2)2021 年度填报与纳税调整

在 2021 年度,会计上继续确认了租赁收入与租赁成本,而税务上都不予认可,因此对于租赁收入和租赁成本都应进行纳税调整,将其调整后最终体现为 0,具体调整过程就不再赘述。

3)2022 年度填报与纳税调整

假定 2022 年回购后直接折价处理,销售价格为 75 万元,即前述"会计处理"环节最后的会计分录。

第一步:填写《A101010 一般企业收入明细表》,如表 4-11 所示。

表 4-11　A101010 一般企业收入明细表

行次	项目	金额/万元
1	一、营业收入(2+9)	7.5
9	(二)其他业务收入(10+12+13+14+15)	7.5
12	2. 出租固定资产收入	7.5
16	二、营业外收入(17+18+19+20+21+22+23+24+25+26)	13
17	(一)非流动资产处置利得	13

第二步:填写《A102010 一般企业成本支出明细表》,如表 4-12 所示。

表 4-12　A102010 一般企业成本支出明细表

行次	项目	金额/万元
1	一、营业成本(2+9)	4.5
9	(一)其他业务成本(10+12+13+14+15)	4.5
12	2.出租固定资产成本	4.5

第三步:填写《A105010 视同销售和房地产开发企业特定业务纳税调整明细表》,如表 4-13 所示。

表 4-13　A105010 视同销售和房地产开发企业特定业务纳税调整明细表

行次	项目	税收金额/万元	纳税调整金额/万元
		1	2
1	一、视同销售(营业)收入(2+3+4+5+6+7+8+9+10)	75	75
10	(九)其他	75	75
11	二、视同销售(营业成本)(12+13+14+15+16+17+18+19+20)	80	80
20	(九)其他	80	80

说明:架管回购后折价销售,会计上没有确认销售收入,而是作为固定资产清理处理的,故应做视同销售纳税调整,视同销售收入就是收到的不含税金额,而架管在回购时的计税基础是 80 万元,故视同销售成本就应该是 80 万元。

第四步:填写《A105080 资产折旧、摊销情况及纳税调整明细表》,如表 4-14 所示。

表 4-14　A105080 资产折旧、摊销情况及纳税调整明细表

行次	项目	账载金额/万元			税收金额/万元					纳税调整金额/万元
		资产原值	本年折旧、摊销额	累计折旧、摊销额	资产计税基础	税收折旧、摊销额	享受加速折旧政策的资产按税收一般规定计算的折旧、摊销额	加速折旧、摊销统计额	累计折旧、摊销额	
		1	2	3	4	5	6	7=5-6	8	9(2-5)
1	一、固定资产(2+3+4+5+6+7)	80	80	18	0	0	*	*	0	4.5
7	所有固定资产(六)其他	4.5	4.5	18	0	0	*	*	0	4.5

第五步:填写《A105000 纳税调整项目明细表》,如表 4-15 所示。

表 4-15　A105000 纳税调整项目明细表

行次	项目	账载金额/万元	税收金额/万元	调增金额/万元	调减金额/万元
		1	2	3	4
1	一、收入类调整项目(2+3+…+8+10+11)	*	*	75	13
2	（一）视同销售收入（填写 A105010）	*	75	75	*
11	（十七）其他	13	0	0	13
12	二、扣除类调整项目(13+14+…+24+26+27+28+29+30)	*	*	0	80
13	（一）视同销售成本（填写 A105010）	*	80	*	80
31	三、资产类调整项目(32+33+34+35)	*	*	4.5	0
32	（一）资产折旧、摊销（0 填写 A105080）	4.5	0	4.5	0

说明：由于会计处理确认了固定资产清理的"非流动资产处置利得"13 万元，而税务上应确认架管的商品销售额，所以此处应调减收入 13 万元。

注：资料来源黄德荣著《解读企业所得税》，黑龙江人民出版社，2013 年 9 月出版。

4. 还本销售的税务管理

还本销售是指企业销售货物后，在规定的期限内将全部（部分）销售货款一次（分次）无条件退还给购货方的一种销售方式。因为还本销售方式购买商品，购买方几年后还可以收回支付的购货款，所以对购买方存在很大的诱惑力，起到促销的作用。而且采用这种方式销售，一般售价是高于同类商品售价的，这样就必然使企业在当期销售额随之增多，企业可得到大量的货币资金。因此，有的企业利用还本销售的目的是进行融资，有的是促销，有的是促销和融资两者兼而有之。

1) 会计处理

在企业实务中，还本销售取得的收入和到期还本的会计处理程序如下：

（1）取得收入时。

借：银行存款
　　贷：主营业务收入
　　　　应交税费——应交增值税（销项税额）

（2）结转成本时。

借：主营业务成本
　　贷：库存商品

对于以后还本支出，要区别处理。还本销售若是为了融资，则要通过"财务费用"科目核算；若是为了促销，则要通过"销售费用"科目核算；若是融资和促销兼而有之，那就要依据实际情况,分别通过"财务费用"和"销售费用"科目核算。对于还本支出,要分摊在销售和支付还本款期间,按年或月计提并计入相关费用科目。

(1) 计提时。

借:财务费用/销售费用
　　贷:其他应付款

(2) 支付还本金时。

借:其他应付款
　　贷:银行存款/库存现金等

2) 税务处理

根据《国家税务总局关于印发〈增值税若干具体问题的规定〉的通知》(国税发〔1993〕154号)规定,纳税人采取以旧换新方式销售货物,应按新货物的同期销售价格确定销售额;纳税人采取还本销售方式销售货物,不得从销售额中减除还本支出。

根据《企业所得税法》第八条规定,企业实际发生的与取得收入有关的、合理的支出,包括成本、费用、税金、损失和其他支出,准予在计算应纳税所得额时扣除。根据《企业所得税法实施条例》第二十七条规定,《企业所得税法》第八条所称有关的支出,是指与取得收入直接相关的支出。所称合理的支出,是指符合生产经营活动常规,应当计入当期损益或者有关资产成本的必要和正常的支出。基于此规定,还本支出是与企业的经营业务有关,是可以在企业所得税税前进行扣除。

【案例4-2-17】 A企业为一般纳税人,该企业生产销售甲产品,每件成本为800元,市场上同类商品售价每件为1 200元。2020年3月,A企业采用还本销售方式向甲企业销售甲产品200件。合同上规定该批产品的总价款是339 000元,其中增值税专用发票上开具的产品价款为300 000元,销项税额为39 000元,6年后全额即按339 000元,一次还本。该还本销售方式以筹资为目的,用于投资、补充运营资金。

【税务管理建议】

实现销售收入时,依据税法规定,增值税额按实际售价计算,根据增值税专用发票记账联、银行收款凭单、销售凭单等原始凭证,编制如下会计分录:

借:银行存款　　　　　　　　　　　　　　　　　　　　　　　339 000
　　贷:主营业务收入　　　　　　　　　　　　　　　　　　　　300 000
　　　　应交税费——应交增值税(销项税额)　　　　　　　　　 39 000

结转销售成本时,根据出库单等原始凭证,编制如下会计分录:

借:主营业务成本——甲产品　　　　　　　　　　　(800×200)160 000
　　贷:库存商品——甲产品　　　　　　　　　　　　　　　　　160 000

每年预提还本支出,该还本销售方式以融资为目的,用于投资、补充运营资金,因此要计入当期财务费用。根据预提计算单等原始凭证,编制如下会计分录:

借：财务费用——还本支出　　　　　　　　　　　　　　　(339 000÷6)56 500
　　贷：其他应付款——还本支出　　　　　　　　　　　　　　　　　56 500

6年到期后，预提的还本支出额为351 000元。支付还本额时，根据银行付款凭单等原始凭证，编制如下会计分录：

借：其他应付款——还本支出　　　　　　　　　　　　　　　　　339 000
　　贷：银行存款/库存现金　　　　　　　　　　　　　　　　　　　339 000

5. 以物易物的税务管理

以物易物是一种较为特殊的购销活动，是指购销双方不是以货币结算，而是以同等价款的货物相互结算，实现货物购销的一种方式。

1）会计处理

根据《企业会计准则第7号——非货币性资产交换》第六条规定，非货币性资产交换同时满足下列条件的，应当以公允价值为基础计量：①该项交换具有商业实质；②换入资产或换出资产的公允价值能够可靠地计量。

换入资产和换出资产的公允价值均能够可靠计量的，应当以换出资产的公允价值为基础计量，但有确凿证据表明换入资产的公允价值更加可靠的除外。

根据《企业会计准则第7号——非货币性资产交换》第九条规定，以公允价值为基础计量的非货币性资产交换，涉及补价的，应当按照下列规定进行处理：

支付补价的，以换出资产的公允价值，加上支付补价的公允价值和应支付的相关税费，作为换入资产的成本，换出资产的公允价值与其账面价值之间的差额计入当期损益。

有确凿证据表明换入资产的公允价值更加可靠的，以换入资产的公允价值和应支付的相关税费作为换入资产的初始计量金额，换入资产的公允价值减去支付补价的公允价值，与换出资产账面价值之间的差额计入当期损益。

收到补价的，以换出资产的公允价值，减去收到补价的公允价值，加上应支付的相关税费，作为换入资产的成本，换出资产的公允价值与其账面价值之间的差额计入当期损益。

有确凿证据表明换入资产的公允价值更加可靠的，以换入资产的公允价值和应支付的相关税费作为换入资产的初始计量金额，换入资产的公允价值加上收到补价的公允价值，与换出资产账面价值之间的差额计入当期损益。

2）税务处理

双方未相互开具增值税专用发票，则双方均应计算销项税额，而不能抵扣进项税额；双方相互开具增值税专用发票，则双方均应计算销项税额，进项税额可抵扣。

根据《国家税务局关于印花税若干具体问题的解释和规定的通知》（国税发〔1991〕155号）规定，商品购销活动中，采用以货换货方式进行商品交易签订的合同，是反映既购又销双重经济行为的合同。对此，应按合同所载的购、销合计金额计税贴花。合同未列明金额的，应按合同所载购、销数量依照国家牌价或市场价格计算应纳税金额。

根据《企业所得税法实施条例》第二十五条规定,企业发生的非货币性资产交换,以及将货物、财产、劳务用于捐赠、偿债、赞助、集资、广告、样品、职工福利或者利润分配等用途的,应当视同销售货物、转让财产或者提供劳务。除另有规定外,均应一次计入确认收入的年度计算缴纳企业所得税。在企业所得税处理时,按照公允价值计量的非货币性资产交换,将换出资产的公允价值与其账面价值之间的差额计入当期损益,所得税视同销售,一般税会没有差异;按照账面价值计量的非货币性资产交换,会计上按照账面价值结转没有处置损益,而所得税视同销售,需确认处置损益进行纳税调整。

(十) 视同销售行为的税务管理

1. 视同销售行为的税收政策分析

1) 增值税视同销售行为的税收政策分析

根据《增值税条例实施细则》第四条规定,单位或者个体工商户的下列行为,视同销售货物:①将货物交付其他单位或者个人代销;②销售代销货物;③设有两个以上机构并实行统一核算的纳税人,将货物从一个机构移送其他机构用于销售,但相关机构设在同一县(市)的除外;④将自产或者委托加工的货物用于非增值税应税项目;⑤将自产、委托加工的货物用于集体福利或者个人消费;⑥将自产、委托加工或者购进的货物作为投资,提供给其他单位或者个体工商户;⑦将自产、委托加工或者购进的货物分配给股东或者投资者;⑧将自产、委托加工或者购进的货物无偿赠送其他单位或者个人。

根据《财政部 国家税务总局关于全面推开营业税改征增值税试点的通知》(财税〔2016〕36号)附件1第十四条规定,下列情形视同销售服务、无形资产或者不动产:①单位或者个体工商户向其他单位或者个人无偿提供服务,但用于公益事业或者以社会公众为对象的除外;②单位或者个人向其他单位或者个人无偿转让无形资产或者不动产,但用于公益事业或者以社会公众为对象的除外;③财政部和国家税务总局规定的其他情形。

根据《中华人民共和国增值税法》(征求意见稿)第十一条规定,下列情形视同应税交易,应当依照本法规定缴纳增值税:①单位和个体工商户将自产或者委托加工的货物用于集体福利或者个人消费;②单位和个体工商户无偿赠送货物,但用于公益事业的除外;③单位和个人无偿赠送无形资产、不动产或者金融商品,但用于公益事业的除外;④国务院财政、税务主管部门规定的其他情形。第十二条规定,下列项目视为非应税交易,不征收增值税:①员工为受雇单位或者雇主提供取得工资薪金的服务;②行政单位收缴的行政事业性收费、政府性基金;③因征收征用而取得补偿;④存款利息收入;⑤国务院财政、税务主管部门规定的其他情形。

以上三个文件,虽然第一个文件和第二个文件是目前的有效文件,第三个文件目前还没有正式生效,但从三个文件的立法精神和演变过程可以看出,增值税的视同销售行为未来主要聚焦在"无偿赠送"行为,用于职工福利和个人消费只是"无偿赠送"的特殊形式而已。

2) 企业所得税视同销售政策分析

根据《企业所得税法实施条例》第二十五条规定,企业发生非货币性资产交换,以及将货物、财产、劳务用于捐赠、偿债、赞助、集资、广告、样品、职工福利或者利润分配等用途的,应当视同销售货物、转让财产或者提供劳务,但国务院财政、税务主管部门另有规定的除外。

根据《国家税务总局关于企业处置资产所得税处理问题的通知》(国税函〔2008〕828号)规定,企业发生下列情形的处置资产,除将资产转移至境外以外,由于资产所有权属在形式和实质上均不发生改变,可作为内部处置资产,不视同销售确认收入,相关资产的计税基础延续计算:①将资产用于生产、制造、加工另一产品;②改变资产形状、结构或性能;③改变资产用途(如自建商品房转为自用或经营);④将资产在总机构及其分支机构之间转移;⑤上述两种或两种以上情形的混合;⑥其他不改变资产所有权属的用途。

企业将资产移送他人的下列情形,因资产所有权属已发生改变而不属于内部处置资产,应按规定视同销售确定收入:①用于市场推广或销售;②用于交际应酬;③用于职工奖励或福利;④用于股息分配;⑤用于对外捐赠;⑥其他改变资产所有权属的用途。

国税函〔2008〕828号文件突破了《企业所得税法实施条例》第二十五条的有关规定,增加了"用于交际应酬"条款。视同销售税会差异如表4-16所示。

表4-16 视同销售税会差异

项目	会计收入	增值税	企业所得税
将货物交付其他单位或者个人代销	√	√	√
销售代销货物	√	√	√
统一核算,异地移送	×	√	×
自产、委托加工货物用于非应税项目	×	√(失效)	×
外购货物用于非应税项目	×	×	×
自产、委托加工用于集体福利、个人消费	√	√	√
外购货物用于集体福利、个人消费	×	×	×
投资(自产、委托加工、外购)	√	√	√
分配(自产、委托加工、外购)	√	√	√
赠送(自产、委托加工、外购)	×	√	√

注:√表示确认收入,×表示不确认收入。

(十一)销售应税消费品的税务管理

消费税是对在我国境内生产、委托加工和进口应税消费品的单位和个人所征收的一种税。征收消费税的应税消费品包括烟、酒、高档化妆品、贵重首饰及珠宝玉石、鞭炮和焰火、汽油、柴油、摩托车、小汽车等。消费税的具体税目及税率如表4-17所示。

表 4-17 消费税的具体税目及税率

税目	税率
一、烟 1. 卷烟 （1）甲类卷烟［调拨价 70 元（不含增值税）/条以上（含 70 元）］ （2）乙类卷烟［调拨价 70 元（不含增值税）/条以下］ 商业批发 2. 雪茄烟 3. 烟丝	56％加 0.003 元/支（生产环节） 36％加 0.003 元/支（生产环节） 11％加 0.005 元/支（批发环节） 36％ 30％
二、酒 1. 白酒 2. 黄酒 3. 啤酒 （1）甲类啤酒 （2）乙类啤酒 4. 其他酒	20％加 0.5 元/500 克（或 500 毫升） 240 元/吨 250 元/吨 220 元/吨 10％
三、高档化妆品	15％
四、贵重首饰及珠宝玉石 1.金银首饰、铂金首饰和钻石及钻石饰品 2.其他贵重首饰和珠宝玉石	5％ 10％
五、鞭炮、焰火	15％
六、成品油 1. 汽油 2. 柴油 3. 航空煤油 4. 石脑油 5. 溶剂油 6. 润滑油 7. 燃料油	1.52 元/升 1.2 元/升 1.2 元/升 1.52 元/升 1.52 元/升 1.52 元/升 1.2 元/升
七、摩托车 1. 气缸容量在 250 毫升（含）以下的 2. 气缸容量在 250 毫升（不含）以上的	3％ 10％
八、小汽车 1. 乘用车 （1）气缸容量在 1.0 升（含 1.0 升）以下的 （2）气缸容量在 1.0 升以上至 1.5 升（含 1.5 升）的 （3）气缸容量在 1.5 升以上至 2.0 升（含 2.0 升）的 （4）气缸容量在 2.0 升以上至 2.5 升（含 2.5 升）的 （5）气缸容量在 2.5 升以上至 3.0 升（含 3.0 升）的 （6）气缸容量在 3.0 升以上至 4.0 升（含 4.0 升）的 （7）气缸容量在 4.0 升以上的 2. 中轻型商用客车 3. 超豪华小汽车	1％ 3％ 5％ 9％ 12％ 25％ 40％ 5％ 按子税目 1 和子税目 2 的规定征收 零售环节 10％

(续表)

税目	税率
九、高尔夫球及球具	10%
十、高档手表	20%
十一、游艇	10%
十二、木制一次性筷子	5%
十三、实木地板	5%
十四、电池	4%
十五、涂料	4%

1. 会计处理

(1) 对于销售自制应税消费品,应当按应缴的消费税,借记"税金及附加"科目,贷记"应交税费——应交消费税"科目。同时还需作与销售收入和应缴增值税有关的账务处理。

(2) 对于把应税消费品作为投资的,将按规定把应缴纳的消费税计入长期投资总额,借记"长期股权投资"科目,贷记"应交税费——应交消费税"科目。

(3) 对于视同销售自制应税消费品应缴消费税的,按规定将应缴的消费税,借记"税金及附加"科目,贷记"应交税费——应交消费税"科目。

(4) 对于自产自用应税消费品应缴消费税的,按规定将应缴的消费税,借记"固定资产""在建工程""营业外支出""销售费用""应付职工薪酬"等科目,贷记"应交税费——应交消费税"科目。

(5) 对于应税消费品的包装物随同消费品一同出售但单独计价的,按规定应缴的消费税,借记"其他业务支出"科目,贷记"应交税费——应交消费税"科目。若逾期未退还包装物押金,其中按规定应缴纳的消费税借记"其他业务支出""其他应付款"等科目,贷记"应交税费——应交消费税"科目。若其中涉及包装物成本和净收入结转及计征增值税等内容,应在会计分录中一并处理。

(6) 对于向税务机关交纳消费税款的,纳税人发生应税行为后已按规定计算的消费税,记入"应交税费——应交消费税"科目的贷方。纳税人应在规定纳税期限内主动向税务机关申报纳税,利用银行转账方式结交税款。编制会计分录时,按实际交纳的消费税,借记"应交税费——应交消费税"科目,贷记"银行存款"科目,若有销货退回,则编制相反的会计分录。

(7) 对于委托加工应税消费品的,受托方在委托方提货时代扣代缴税款。受托方按应扣税款额借记"银行存款""应收账款"等科目,贷记"应交税费——应交消费税"科目。委托方收回应税消费品后,若直接用于销售,则应将代扣代缴的消费税计入委托加工的应税消费品成本,借记"委托加工材料""生产成本""自制半成品"等科目,贷记"应付账款""银行存款"等科目。若委托方将收回的应税消费品用于连续生产应税消费品,按规定准予抵扣消费税的,则委托方应将代扣代缴的消费税款借记"应交税费——应交消费税"科目,贷记"应付账款""银行存款"等科目。

(8) 对于进口应税消费品的,应凭海关提供的完税凭证中所列消费税,将其计入该项消费品成本,借记"固定资产""材料采购"等科目,贷记"银行存款"等科目。

(9) 出口应税消费品的,若按规定不予免税或退税的,应视同国内销售,按国内销售规定进行账务处理;若是出口应税消费品,按规定实行"先征后退"办法的,应依据不同情况进行账务处理。

2. 税会差异分析

1) 销售额确定的差异

税法与会计制度在应税消费品销售额的认定上存在很大的差异。会计上的销售额仅指商品的售价,没有包括价外费用。税法上销售额是指纳税人销售应税消费品应向购买方收取的全部价款和价外费用,其中价外费用包括价外收取的基金、集资费、返还利润、补贴、违约金和手续费、包装费、储备费、优质费等。此外,对包装物价值和包装物押金是否计入销售额,税法做了详细的规定,即无论包装物是否单独计价,也不论会计如何核算,均应该计入销售额中征收消费税,至于不作价随同包装物出售而只收取押金时,押金是否计入销售额,具体可以区分以下情况:①押金不计入销售额中征税,但逾期一年未收回包装物的押金应并入销售额计征消费税。②对既作价随同应税消费品销售,又另外收取押金的包装物押金,凡纳税人在规定的期限内不予归还的,均应并入销售额中计税;③对酒类产品生产企业销售酒类产品而收取的包装物押金,无论是否返还以及会计上如何核算,均应计入销售额计征消费税。

2) 产品销售收入确认时点的差异

新会计准则实行五步法确认收入,而消费税纳税义务发生时间与增值税基本相同。具体规定纳税人采取赊销和分期付款结算方式的,其纳税义务的发生时间,为销售合同规定的收款日期的当天;纳税人采取预收货款结算方式的,其纳税义务的发生时间为发出应税消费品的当天;纳税人采取托收承付和委托银行收款方式销售的应税消费品,其纳税义务的发生时间,为发出应税消费品并办妥托收手续的当天;纳税人采取其他结算方式的,其纳税义务的发生时间为收讫销售款或者取得索取销售款的凭据的当天。纳税人自产自用的应税消费品,其纳税义务的发生时间为移送使用的当天。纳税人委托加工的应税消费品,其纳税义务的发生时间,为纳税人提货的当天。纳税人进口的应税消费品,其纳税义务的发生时间为报关进口的当天。

会计制度与税法在商品销售收入确认时间上的差异进一步说明了会计制度与税法遵循不同的原则,服务于不同目的。

3) 自产自用应税消费品的计税差异

会计上只是明确提出对外销售的应税消费品才需要计征消费税,没有提及自产自用应税消费品的计税问题,更没有明确如何计算应纳消费税。但税法对此作了很多的规范,具体区分两种情况:

首先,纳税人自产自用的应税消费品,用于连续生产应税消费品的,不纳税,这体现了税不重征的原则。

其次,纳税人自产自用的应税消费品,除用于连续生产应税消费品外,凡用于其他方面的,于移送时纳税。其中"用于其他方面",是指纳税人用于生产非应税消费品和在建工程,管理部门、非生产机构、提供劳务,以及用于馈赠、赞助、集资、广告、样品、职工福利、奖励等方面的应税消费品。在计算自产自用应税消费品应计征的消费税额时,须运用"组成计税价格计算法",所谓组成计税价格计算法是指纳税人自产自用的应税消费品按纳税人当月销售的同类消费品的销售价格计算,如果当月同类各期销售价格高低不同,应按销售数量加权平均计算。没有同类消费品价格的,按照组成计税价格计算纳税,其计算公式如下:

$$组成计税价格 =(成本+利润)\div(1-消费税税率)$$

其中,成本是指应税消费品的生产成本;利润是指应税消费品的全国平均成本利润率计算的利润。

【案例 4-2-18】 W公司既生产经营普通化妆品,又生产经营高档化妆品,高档化妆品的消费税税率为15%,普通化妆品不征收消费税。2020年度,该公司高档化妆品的不含税销售额为2 000万元,普通化妆品的不含税销售额为1 000万元,如果该公司没有分别核算或者将高档化妆品与普通化妆品组成成套商品销售。

【税务管理建议】

由于该公司不分别核算销售额,应当一律按高档化妆品的税率15%征收消费税。如果该公司将高档化妆品与普通化妆品组成成套消费品销售,全部销售额也要适用15%的税率,这两种做法显然都会加重普通化妆品的税收负担。2020年度该公司应纳消费税额=(2 000+1 000)×15%=450(万元)。如果该公司事先进行税收筹划,分别核算两种经营项目。则该公司2020年度应纳消费税额=2 000×15%=300(万元),减轻了150万元的税收负担。同时,纳税人在进行纳税申报的时候,必须注意消费品的组合问题,没有必要成套销售的,就不宜采用这种销售方式。

【案例 4-2-19】 某化妆品生产厂家生产的高档化妆品,假设正常生产环节的不含税售价为每件400元,适用消费税税率为15%。

【税务管理建议】

倘若该厂经过税收策划,设立一个独立核算的子公司负责对外销售,向该子公司供货时不含税价格定为每套200元,则该厂在转移产品时须缴纳消费税30元(200×15%)。该子公司对外零售商品时不需要缴纳消费税,没有消费税负担。通过这种税收筹划,该企业每套商品可少纳消费税30元。

可见,以较低的销售价格将应税消费品销售给其独立核算的销售子公司,由于处在销售环节,只缴纳增值税不缴纳消费税,可使纳税人的整体消费税税负下降,但这种方法并不影响纳税人的增值税税负。

三、销售房产的税务管理

(一) 预收房款时的税会处理

1. 增值税及附加税的税会处理

根据《房地产开发企业销售自行开发的房地产项目增值税征收管理暂行办法》(国家税务总局公告 2016 年第 18 号)规定,不管是一般纳税人还是小规模纳税人,采取预收款方式销售自行开发的房地产项目,应在收到预收款时按照 3% 的预征率预缴增值税。计算公式为:应预缴税款＝预收款÷(1+适用税率或征收率)×3%。适用一般计税方法计税的,按照 11%(根据财政部 税务总局 海关总署公告 2019 年第 39 号规定,为 9%)的适用税率计算;适用简易计税方法计税的,按照 5% 的征收率计算。一般纳税人应在取得预收款的次月纳税申报期向主管税务机关预缴税款。

城市维护建设税、教育费附加和地方教育附加是附加税费,随着增值税的缴纳而缴纳。

根据《企业会计准则第 14 号——收入》第四条规定,企业应当在履行了合同中的履约义务,即在客户取得相关商品(或服务)控制权时确认收入。取得相关商品(或服务)控制权,是指能够主导该商品(或服务)的使用并从中获得几乎全部的经济利益。据此,由于房地产企业与购房者签订《商品房预售合同》后,购房者并未取得该商品房的控制权,企业收到的预收房款不满足收入的确认条件。所以,企业在会计处理上不确认为收入,而是通过"预收账款"科目进行单独核算,借记"银行存款"科目,贷记"预收账款"科目。预缴增值税时,借记"应交税费——预交增值税或简易计税"科目,贷记"银行存款"科目。

房地产开发企业预缴增值税附加时,借记"应交税费——应交城市维护建设税、教育费附加和地方教育附加"科目,贷记"银行存款"科目。

2. 土地增值税的税会处理

根据《土地增值税暂行条例实施细则》第十六条规定,纳税人在项目全部竣工结算前转让房地产取得的收入,由于涉及成本确定或其他原因,而无法据以计算土地增值税的,可以预征土地增值税。

根据《关于营改增后土地增值税若干征管规定的公告》(国家税务总局公告 2016 年第 70 号)规定,转让房地产的土地增值税应税收入不含增值税,适用增值税一般计税方法的纳税人,其转让房地产的土地增值税应税收入不含增值税销项税额;适用简易计税方法的纳税人,其转让房地产的土地增值税应税收入不含增值税应纳税额。计算公式为:

$$应预缴税款 = (预收款 - 应预缴增值税税款) \times 土地增值税预征率$$

房地产开发企业预缴土地增值税时,借记"应交税费——应交土地增值税"科目,贷记"银行存款"科目。

3. 企业所得税的税会处理

根据《国家税务总局关于印发〈房地产开发经营业务企业所得税处理办法〉的通知》

（国税发〔2009〕31号）第六条规定，企业通过正式签订《房地产销售合同》或《房地产预售合同》所取得的收入，应确认为销售收入的实现。第九条规定，企业销售未完工开发产品取得的收入，应先按预计计税毛利率分季（或月）计算出预计毛利额，计入当期应纳税所得额。此时会计上没有计算损益，而所得税上要计入纳税所得，存在税会差异，企业所得税汇算清缴时通过A105010《视同销售和房地产开发企业特定业务纳税调整明细表》进行纳税调整。

房地产开发企业取得预收房款，按照预计毛利率计算应纳税所得额后预缴的企业所得税，借记"应交税费——应交所得税"科目，贷记"银行存款"科目。

（二）商品房交付时的税会处理

1. 增值税的税会处理

商品房交付给客户时，企业发生增值税纳税义务，一般纳税人采用一般计税方法计算增值税销项税额，采用简易计税方法的一般纳税人和小规模纳税人要计算应纳税额。

商品房交付给客户，商品控制权发生转移，会计上满足收入确认条件，"预收账款"科目余额要转入"主营业务收入"科目，借记"预收账款"科目，贷记"主营业务收入""应交税费——应交增值税（销项税额）或简易计税"科目。

2. 土地增值税的税会处理

房地产企业交付商品房时，如果满足土地增值税的清算条件，要按照土地增值税的清算政策进行清算；不满足清算条件的，等到满足条件时再清算。

预收账款时已预交的土地增值税，记入了"应交税费——应交土地增值税"科目借方，交付商品房按照会计准则规定已满足收入确认条件，需按照结转的收入金额比例，借记"税金及附加"科目，贷记"应交税费——应交土地增值税"科目。

3. 企业所得税的税会处理

交付商品房时，会计要确认收入、成本计算利润，根据《国家税务总局关于发布〈中华人民共和国企业所得税月（季）度预缴纳税申报表（A类）〉的公告》（国家税务总局公告2021年第3号）规定，第4行"特定业务计算的应纳税所得额"：从事房地产开发等特定业务的纳税人，填报按照税收规定计算的特定业务的应纳税所得额。房地产开发企业销售未完工开发产品取得的预售收入，按照税收规定的预计计税毛利率计算出预计毛利额，扣除实际缴纳且在会计核算中未计入当期损益的土地增值税等税金及附加后的金额，在此行填报。年度所得税汇算清缴时，通过A100000《中华人民共和国企业所得税年度纳税申报表（A类）》缴纳所得税，但从"预收账款"科目转到"主营业务收入"科目的部分已按计税毛利率在以前预收账款年度所得税汇算清缴时已通过A105010《视同销售和房地产开发企业特定业务纳税调整明细表》纳税调增，所以交付商品房年度所得税汇算清缴时再通过A105010《视同销售和房地产开发企业特定业务纳税调整明细表》纳税调减。

计算出企业所得税时，借记"所得税费用"科目，贷记"应交税费——应交所得税"科目。

(三) 企业所得税上完工条件的特殊规定及其影响

根据国税发〔2009〕31号第三条规定,除土地开发之外,其他开发产品符合下列条件之一的,应视为已经完工:

(1) 开发产品竣工证明材料已报房地产管理部门备案。
(2) 开发产品已开始投入使用。
(3) 开发产品已取得了初始产权证明。

该条表明,完工条件的确认采用竣工、使用、产权孰早的原则,开发产品只要符合上述条件之一的即为完工。可见,会计上交付商品房确认收入之前,税务上可能已满足完工条件。

根据国税发〔2009〕31号第九条规定,开发产品完工后,企业应及时结算其计税成本并计算此前销售收入的实际毛利额,同时将其实际毛利额与其对应的预计毛利额之间的差额,计入当年度企业本项目与其他项目合并计算的应纳税所得额。企业所得税上之所以如此规定,就是因为实务中有些开发企业采用种种手段少缴、晚缴企业所得税,税务机关不得已而采取的税收政策。

此政策造成的影响是,税务上满足了完工条件但当年会计上没有满足收入条件时也要进行企业所得税纳税调增。

【案例4-2-20】 A公司于2016年9月将拥有的土地使用权、房屋、地上建筑物、构筑物以及地上附着物整体转让给B公司,评估价为2 000万元,其中:土地评估价500万元,有产权证房屋评估价500万元,无产权证厂房评估价400万元,地上变压器评估价200万元,围墙以及地上附着物评估价400万元。双方最终实际成交价为1 800万元。A公司整体转让房地产以及地上附着物应当如何缴纳增值税、土地增值税?应税收入如何确定?B公司整体受让应如何确认契税计税依据、房产税计税原值如何确定、增值税如何抵扣?

【税务管理建议】

1. 增值税

营改增后,销售不动产属于增值税征税范围。根据《财政部 国家税务总局关于全面推开营业税改征增值税试点的通知》(财税〔2016〕36号)规定,销售不动产,是指转让不动产所有权的业务活动。不动产,是指不能移动或者移动后会引起性质、形状改变的财产,包括建筑物、构筑物等。建筑物,包括住宅、商业营业用房、办公楼等可供居住、工作或者进行其他活动的建造物。构筑物,包括道路、桥梁、隧道、水坝等建造物。转让建筑物有限产权或者永久使用权的,转让在建的建筑物或者构筑物所有权的,以及在转让建筑物或者构筑物时一并转让其所占土地的使用权的,按照销售不动产缴纳增值税。但销售地上附着物有所区别,根据《国家税务总局关于纳税人转让土地使用权或者销售不动产同时一并销售附着于土地或者不动产上的固定资产有关税收问题的公告》(国家税务总局公告2011年第47号)等规定,纳税人转让土地使用权或者销售不动产的同时一并销售的附着于土地或者不动产上的固定资产中,凡属于增值税应税货物的,应按照《财政部 国家税务总局关于部分货物适用增值税低税率和简易办法征收增值税政策的通知》(财税〔2009〕9号)第二条有关规定,计算缴纳增值税。凡属于不动产的,应按照"销售不动产"税目计算缴纳增值税。变压器附着于土地上,也属于地上附着物。对A公司转让变压器收入应当按照"销售货物"计算缴纳增值税,以简易计税办法为例,应确认"销售货物"应税收入为174.75万元[1 800×200÷2 000÷(1+3%)]。除此之外,A公司转让土地使用权、销售房屋、建筑物、构筑物以及地上附着物一并按照"销售不动产"税目缴纳增值税。

在"销售不动产"征税上,对纳税人转让其取得的不动产,包括以直接购买、接受捐赠、接受投资入股、自建、房地产开发企业销售自行开发的房地产项目以及抵债等各种形式取得的不动产,应当区分以下情形在流转环节缴纳增值税:一是一般纳税人转让其2016年4月30日前取得(不含自建)的不动产,可以选择适用简易计税方法计税,以取得的全部价款和价外费用扣除不动产购置原价或者取得不动产时作价后的余额为销售额,按照5%的征收率计算应纳税额;二是一般纳税人转让其2016年4月30日前自建的不动产,可以选择适用简易计税方法计税,以取得的全部价款和价外费用为销售额,按照5%的征收率计算应纳税额;三是一般纳税人转让其2016年4月30日前取得(不含自建)的不动产,选择适用一般计税方法计税的,以取得的全部价款和价外费用为销售额计算应纳税额;四是一般纳税人转让其2016年4月30日前自建的不动产,选择适用一般计税方法计税的,以取得的全部价款和价外费用为销售额计算应纳税额;五是一般纳税人转让其2016年5月1日后取得(不含自建)的不动产,适用一般计税方法,以取得的全部价款和价外费用为销售额计算应纳税额;六是一般纳税人转让其2016年5月1日后自建的不动产,适用一般计税方法,以取得的全部价款和价外费用为销售额计算应纳税额。对小规模纳税人,不动产的转移分为两种不同的情况:一是转让取得的不动产差额征税;二是转让自建的不动产全额征税。以一般纳税人转让其2016年4月30日前自建的不动产选择简易计税办法为例,A公司应当确认"销售不动产"计税收入为1 620万元[(1 800−1 800×200÷2 000)÷(1+5%)]。

2. 土地增值税

根据《中华人民共和国土地增值税暂行条例》第二条规定,转让国有土地使用权、地上的建筑物及其附着物并取得收入的单位和个人,为土地增值税的纳税义务人,应当依照本条例缴纳土地增值税。根据《中华人民共和国土地增值税暂行条例实施细则》第四条规定,条例第二条所称的地上的建筑物,是指建于土地上的一切建筑物,包括地上地下的各种附属设施。条例第二条所称的附着物,是指附着于土地上的不能移动,一经移动即遭损坏的物品。根据上述规定,A公司转让土地使用权、房屋、建筑物、构筑物以及地面上不能移动的附着物均属于土地增值税征税范围。转让变压器虽然属于地上附着物范畴,但属于可以移动的固定资产,因此不属于土地增值税的征税范围。因此应确认土地增值税应税收入1 620万元[(1 800−1 800×200÷200)÷(1+5%)]。

3. 契税

根据《中华人民共和国契税法》第一条规定,在中华人民共和国境内转移土地、房屋权属,承受的单位和个人为契税的纳税人。本法所称土地、房屋权属,是指土地使用权、房屋所有权。国有土地使用权出让、土地使用权出售、房屋买卖,以成交价格为计税依据。《财政部 国家税务总局关于土地使用权转让契税计税依据的批复》(财税〔2007〕162号)进一步明确,土地使用者将土地使用权及所附建筑物、构筑物等(包括在建的房屋、其他建筑物、构筑物和其他附着物)转让给他人的,应按照转让的总价款计征契税。契税的纳税义务发生时间,为纳税人签订土地、房屋权属转移合同的当天,或者纳税人取得其他具有土地、房屋权属转移合同性质凭证的当天。其他具有土地、房屋权属转移合同性质凭证,是指具有合同效力的契约、协议、合约、单据、确认书以及由省、自治区、直辖市人民政府确定的其他凭证。因此,虽然《城市房地产管理法》规定未依法登记领取权属证书的房地产不得转让。但在契税法上,纳税义务的发生时间以权属转移合同或合同性质的凭证为依据,而非取得产权证书。但对B公司受让变压器不属于契税征税范围,因此应当确认契税计税依据为1 620万元$[(1\ 800-1\ 800\times 200\div 200)\div (1+5\%)]$。

4. 房产税计税原值的确定

根据会计制度规定,以一笔款项购入多项没有单独标价的资产,应当按照各项资产的公允价值比例与总交易价格进行分配,分别确定各项资产的入账价值。因此,B公司应分别确认无形资产(土地)入账价值$=1\ 800\times 500\div 2\ 000=450$(万元);有产权证房屋入账价值$=1\ 800\times 500\div 2\ 000=450$(万元),无产权证厂房入账价值$=1\ 800\times 400\div 2\ 000=360$(万元),地上变压器入账价值$=1\ 800\times 200\div 2\ 000=180$(万元),围墙、水泥地面、消防水池、化粪池以及地上附着物入账价值$=1\ 800\times 400\div 2\ 000=260$(万元)。同时受让房地产缴纳的契税应当与相应的各项资产予以资本化。

房产税是以房屋为征税对象,按房屋的计税余值或租金收入为计税依据,向产权所有人征收的一种财产税。房产税的课税对象是房产价值。所谓房产,是指以房屋形态表现的财产。所谓房屋,是指有屋面和围护结构(有墙和两边有柱),能遮风避雨,可供人们在其中生产、工作、学习、娱乐、居住或储藏物资的场所。根据《财政部 税务总局关于房产税和车船使用税几个业务问题的解释与规定》(财税地〔1987〕3号)规定,独立于房屋之外的建筑物,如围墙、烟囱、水塔、变电塔、油池油柜、酒窖菜窖、酒精池、糖蜜池、室外游泳池、玻璃暖房、砖瓦石灰窑以及各种油气罐等,不属于房产,不征房产税。关于房屋附属设备的解释规定,房产原值应包括与房屋不可分割的各种附属设备或一般不单独计算价值的配套设施,主要有:暖气、卫生、通风、照明、煤气等设备;各种管线,如蒸气、压缩空气、石油、给水排水等管道及电力、电讯、电缆导线;电梯、升降机、过道、晒台等。由此可见,是否为房产税的征税范围,并非以是否有房屋权为依据,对于有产权证房屋、无产权证仓库以及厂房均组成房产税的计税原值,但对变压器、围墙、水泥地面、消防水池及化粪池等,不属于房产税的征税范围。

需要说明的是,根据《财政部 国家税务总局关于安置残疾人就业单位城镇土地使用税等政策的通知》(财税〔2010〕121号)的规定,对按照房产原值计税的房产,无论会计上如何核算,房产原值均应包含地价,包括为取得土地使用权支付的价款、开发土地发生的成本费用等。宗地容积率低于0.5的,按房产建筑面积的2倍计算土地面积并据此确定计入房产原值的地价。因此,假设B公司受让A公司2016年4月30日前自建的不动产选择简易计税办法,并且宗地容积率高于0.5,则应确认房产税计税原值＝1 800×(500＋500＋400)÷2 000÷(1＋5%)＋1 800×(500＋500＋400)÷2 000÷(1＋5%)×4%＝1 200＋48＝1 248(万元)。

四、销售无形资产的税务管理

根据《财政部 国家税务总局关于全面推开营业税改征增值税试点的通知》(财税〔2016〕36号)附件1《营业税改征增值税试点实施办法》所附的"销售服务、无形资产、不动产注释"规定,销售无形资产,是指转让无形资产所有权或者使用权的业务活动。无形资产,是指不具实物形态,但能带来经济利益的资产,包括技术、商标、著作权、商誉、自然资源使用权和其他权益性无形资产。

(一) 技术转让的税务管理

技术,包括专利技术和非专利技术。自然资源使用权,包括土地使用权、海域使用权、探矿权、采矿权、取水权和其他自然资源使用权。其他权益性无形资产,包括基础设施资产经营权、公共事业特许权、配额、经营权(包括特许经营权、连锁经营权、其他经营权)、经销权、分销权、代理权、会员权、席位权、网络游戏虚拟道具、域名、名称权、肖像权、冠名权、转会费等。

1. 会计处理

无形资产摊销的处理,依照《企业会计准则第6号——无形资产》第十七条规定,使用寿命有限的无形资产,其应摊销金额应当在使用寿命内系统合理摊销。

企业摊销无形资产,应当自无形资产可供使用时起,至不再作为无形资产确认时止。

企业选择的无形资产摊销方法,应当反映企业预期消耗该项无形资产所产生的未来经济利益的方式。无法可靠确定消耗方式的,应当采用直线法摊销。

无形资产的摊销金额一般应当计入当期损益,其他会计准则另有规定的除外。

2. 税收政策分析与管理

根据《财政部 国家税务总局关于全面推开营业税改征增值税试点的通知》(财税〔2016〕36号)规定,纳税人提供技术转让、技术开发和与之相关的技术咨询、技术服务免征增值税。

技术转让、技术开发,是指上述文件中《销售服务、无形资产、不动产注释》"转让技术""研发服务"范围内的业务活动。技术咨询,是指就特定技术项目提供可行性论证、技术预测、专题技术调查、分析评价报告等业务活动。

与技术转让、技术开发相关的技术咨询、技术服务,是指转让方(或者受托方)根据技术转让或者开发合同的规定,为帮助受让方(或者委托方)掌握所转让(或者委托开发)的技术,而提供的技术咨询、技术服务业务,且这部分技术咨询、技术服务的价款与技术转让或者技术开发的价款应当在同一张发票上开具。

试点纳税人申请免征增值税时,须持技术转让、开发的书面合同,到纳税人所在地省级科技主管部门进行认定,并持有关的书面合同和科技主管部门审核意见证明文件报主管税务机关备查。

根据《中华人民共和国企业所得税法实施条例》第九十条规定,企业所得税法第二十七条第(四)项所称符合条件的技术转让所得免征、减征企业所得税,是指一个纳税年度内,居民企业技术转让所得不超过 500 万元的部分,免征企业所得税;超过 500 万元的部分,减半征收企业所得税。

根据《国家税务局关于对技术合同征收印花税问题的通知》(〔1989〕国税地字第 34 号)规定,技术转让包括:专利权转让、专利申请权转让、专利实施许可和非专利技术转让。为这些不同类型技术转让所书立的凭证,按照印花税税目税率表的规定,分别适用不同的税目、税率。其中,专利申请权转让、非专利技术转让所书立的合同,适用"技术合同"税目;专利权转让、专利实施许可所书立的合同、书据,适用"产权转移书据"税目。根据《中华人民共和国印花税暂行条例》规定,技术合同包括技术开发、转让、咨询、服务等合同,按照所载金额万分之三贴花。

(二)土地使用权转让的税务管理

根据《财政部 国家税务总局关于全面推开营业税改征增值税试点的通知》(财税〔2016〕36 号)的规定,自 2016 年 5 月 1 日起,转让土地使用权的单位和个人为增值税纳税人,应当按规定缴纳增值税,不缴纳营业税。具体计税方法、税率等如表 4-18 所示。

表 4-18 土地使用权转让的计税方法、税率

计税方法	对象	法律依据	税率
一般计税	一般纳税人	《财政部 国家税务总局关于全面推开营业税改征增值税试点的通知》(财税〔2016〕36 号)、《财政部 税务总局 海关总署关于深化增值税改革有关政策的公告》(财政部 税务总局 海关总署公告 2019 年第 39 号)	9%
	小规模纳税人		3%
简易计税	转让 2016 年 4 月 30 日前取得的土地使用权,以取得的全部价款和价外费用减去取得该土地使用权的原价后的余额为销售额	《财政部 国家税务总局关于进一步明确全面推开营改增试点有关劳务派遣服务、收费公路通行费抵扣等政策的通知》(财税〔2016〕47 号)第三条	5%
免征	将土地使用权转让给农业生产者用于农业生产	《财政部 国家税务总局关于全面推开营业税改征增值税试点的通知》(财税〔2016〕36 号)附件 3《营业税改征增值税试点过渡政策的规定》第一条第(三十五)项	

(续表)

计税方法	对象	法律依据	税率
不征	在资产重组过程中,通过合并、分立、出售、置换等方式,将全部或者部分实物资产以及与其相关联的债权、负债和劳动力一并转让给其他单位和个人,其中涉及的不动产、土地使用权转让行为	《财政部 国家税务总局关于全面推开营业税改征增值税试点的通知》(财税〔2016〕36号)附件2《营业税改征增值税试点有关事项的规定》第一条第二款第五项	

根据《中华人民共和国城市维护建设税法》第一条规定,在中华人民共和国境内缴纳增值税、消费税的单位和个人,为城市维护建设税的纳税人,应当依照本法规定缴纳城市维护建设税。城市维护建设税税率如下:①纳税人所在地在市区的,税率为7%;②纳税人所在地在县城、镇的,税率为5%;③纳税人所在地不在市区、县城或者镇的,税率为1%。

根据《土地增值税暂行条例》规定,转让国有土地使用权的行为,以转让土地使用权取得的全部收入减去法定的扣除额后的余额为土地增值额,按照累进税率征收土地增值税。

(1)增值额。纳税人转让房地产所取得的收入减除扣除项目后的余额为增值额。纳税人转让房地产所取得的收入,包括货币收入、实物收入和其他收入。

(2)计算增值额的扣除项目包括:①取得土地使用权所支付的金额;②开发土地的成本、费用;③新建房及配套设施的成本、费用,或者旧房及建筑物的评估价格;④与转让房地产有关的税金。

(3)土地增值税采取四级超率累进税率,具体标准如表4-19所示。

表4-19 四级超率累进税率

级数	增值额与扣除项目金额的比率	税率	速算扣除系数
1	不超过50%的部分	30%	0
2	超过50%~100%的部分	40%	5%
3	超过100%~200%的部分	50%	15%
4	超过200%的部分	60%	35%

根据《企业所得税法》《企业所得税法实施条例》规定,转让土地使用权取得的收入计入企业当期应纳税所得额,按适用税率计征企业所得税。

根据《财政部 国家税务总局关于印花税若干政策的通知》(财税〔2006〕162号)规定,对土地使用权出让合同、土地使用权转让合同按产权转移书据征收印花税。根据《中华人民共和国印花税暂行条例》第一条规定,在中国境内书立、领受本条例所列举凭证的单位和个人,都应按规定缴纳印花税。土地使用权转让合同属于产权转移书据,以合同中的金额为计税依据,按0.5‰的税率征收印花税。

【案例4-2-21】 某房地产开发公司2015年取得一块土地10万平方米,价款为1亿元人民币,一年后未进行开发直接对外转让,转让价款为1.5亿元人民币。计算应缴纳的土地增值税。

【税务管理建议】

转让土地使用权适用于土地增值税征税范围,需要缴纳土地增值税。

转让2016年4月30日前取得的土地使用权,可以选择适用简易计税方法计征增值税。

扣除额仅包括取得土地使用权所支付的金额以及与转让土地使用权相关的税金。

计算过程:

增值税应税销售额＝15 000－10 000＝5 000(万元)

应缴纳的增值税＝5 000÷(1＋5％)×5％＝238.1(万元)

应确认的土地增值税收入总额＝15 000－238.1＝14 761.9(万元)

应缴纳的城市维护建设税＝238.1×7％＝16.67(万元)

应缴纳的教育费附加及地方教育附加＝238.1×(3％＋2％)＝11.91(万元)

可以扣除的土地成本为10 000万元。

可以扣除的相关税费＝16.67＋11.91＝28.58(万元)

土地增值税扣除项目总额＝10 000＋28.58＝10 028.58(万元)

土地增值税增值额＝14 761.9－10 028.28×100％＝4 733.62(万元)

增值率＝4 733.62÷10 028.58×100％＝47.20％

应缴纳的土地增值税＝4 733.62×30％＝1 420.09(万元)

五、销售服务的税务管理

根据《财政部 国家税务总局关于全面推开营业税改征增值税试点的通知》(财税〔2016〕36号)附件1《营业税改征增值税试点实施办法》所附的"销售服务、无形资产、不动产注释"规定,销售服务,是指提供交通运输服务、邮政服务、电信服务、建筑服务、金融服务、现代服务、生活服务。

交通运输服务,是指利用运输工具将货物或者旅客送达目的地,使其空间位置得到转移的业务活动,包括陆路运输服务、水路运输服务、航空运输服务和管道运输服务。

邮政服务,是指中国邮政集团公司及其所属邮政企业提供邮件寄递、邮政汇兑和机要通信等邮政基本服务的业务活动,包括邮政普遍服务、邮政特殊服务和其他邮政服务。

电信服务,是指利用有线、无线的电磁系统或者光电系统等各种通信网络资源,提供语音通话服务,传送、发射、接收或者应用图像、短信等电子数据和信息的业务活动,包括基础电信服务和增值电信服务。

建筑服务,是指各类建筑物、构筑物及其附属设施的建造、修缮、装饰,线路、管道、设备、设施等的安装以及其他工程作业的业务活动,包括工程服务、安装服务、修缮服务、装饰服务和其他建筑服务。

金融服务,是指经营金融保险的业务活动,包括贷款服务、直接收费金融服务、保险服务和金融商品转让。

现代服务,是指围绕制造业、文化产业、现代物流产业等提供技术性、知识性服务的业务活动,包括研发和技术服务、信息技术服务、文化创意服务、物流辅助服务、租赁服务、鉴证咨询服务、广播影视服务、商务辅助服务和其他现代服务。

生活服务,是指为满足城乡居民日常生活需求提供的各类服务活动,包括文化体育服务、教育医疗服务、旅游娱乐服务、餐饮住宿服务、居民日常服务和其他生活服务。

(一) 建筑服务的税务管理

(1) 根据《财政部 税务总局 海关总署关于深化增值税改革有关政策的公告》(财政部 税务总局 海关总署公告2019年第39号)规定,2019年4月1日起,一般计税方法计税销售建筑服务增值税税率调整为9%。

一般纳税人地级市提供建筑服务适用一般计税方法计税的,以该销售额扣除支付的分包款后的余额,按2%预征率在建筑服务发生地预缴增值税。

(2) 根据《纳税人跨县(市、区)提供建筑服务增值税征收管理暂行办法》(国家税务总局公告2016年第17号)第四条规定,纳税人跨县(市、区)提供建筑服务,按照以下规定预缴税款:①一般纳税人跨县(市、区)提供建筑服务,适用一般计税方法计税的,以取得的全部价款和价外费用扣除支付的分包款后的余额,按照2%的预征率计算应预缴税款。②一般纳税人跨县(市、区)提供建筑服务,选择适用简易计税方法计税的,以取得的全部价款和价外费用扣除支付的分包款后的余额,按照3%的征收率计算应预缴税款。③小规模纳税人跨县(市、区)提供建筑服务,以取得的全部价款和价外费用扣除支付的分包款后的余额,按照3%的征收率计算应预缴税款。

(3) 根据《关于全面推开营业税改征增值税试点的通知》(财税〔2016〕36号)规定,①"清包工""老项目""甲供工程"等三种情形可以选择简易计税。②简易计税按照总分包差作为销售额,一般计税按照全部价款和价外费用作为销售。③简易方法计税的建筑服务,以取得的全部价款和价外费用扣除支付的分包款后的余额为销售额,按3%征收率计税。④跨地级市提供建筑服务,需要按照规定的预征率在项目所在地预缴增值税。

(4) 根据《关于全面推开营业税改征增值税试点有关税收征收管理事项的公告》(国家税务总局公告2016年第23号)规定,提供建筑服务,纳税人自行开具或者税务机关代开增值税发票时,应在发票的备注栏注明建筑服务发生地县(市、区)名称及项目名称。

(5) 根据《营业税改征增值税跨境应税行为增值税免税管理办法(试行)》(国家税务总局公告2016年第29号)规定,工程项目在境外的建筑服务免征增值税,工程总承包方和工程分包方为施工地点在境外的工程项目提供的建筑服务,均属于工程项目在境外的建筑服务。

(6) 根据《关于优化外出经营活动税收管理证明相关制度和办理程序的意见》(税总发〔2016〕106号)规定,纳税人跨省税务机关管辖区域(以下简称跨省)经营的,应按本规定开具《外管证》;纳税人在省税务机关管辖区域内跨县(市)经营的,是否开具《外管证》由省税务机关自行确定。延长建筑安装行业纳税人《外管证》有效期限,以合同约定期限为准。

(7) 根据《关于纳税人异地预缴增值税有关城市维护建设税和教育费附加政策问题的通知》(财税〔2016〕74号)规定,异地预缴增值税时应根据预缴的增值税在异地预缴附加税费。

(8) 根据《关于营改增试点若干征管问题的公告》(国家税务总局公告 2016 年第 53 号)规定,将 2017 年 17 号公告中预缴增值税时应提供合同原件,修订为提供"合同复印件(加盖纳税人公章)"。在商品和服务税收分类编码中增加 601~603 三个不征税编码,其中的 603 编码为"已申报缴纳营业税未开票补开票"。明确使用"未发生销售行为的不征税项目"编码开票时,发票税率栏应填写"不征税",不得开具增值税专用发票。

(9) 根据《关于在境外提供建筑服务等有关问题的公告》(国家税务总局公告 2016 年第 69 号)规定,境内的单位和个人为施工地点在境外的工程项目提供建筑服务,办理免税备案手续时,凡与发包方签订的建筑合同注明施工地点在境外的,可不再提供工程项目在境外的其他证明材料。纳税人提供建筑服务,被工程发包方从应支付的工程款中扣押的质押金、保证金,未开具发票的,以纳税人实际收到质押金、保证金的当天为纳税义务发生时间。

(10) 根据《关于明确金融、房地产开发、教育辅助服务等增值税政策的通知》(财税〔2016〕140 号)规定,物业服务企业为业主提供的装修服务,按照"建筑服务"缴纳增值税。纳税人将建筑施工设备出租给他人使用并配备操作人员的,按照"建筑服务"缴纳增值税。

(11) 根据《关于进一步明确营改增有关征管问题的公告》(国家税务总局公告 2017 年第 11 号)规定,纳税人销售自产货物同时提供建筑、安装服务,不属于混合销售,应分别核算货物和建筑服务的销售额,分别适用不同的税率或者征收率。建筑企业与发包方签订建筑合同后,以内部授权或者三方协议等方式,授权集团内其他纳税人(以下简称第三方)为发包方提供建筑服务,并由第三方直接与发包方结算工程款的,由第三方缴纳增值税并向发包方开具增值税发票,与发包方签订建筑合同的建筑企业不缴纳增值税。发包方可凭实际提供建筑服务的纳税人开具的增值税专用发票抵扣进项税额。纳税人在同一地级行政区范围内跨县(市、区)提供建筑服务,不需要在项目所在地预缴增值税。

(12) 根据《关于企业境外承包工程税收抵免凭证有关问题的公告》(国家税务总局公告 2017 年第 41 号)规定,对外承包工程来源于境外所得税收抵免凭证包括:①明确企业按规定取得的分割单(或复印件)可作为境外所得完税证明或纳税凭证;②明确境外所得在境外缴纳的企业所得税税额的分配方法;③明确总承包企业、联合体主导方企业开具分割单时的备案要求和留存备查资料;明确取得分割单的后续管理要求;公告适用于 2017 年度及以后年度企业所得税汇算清缴。以前年度尚未进行境外税收抵免处理的,可按公告规定执行。

(13) 根据《关于建筑服务等营改增试点政策的通知》(财税〔2017〕58 号)规定,建筑工程总承包单位为符合条件的特定甲供工程提供建筑服务,只能适用简易计税方法计税。自 2017 年 7 月 1 日起,以预收款方式提供建筑服务,收到预收款的当天不再发生纳税义务。纳税人收到预收款时,需要按照规定预缴增值税。

(14) 根据《关于创新跨区域涉税事项报验管理制度的通知》(税总发〔2017〕103 号)规定,将"外出经营活动税收管理"更名为"跨区域涉税事项报验管理";纳税人跨区域经营前填报《跨区域涉税事项报告表》;取消跨区域涉税事项报验管理的固定有效期;实行跨区域涉税事项报验管理信息电子化。

(15) 根据《关于增值税发票管理若干事项的公告》(国家税务总局公告 2017 年第 45 号)规定,自 2018 年 1 月 1 日起,纳税人通过增值税发票管理新系统开具增值税发票(包括增值税专用发票、增值税普通发票、增值税电子普通发票)时,商品和服务税收分类编码对应的简称会自动显示并打印在发票票面"货物或应税劳务、服务名称"或"项目"栏次中。建筑业的合并编码是 305 打头,建筑服务预收款不征税项目编码是 612。

(16) 根据《国家税务总局关于国内旅客运输服务进项税抵扣等增值税征管问题的公告》(国家税务总局公告 2019 年第 31 号)规定,提供建筑服务的一般纳税人按规定适用或选择适用简易计税方法计税的,不再实行备案制。以下证明材料无需向税务机关报送,改为自行留存备查:①为建筑工程老项目提供的建筑服务,留存《建筑工程施工许可证》或建筑工程承包合同;②为甲供工程提供的建筑服务、以清包工方式提供的建筑服务,留存建筑工程承包合同。

(二) 生活服务业的税务管理

(1) 根据《财政部 税务总局关于支持新型冠状病毒感染的肺炎疫情防控有关税收政策的公告》(财政部 税务总局公告 2020 年第 8 号)规定,对纳税人提供公共交通运输服务、生活服务,以及为居民提供必需生活物资快递收派服务取得的收入,免征增值税。公共交通运输服务的具体范围,按照《营业税改征增值税试点有关事项的规定》(财税〔2016〕36 号印发)执行。生活服务、快递收派服务的具体范围,按照《销售服务、无形资产、不动产注释》(财税〔2016〕36 号印发)执行。

(2) 根据《财政部 税务总局关于明确生活性服务业增值税加计抵减政策的公告》(财政部 税务总局公告 2019 年第 87 号)规定,2019 年 10 月 1 日至 2021 年 12 月 31 日,允许生活性服务业纳税人按照当期可抵扣进项税额加计 15%,抵减应纳税额。

第三节 企业成本费用的税务管理

企业在日常运营过程中,与成本费用有关的税收问题主要涉及企业所得税和土地增值税两个税种。这里从与成本费用税务管理原则性和具体化分析,旨在让大家掌握成本费用管控的思路和方法。

一、企业成本费用的税务管控

(一) 与企业所得税有关的税务管控

1. 与企业所得税有关的主要税收政策分析

(1) 根据《企业所得税法》第八条规定,企业实际发生的与取得收入有关的、合理的支出,包括成本、费用、税金、损失和其他支出,准予在计算应纳税所得额时扣除。

(2) 根据《企业所得税法实施条例》第九条规定,企业应纳税所得额的计算,以权责发生制为原则,属于当期的收入和费用,不论款项是否收付,均作为当期的收入和费用;不属于当期的收入和费用,即使款项已经在当期收付,均不作为当期的收入和费用。本条例和国务院财政、税务主管部门另有规定的除外。

(3) 根据《企业所得税法》第二十一条规定,在计算应纳税所得额时,企业财务、会计处理办法与税收法律、行政法规的规定不一致的,应当依照税收法律、行政法规的规定计算。

由以上政策分析,企业所得税成本费用扣除,不仅包括直接成本费用,还包括间接费用,即我们平时所说的"期间费用"。不论是直接费用还是间接费用,《企业所得税法》强调三个关键词"实际发生""与收入有关""合理"。

2. 关于"实际发生"的理解与运用

根据《企业所得税税前扣除凭证管理办法》(国家税务总局公告 2018 年第 28 号)第五条规定,企业发生支出,应取得税前扣除凭证,作为计算企业所得税应纳税所得额时扣除相关支出的依据。第六条规定,企业应在当年度企业所得税法规定的汇算清缴期结束前取得税前扣除凭证。第七条规定,企业应将与税前扣除凭证相关的资料,包括合同协议、支出依据、付款凭证等留存备查,以证实税前扣除凭证的真实性。第八条规定,税前扣除凭证按照来源分为内部凭证和外部凭证。内部凭证是指企业自制用于成本、费用、损失和其他支出核算的会计原始凭证。内部凭证的填制和使用应当符合国家会计法律、法规等相关规定。外部凭证是指企业发生经营活动和其他事项时,从其他单位、个人取得的用于证明其支出发生的凭证,包括但不限于发票(包括纸质发票和电子发票)、财政票据、完税凭证、收款凭证、分割单等。第九条规定,企业在境内发生的支出项目属于增值税应税项目(以下简称应税项目)的,对方为已办理税务登记的增值税纳税人,其支出以发票(包括按照规定由税务机关代开的发票)作为税前扣除凭证;对方为依法无需办理税务登记的单位或者从事小额零星经营业务的个人,其支出以税务机关代开的发票或者收款凭证及内部凭证作为税前扣除凭证,收款凭证应载明收款单位名称、个人姓名及身份证号、支出项目、收款金额等相关信息。小额零星经营业务的判断标准是个人从事应税项目经营业务的销售额不超过增值税相关政策规定的起征点。税务总局对应税项目开具发票另有规定的,以规定的发票或者票据作为税前扣除凭证。第十七条规定,除发生本办法第十五条规定的情形外,企业以前年度应当取得而未取得发票、其他外部凭证,且相应支出在该年度没有税前扣除的,在以后年度取得符合规定的发票、其他外部凭证或者按照本办法第十四条的规定提供可以证实其支出真实性的相关资料,相应支出可以追补至该支出发生年度税前扣除,但追补年限不得超过 5 年。

从上述政策,我们可以看出,企业所得税所强调的"实际发生"贯彻的是凭证优先原则。财务核算虽然也强调"白条不得入库",更多强调的是实质重于形式原则。

【案例 4-3-1】 A 公司由于经营需要向甲公司借款 600 万元,借款期限为 2019 年 5 月 1 日至 2022 年 4 月 30 日,年利率 6.5%,到期一次还本付息,合同约定 A 公司按照增值税相关规定在2022年4月30日借款到期时支付全部利息并由甲公司向A公司开具增值税发票,A公司每月计提财务费用3.25万元,请问A公司2019年计提的26万元利息支出能否在2019年度企业所得税汇算清缴时扣除？如果当年不能扣除,以后还有机会吗？

【税务管理建议】

(1) 根据《企业所得税税前扣除凭证管理办法》（国家税务总局公告2018年第28号）规定,企业应在当年度企业所得税法规定的汇算清缴期结束前取得税前扣除凭证,合同约定的开票时间为2022年4月30日,2019年未取得发票,因此当年计提的26万元的财务费用当年不能扣除。

(2) 2022年4月30日取得发票,符合"企业以前年度应当取得而未取得发票、其他外部凭证,且相应支出在该年度没有税前扣除的,在以后年度取得符合规定的发票、其他外部凭证"的情形,相应支出可以追补至该支出发生年度税前扣除。也就是说,在2020年取得发票后,到主管税务机关的税务大厅进行2019年企业所得税补充申报,调整2019年度应纳税所得额和应纳税额。造成多缴税款的,在2022年申请退税或抵补2022年度应纳企业所得税。如果2019年度企业发生亏损,调整增加亏损额,同时调整每年度的亏损弥补数,造成2020年、2021年多缴税款的,同样在2022年申请退税或抵补2022年度应纳企业所得税。

3. 关于"与收入有关"的理解和运用

关于与收入有关的支出范围,企业所得税相关法律没有具体规定,这为税务机关执法留下较大的自由裁量空间,也为企业带来较大的纳税风险。为了将风险降到最低,企业应从三个方面严格把关：

一是身份相关。当年在税前扣除的成本费用一定是本纳税人发生的支出。一般情况下票据的抬头都应该是纳税人的全称。如果是火车票、飞机票、汽车票一类票据,票面显示的乘客也应该是本单位的职工,如果不是本企业的职工,属于本单位外聘专家费用,应该有外聘专家劳务费发票,如果是接待客户则应以业务招待费列支,而不能按差旅费入账。

二是时间相关。由于企业所得税是按年度进行纳税申报,当年度列支的成本费用应当与当年度收入相关,严格按照《企业所得税法实施条例》第九条执行,按权责发生制原则把关。比如分期收款销售货物,财务上一次性确认收入、一次性结转成本,而企业所得税分期确认销售收入时必须按分期确认企业所得税计税成本。企业所得税申报表中对该项收入调整作了专门列示,而没有对该项成本调整专门列示,我们可以通过调整项目"其他"来进行相应调整,不要因为企业所得税纳税申报表没有明确填列项目而轻易忽略。

三是直接相关。从企业角度出发,发生的支出与企业收入有关的,都应该作收入的抵减项,而从税收角度出发,只有贡献本期收入的支出才可以在企业所得税税前扣除。比如企业购进的固定资产,会计上在购进的次月起便开始计提折旧,而企业所得税法要求在投入使用的次月起才可以计提折旧,闲置资产计提的折旧或摊销额不能用当期收入进行补偿,在企业所得税前扣除。企业发生的广告费支出,一般企业是在广告发布后,对本期及以后各期的收入产生影响,因此不能由本期收入全部负担。企业所得税在相关条款中做出了与收入配比的限额要求,但房地产企业广告效应主要在预售环节发生作用,因此企业所得税相关条款规定当期广告费扣除限额扣除收入基数应包含预售收入等。

【案例4-3-2】 W公司是一家化工企业,最近老板因各种原因花费200万元在厂门口竖起一块风景石,请判断这笔购石款能入账吗。如果能入账,费用能在企业所得税前扣除吗?

【税务管理建议】

首先,企业发生支出一定要进行会计核算,关键是如何进行会计核算。一般情况下,各个企业都有类似的项目开支,且大部分按固定资产进行管理。根据《企业会计准则第4号——固定资产》第三条规定,固定资产,是指同时具有下列两个特征的有形资产:①为生产商品、提供劳务、出租或经营管理而持有的;②使用寿命超过一个会计期间。第四条规定,固定资产同时满足下列条件的,才能予以确认:①该固定资产包含的经济利益很可能流入企业;②该固定资产的成本能够可靠计量。该购进的"风景石"显然不是为当期生产商品、提供劳务、出租或经营管理而持有的,包含的经济利益很可能流入企业的可能性也无法预见,由此可见该购进项目显然不属于固定资产。这类资产属于一种沉淀资产,未来企业改造或搬迁时会弃置或出售,弃置显然不能给企业带来经济利益,只有出售时收入才能实现,其购置成本方可列支。而企业类似的资产还有古玩字画、案头摆件等。这种支出在企业特别是私营企业的支出中占有一定的比例,从会计管理的角度应单独作为一类资产来管理,目前只能按其他非流动资产进行核算。其购置成本只能在出售时结转,平时不能摊销。

其次,从增值税角度而言,企业购置资产,只要取得专用发票,便可抵扣进项税额。增值税管理目前主要是进销链条的管理,而对用途的关联度不大,也许在未来"以数治税"管理模式下会做相应的规范限制。

最后,从企业所得税角度看,该资产未直接投入生产经营过程,应该属于与当期收入无关的支出,不能在税前摊销或扣除。

4. 关于"合理性"的理解和把握

从企业的角度看,企业发生的成本费用是否合理,主要由管理部门来把握,财务部门的任务主要是如实记录。而站在国家税务管理的角度,国家在企业所得税税前扣除方面设置了一系列"合理性"的范围和限定条件,既有限额扣除也有加计扣除,而这一限定条件是法定的,在纳税申报时必须严格执行。关于合理性的标准大部分已在其他章节分别体现,在此不再赘述。

(二)与土地增值税有关的税务管控

1. 与土地增值税有关的主要税收政策分析

(1)根据《中华人民共和国土地增值税暂行条例》第二条规定,转让国有土地使用权、地上的建筑物及其附着物(以下简称转让房地产)并取得收入的单位和个人,为土地增值税的纳税义务人(以下简称纳税人),应当依照本条例缴纳土地增值税。

(2) 根据《财政部 国家税务总局关于营改增后契税 房产税 土地增值税 个人所得税计税依据问题的通知》(财税〔2016〕43号)规定,土地增值税纳税人转让房地产取得的收入为不含增值税收入。《中华人民共和国土地增值税暂行条例》等规定的土地增值税扣除项目涉及的增值税进项税额,允许在销项税额中计算抵扣的,不计入扣除项目,不允许在销项税额中计算抵扣的,可以计入扣除项目。

(3) 根据《中华人民共和国土地增值税暂行条例》(国务院令第138号)第二条规定,转让国有土地使用权、地上的建筑物及其附着物(以下简称转让房地产)并取得收入的单位和个人,为土地增值税的纳税义务人(以下简称纳税人)。第四条规定,纳税人转让房地产所取得的收入减除本条例第六条规定扣除项目金额后的余额,为增值额。第六条规定,计算增值额的扣除项目包括:①取得土地使用权所支付的金额;②开发土地的成本、费用;③新建房及配套设施的成本、费用,或者旧房及建筑物的评估价格;④与转让房地产有关的税金;⑤财政部规定的其他扣除项目。

(4) 根据《中华人民共和国土地增值税暂行条例实施细则》(财法字〔1995〕6号)第二条规定,条例第二条所称的转让国有土地使用权、地上的建筑物及其附着物并取得收入,是指以出售或者其他方式有偿转让房地产的行为,不包括以继承、赠与方式无偿转让房地产的行为。第四条规定,条例第二条所称的地上的建筑物,是指建于土地上的一切建筑物,包括地上地下的各种附属设施。条例第二条所称的附着物,是指附着于土地上的不能移动,一经移动即遭损坏的物品。

(5) 根据《国家税务总局关于未办理土地使用权证转让土地有关税收问题的批复》(国税函〔2007〕645号)规定,土地使用者转让、抵押或置换土地,无论其是否取得了该土地的使用权属证书,无论其在转让、抵押或置换土地过程中是否与对方当事人办理了土地使用权属证书变更登记手续,只要土地使用者享有占有、使用、收益或处分该土地的权利,且有合同等证据表明其实质转让、抵押或置换了土地并取得了相应的经济利益,土地使用者及其对方当事人应当依照税法规定缴纳相关税收。

(6) 根据《土地增值税暂行条例实施细则》第七条规定,计算土地增值额的扣除项目包括:①取得土地使用权所支付的金额,是指纳税人为取得土地使用权所支付的地价款和按国家统一规定缴纳的有关费用。②开发土地的成本,包括土地征用及拆迁补偿费、前期工程费、建筑安装工程费、基础设施费、公共配套设施费、开发间接费用。③房地产开发费用(三费支出),是指与房地产开发项目有关的销售费用、管理费用、财务费用。财务费用中的利息支出,凡能够按转让房地产项目计算分摊并提供金融机构证明的,允许据实扣除,但最高不能超过按商业银行同类同期贷款利率计算的金额。其他房地产开发费用,按本条①②项规定计算的金额之和的5%以内计算扣除。④与转让房地产有关的税金,即转让房地产时缴纳的城市维护建设税、印花税。因转让房地产交纳的教育费附加,也可视同税金予以扣除。(营改增之后,扣除项目中不包含企业转让不动产缴纳的增值税。)⑤财政部规定的其他扣除项目(加计扣除);对从事房地产开发的纳税人可按本条①②项规定计算的金额之和,加计20%的扣除。

2. 与土地增值税有关成本费用的涉税管控

土地增值税对"转让"国有土地使用权的行为征税,对"出让"国有土地使用权的行为不征税。土地增值税只对"有偿转让"的房地产征税,对以"继承、赠与"等方式无偿转让的房地产,不予征税。企业在进行计算土地增值税时,应多关注。

二、企业成本费用具体化税务管控

(一) 与企业所得税有关的税务管控

1. 销售成本的税务管理

根据《国家税务总局关于印发〈房地产开发经营业务企业所得税处理办法〉的通知》(国税发〔2009〕31号)第十一条规定,企业在进行成本、费用的核算与扣除时,必须按规定区分期间费用和开发产品计税成本、已销开发产品计税成本与未销开发产品计税成本。第十二条规定,企业发生的期间费用、已销开发产品计税成本、营业税金及附加、土地增值税准予当期按规定扣除。第十三条规定,开发产品计税成本的核算应按第四章的规定进行处理。第十四条规定,已销开发产品的计税成本,按当期已实现销售的可售面积和可售面积单位工程成本确认。可售面积单位工程成本和已销开发产品的计税成本按下列公式计算确定:可售面积单位工程成本=成本对象总成本÷成本对象总可售面积,已销开发产品的计税成本=已实现销售的可售面积×可售面积单位工程成本。第十五条规定,企业对尚未出售的已完工开发产品和按照有关法律、法规或合同规定对已售开发产品(包括共用部位、共用设施设备)进行日常维护、保养、修理等实际发生的维修费用,准予在当期据实扣除。第十六条规定,企业将已计入销售收入的共用部位、共用设施设备维修基金按规定移交给有关部门、单位的,应于移交时扣除。第十七条规定,企业在开发区内建造的会所、物业管理场所、电站、热力站、水厂、文体场馆、幼儿园等配套设施,按以下规定进行处理:①属于非营利性且产权属于全体业主的,或无偿赠与地方政府、公用事业单位的,可将其视为公共配套设施,其建造费用按公共配套设施费的有关规定进行处理。②属于营利性的,或产权归企业所有的,或未明确产权归属的,或无偿赠与地方政府、公用事业单位以外其他单位的,应当单独核算其成本。除企业自用应按建造固定资产进行处理外,其他一律按建造开发产品进行处理。第十八条规定,企业在开发区内建造的邮电通讯、学校、医疗设施应单独核算成本,其中,由企业与国家有关业务管理部门、单位合资建设,完工后有偿移交的,国家有关业务管理部门、单位给予的经济补偿可直接抵扣该项目的建造成本,抵扣后的差额应调整当期应纳税所得额。第十九条规定,企业采取银行按揭方式销售开发产品的,凡约定企业为购买方的按揭贷款提供担保的,其销售开发产品时向银行提供的保证金(担保金)不得从销售收入中减除,也不得作为费用在当期税前扣除,但实际发生损失时可据实扣除。第二十条规定,企业委托境外机构销售开发产品的,其支付境外机构的销售费用(含佣金或手续费)不超过委托销售收入10%的部分,准予据实扣除。第二十一条规定,企业的利息支出按以下规定进行处理:①企业为建造开发产品借入资金而发生的符合税收规定的借款费用,可按企业会计准则的规定进行归集和分配,其中属于财务费用性质的借款费用,可直接在税前扣除。②企业集团或其成员企业统一向金融机构借款分摊集团内部其他成员企业使用的,借入方凡能出具从金融机构取得借款的证明文件,可以在使用借款的企业间合理地分摊利息费用。使用借款的企业分摊的合理利息准予在税前扣除。

根据《国家税务总局关于确认企业所得税收入若干问题的通知》(国税函〔2008〕875号)规定,除《企业所得税法》及实施条例另有规定外,企业销售收入的确认,必须遵循权责发生制原则和实质重于形式原则。

2. 职工薪酬的税务管理

本内容将在本章第五节详细说明。

3. 业务招待费支出的税务管理

根据《企业所得税法实施条例》第四十三条规定,企业发生的与生产经营活动有关的业务招待费支出,按照发生额的60%扣除,但最高不得超过当年销售(营业)收入的5‰。

另根据《国家税务总局关于企业所得税应纳税所得额若干税务处理问题的公告》(国家税务总局公告2012年第15号)规定,企业在筹建期间,发生的与筹办活动有关的业务招待费支出,可按实际发生额的60%计入企业筹办费,并按有关规定在税前扣除;发生的广告费和业务宣传费,可按实际发生额计入企业筹办费,并按有关规定在税前扣除。

4. 广告费与业务宣传费支出的税务管理

参考国家税务总局的释义,"符合条件"的广告费和业务宣传费支出将从广告的制定主体、播放渠道、相应票据依据等多方面予以明确。因此,企业可以从上述三个方面进行判断。

(1) 纳税人申报扣除的广告费支出,必须符合下列条件:①广告是通过经工商部门批准的专门机构制作的;②已实际支付费用,并已取得相应发票;③通过一定的媒体传播。

(2) 企业发生的符合条件的业务宣传费,指未通过媒体的与其生产经营活动相关的广告性支出,并取得能够证明该支出确属已经实际发生的真实、合规凭据。

根据《企业所得税法实施条例》第四十四条规定,企业发生的符合条件的广告费和业务宣传费支出,除国务院财政、税务主管部门另有规定外,不超过当年销售(营业)收入15%的部分,准予扣除;超过部分,准予在以后纳税年度结转扣除。

(3) 根据《财政部 税务总局关于广告费和业务宣传费支出税前扣除政策的通知》(财税〔2017〕41号)规定,对化妆品制造或销售、医药制造和饮料制造(不含酒类制造)企业发生的广告费和业务宣传费支出,不超过当年销售(营业)收入30%的部分,准予扣除;超过部分,准予在以后纳税年度结转扣除。烟草企业的烟草广告费和业务宣传费支出,一律不得在计算应纳税所得额时扣除。本通知自2016年1月1日起至2020年12月31日止执行。

(4) 根据财税〔2017〕41号规定,对签订广告费和业务宣传费分摊协议(以下简称分摊协议)的关联企业,其中一方发生的不超过当年销售(营业)收入税前扣除限额比例内的广告费和业务宣传费支出可以在本企业扣除,也可以将其中的部分或全部按照分摊协议归集至另一方扣除。另一方在计算本企业广告费和业务宣传费支出企业所得税税前扣除限额时,可不将按照上述办法归集至本企业的广告费和业务宣传费计算在内。

【案例4-3-4】 五星公司和红旗公司是关联企业,根据双方签订的广告宣传费分摊协议,五星公司在2019年发生的广告费和业务宣传费的40%应归集至红旗公司扣除。

2019年五星公司销售收入为3 000万元,当年实际发生广告费和业务宣传费为600万元,其广告费和业务宣传费的扣除比例为销售收入的15%。

红旗公司销售收入为6 000万元,当年实际发生广告费和业务宣传费为1 200万元,其广告费和业务宣传费的扣除比例为销售收入的15%。

【税务管理建议】

1. 五星公司

广告费和业务宣传费的税前扣除限额=3 000×15%=450(万元)

转移到红旗公司扣除的广告费和业务宣传费=450×40%=180(万元)

在本公司扣除的广告费和业务宣传费=450－180=270(万元)

纳税调增额=600－450+180=330(万元)

结转以后年度扣除的广告费和业务宣传费=600－450=150(万元)

2. 红旗公司

广告费和业务宣传费的税前扣除限额=6 000×15%=900(万元)

五星公司当年转移来的广告费和业务宣传费为180万元。

本公司本年度实际扣除的广告费和业务宣传费=900+180=1 080(万元)

纳税调增额=1 200－900－180=120(万元)

结转以后年度扣除的广告费和业务宣传费=1 200－900=300(万元)

5. 捐赠支出的税务管理

(1) 根据《企业所得税法实施条例》第五十一条规定,《企业所得税法》第九条所称公益性捐赠,是指企业通过公益性社会组织或者县级以上人民政府及其部门,用于符合法律规定的慈善活动、公益事业的捐赠。

(2) 根据《财政部 国家税务总局 民政部关于公益性捐赠税前扣除有关问题的补充通知》(财税〔2010〕45号)第三条规定,对获得公益性捐赠税前扣除资格的公益性社会团体,由财政部、国家税务总局和民政部以及省、自治区、直辖市、计划单列市财政、税务和民政部门每年分别联合公布名单。名单应当包括当年继续获得公益性捐赠税前扣除资格和新获得公益性捐赠税前扣除资格的公益性社会团体。

(3) 根据《财政部 国家税务总局关于公益性捐赠支出企业所得税税前结转扣除有关政策的通知》(财税〔2018〕15号)第一条规定,企业通过公益性社会组织或者县级(含县级)以上人民政府及其组成部门和直属机构,用于慈善活动、公益事业的捐赠支出,在年度利润总额12%以内的部分,准予在计算应纳税所得额时扣除;超过年度利润总额

12%的部分,准予结转以后3年内在计算应纳税所得额时扣除。第二条规定,企业当年发生及以前年度结转的公益性捐赠支出,准予在当年税前扣除的部分,不能超过企业当年年度利润总额的12%。第三条规定,企业发生的公益性捐赠支出未在当年税前扣除的部分,准予向以后年度结转扣除,但结转年限自捐赠发生年度的次年起计算最长不得超过3年。

(4)根据《财政部 税务总局关于公共租赁住房税收优惠政策的公告》(财政部 税务总局公告2019年第61号)第五条规定,企事业单位、社会团体以及其他组织捐赠住房作为公租房,符合税收法律法规规定的,对其公益性捐赠支出在年度利润总额12%以内的部分,准予在计算应纳税所得额时扣除,超过年度利润总额12%的部分,准予结转以后3年内在计算应纳税所得额时扣除。

(5)根据《财政部 税务总局 海关总署关于北京2022年冬奥会和冬残奥会税收政策的通知》(财税〔2017〕60号)规定,对企业、社会组织和团体赞助、捐赠北京2022年冬奥会、冬残奥会、测试赛的资金、物资、服务支出,在计算企业应纳税所得额时予以全额扣除。

(6)根据《财政部 税务总局关于支持新型冠状病毒感染的肺炎疫情防控有关捐赠税收政策的公告》(财政部 税务总局公告2020年第9号)第一条规定,企业和个人通过公益性社会组织或者县级以上人民政府及其部门等国家机关,捐赠用于应对新型冠状病毒感染的肺炎疫情的现金和物品,允许在计算应纳税所得额时全额扣除。第二条规定,企业和个人直接向承担疫情防治任务的医院捐赠用于应对新型冠状病毒感染的肺炎疫情的物品,允许在计算应纳税所得额时全额扣除。

(7)根据《财政部 税务总局 国务院扶贫办关于企业扶贫捐赠所得税税前扣除政策的公告》(财政部 税务总局 国务院扶贫办公告2019年第49号)规定,自2019年1月1日至2022年12月31日,企业通过公益性社会组织或者县级(含县级)以上人民政府及其组成部门和直属机构,用于目标脱贫地区的扶贫捐赠支出,准予在计算企业所得税应纳税所得额时据实扣除。在政策执行期限内,目标脱贫地区实现脱贫的,可继续适用上述政策。企业同时发生扶贫捐赠支出和其他公益性捐赠支出,在计算公益性捐赠支出年度扣除限额时,符合上述条件的扶贫捐赠支出不计算在内。企业在2015年1月1日至2018年12月31日期间已发生的符合上述条件的扶贫捐赠支出,尚未在计算企业所得税应纳税所得额时扣除的部分,可执行上述企业所得税政策。"目标脱贫地区"是指832个国家扶贫开发工作重点县、集中连片特困地区县(新疆阿克苏地区6县1市享受片区政策)和建档立卡贫困村。

6. 利息支出的税务管理

该内容已在前述章节详细说明。

7. 跨期扣除项目税务管理

根据《国家税务总局关于煤矿企业维简费和高危行业企业安全生产费用企业所得税税前扣除问题的公告》(国家税务总局公告2011年第26号)规定,煤矿企业实际发生的维简费支出和高危行业企业实际发生的安全生产费用支出,属于收益性支出的,可直接作为当期费用在税前扣除；属于资本性支出的，应计入有关资产成本，并按企业所得税法规定计提折旧或摊销费用在税前扣除。企业按照有关规定预提的维简费和安全生产费用，不得在税前扣除。本公告实施前，企业按照有关规定提取的且在税前扣除的煤矿企业维简费和高危行业企业安全生产费用，相关税务问题按以下规定处理：①本公告实施前提取尚未使用的维简费和高危行业企业安全生产费用，应用于抵扣本公告实施后的当年度实际发生的维简费和安全生产费用，仍有余额的，继续用于抵扣以后年度发生的实际费用，至余额为零时，企业方可按本公告第一条规定执行。②已用于资产投资且计入相关资产成本的，该资产提取的折旧或费用摊销额，不得重复在税前扣除。已重复在税前扣除的，应调整作为 2011 年度应纳税所得额。③已用于资产投资且形成相关资产部分成本的，该资产成本扣除上述部分成本后的余额，作为该资产的计税基础，按照企业所得税法规定的资产折旧或摊销年限，从本公告实施之日的次月开始，就该资产剩余折旧年限计算折旧或摊销费用，并在税前扣除。另根据《国家税务总局关于企业维简费支出企业所得税税前扣除问题的公告》(国家税务总局公告 2013 年第 67 号)规定："一、企业实际发生的维简费支出，属于收益性支出的，可作为当期费用税前扣除；属于资本性支出的，应计入有关资产成本，并按企业所得税法规定计提折旧或摊销费用在税前扣除。企业按照有关规定预提的维简费，不得在当期税前扣除。二、本公告实施前，企业按照有关规定提取且已在当期税前扣除的维简费，按以下规定处理：(一)尚未使用的维简费，并未作纳税调整的，可不作纳税调整，应首先抵减 2013 年实际发生的维简费，仍有余额的，继续抵减以后年度实际发生的维简费，至余额为零时，企业方可按照本公告第一条规定执行；已作纳税调整的，不再调回，直接按照本公告第一条规定执行。(二)已用于资产投资并形成相关资产全部成本的，该资产提取的折旧或费用摊销额，不得税前扣除；已用于资产投资并形成相关资产部分成本的，该资产提取的折旧或费用摊销额中与该部分成本对应的部分，不得税前扣除；已税前扣除的，应调整作为 2013 年度应纳税所得额。"

8. 与收入有关凭证的税务管理

根据《国家税务总局关于发布〈企业所得税税前扣除凭证管理办法〉的公告》(国家税务总局公告 2018 年第 28 号)第八条规定，税前扣除凭证按照来源分为内部凭证和外部凭证。内部凭证是指企业自制用于成本、费用、损失和其他支出核算的会计原始凭证。内部凭证的填制和使用应当符合国家会计法律、法规等相关规定。外部凭证是指企业发生经营活动和其他事项时，从其他单位、个人取得的用于证明其支出发生的凭证，包括但不限于发票(包括纸质发票和电子发票)、财政票据、完税凭证、收款凭证、分割单等。第九条规定，企业在境内发生的支出项目属于增值税应税项目(以下简称应税项目)的，对方为已办理税务登记的增值税纳税人，其支出以发票(包括按照规定由税务机关代开的发票)作为税前扣除凭证；对方为依法无需办理税务登记的单位或者从事小额零星经营业务的个人，其支出以税务机关代开的发票或者收款凭证及内部凭证作为税前扣除凭证，收款凭证应载明收款单位名称、个人姓名及身份证号、支出项目、收款金额等相关信息。小额零星经营业务的判断标准是个人从事应税项目经营业务的销售额不超过增值税相关政策规定的起征点。税务总局对应税项目开具发票另有规定的,以规定的发票或者票据作为税前扣除凭证。第十条规定,企业在境内发生的支出项目不属于应税项目的,对方为单位的,以对方开具的发票以外的其他外部凭证作为税前扣除凭证;对方为个人的,以内部凭证作为税前扣除凭证。企业在境内发生的支出项目虽不属于应税项目,但按税务总局规定可以开具发票的,可以发票作为税前扣除凭证。第十一条规定,企业从境外购进货物或者劳务发生的支出,以对方开具的发票或者具有发票性质的收款凭证、相关税费缴纳凭证作为税前扣除凭证。第十二条规定,企业取得私自印制、伪造、变造、作废、开票方非法取得、虚开、填写不规范等不符合规定的发票(以下简称不合规发票),以及取得不符合国家法律、法规等相关规定的其他外部凭证(以下简称不合规其他外部凭证),不得作为税前扣除凭证。第十三条规定,企业应当取得而未取得发票、其他外部凭证或者取得不合规发票、不合规其他外部凭证的,若支出真实且已实际发生,应当在当年度汇算清缴期结束前,要求对方补开、换开发票、其他外部凭证。补开、换开后的发票、其他外部凭证符合规定的,可以作为税前扣除凭证。第十四条规定,企业在补开、换开发票、其他外部凭证过程中,因对方注销、撤销、依法被吊销营业执照、被税务机关认定为非正常户等特殊原因无法补开、换开发票、其他外部凭证的,可凭以下资料证实支出真实性后,其支出允许税前扣除:①无法补开、换开发票、其他外部凭证原因的证明资料(包括工商注销、机构注销、列入非正常经营户、破产公告等证明资料);②相关业务活动的合同或者协议;③采用非现金方式支付的付款凭证;④货物运输的证明资料;⑤货物入库、出库内部凭证;⑥企业会计核算记录以及其他资料。前款第①项至第③项为必备资料。第十五条规定,汇算清缴期结束后,税务机关发现企业应当取得而未取得发票、其他外部凭证或者取得不合规发票、不合规其他外部凭证并且告知企业的,企业应当自被告知之日起60日内补开、换开符合规定的发票、其他外部凭证。其中,因对方特殊原因无法补开、换开发票、其他外部凭证的,企业应当按照本办法第十四条的规定,自被告知之日起60日内提供可以证实其支出真实性的相关资料。第十六条规定,企业在规定的期限未能补开、换开符合规定的发票、其他外部凭证,并且未能按照本办法第十四条的规定提供相关资料证实其支出真实性的,相应支出不得在发生年度税前扣除。第十七条规定,除发生本办法第十五条规定的情形外,企业以前年度应当取得而未取得发票、其他外部凭证,且相应支出在该年度没有税前扣除的,在以后年度取得符合规定的发票、其他外部凭证或者按照本办法第十四条的规定提供可以证实其支出真实性的相关资料,相应支出可以追补至该支出发生年度税前扣除,但追补年限不得超过5年。第十八条规定,企业与其他企业(包括关联企业)、个人在境内共同接受应纳增值税劳务(以下简称应税劳务)发生的支出,采取分摊方式的,应当按照独立交易原则进行分摊,企业以发票和分割单作为税前扣除凭证,共同接受应税劳务的其他企业以企业开具的分割单作为税前扣除凭证。企业与其他企业、个人在境内共同接受非应税劳务发生的支出,采取分摊方式的,企业以发票外的其他外部凭证和分割单作为税前扣除凭证,共同接受非应税劳务的其他企业以企业开具的分割单作为税前扣除凭证。第十九条规定,企业租用(包括企业作为单一承租方租用)办公、生产用房等资产发生的水、电、燃气、冷气、暖气、通信线路、有线电视、网络等费用,出租方作为应税项目开具发票的,企业以发票作为税前扣除凭证;出租方采取分摊方式的,企业以出租方开具的其他外部凭证作为税前扣除凭证。

【案例 4-3-5】 假如甲公司 2020 年职工年度工资薪金总额为 1 000 万元,党组织工作经费实际开支为 12 万元。该公司 2020 年度党组织工作经费可据实扣除限额:1 000×1‰=10(万元),超出限额部分 2 万元,应在企业所得税年度汇算清缴申报时予以调增。

【税务管理建议】

填写《中华人民共和国企业所得税年度纳税申报表(A 类)》:

(1)《A104000 期间费用明细表》二十四、党组织工作经费,管理费用:12 万元。

(2)《A105000 纳税调整项目明细表》第 29 行"(十六)党组织工作经费",账载金额:12 万元;税收金额:10 万元;调增金额:2 万元。

9. 研发费用的税务管理

1) 研发费用的基本特征

研发费用是指研究与开发某项目所支付的费用。研发费用加计扣除政策的实施,有利于积极推进经济增长方式的转变,引导和激励企业开展研发活动,提高创新能力,推动我国经济走上创新驱动发展的道路。企业为获得科学与技术新知识,创造性运用科学技术新知识,或实质性改进技术、产品(服务)、工艺而持续进行的具有明确目标的系统性活动中产生的为开发新技术、新产品、新工艺而发生的研究开发费用,在满足一定条件的前提下可以享受加计扣除税收优惠政策。

2) 研发费用的会计核算要求

对于企业自行进行的研究开发项目,企业会计准则要求区分研究阶段与开发阶段两部分分别核算。

在开发阶段,判断可以将有关支出资本化确认为无形资产的条件包括:

(1) 完成该无形资产以使其能够使用或出售在技术上具有可行性。

(2) 具有完成该无形资产并使用或出售的意图。

(3) 无形资产产生经济利益的方式,包括能够证明运用该无形资产生产的产品。

(4) 有足够的技术、财务资源和其他资源支持,以完成该无形资产的开发,并有能力使用或出售该无形资产。

(5) 归属于该无形资产开发阶段的支出能够可靠计量。

只有同时满足上述条件的,才能确认为无形资产。如果确实无法区分研究阶段的支出和开发阶段的支出,应将其所发生的研发支出全部费用化,计入当期损益。

内部开发活动形成的无形资产,其成本由可直接归属于该资产的创造、生产并使该资产能够以管理层预定的方式运作的所有必要支出组成,包括开发该无形资产时耗费的材料、劳务成本、注册费、在开发该无形资产过程中使用的其他专利权和特许权的摊销、按照《企业会计准则第 17 号——借款费用》的规定资本化的利息支出,以及为使该无形资产达到预定用途前所发生的其他费用。在开发无形资产过程中发生的除上述可直接归属于无形资产开发活动的其他销售费用、管理费用等间接费用、无形资产达到预定用途前发生可辨认的无效和初始运作损失、为运行该无形资产发生的培训支出等不构成无形资产的开发成本。

账务处理时,相关费用未满足资本化条件的,借记"研发支出——费用化支出"科目,满足资本化条件的,借记"研发支出——资本化支出"科目,同时贷记"原材料""银行存款""应付职工薪酬"等科目。研究开发项目达到预定用途形成无形资产的,应按"研发支出——资本化支出"科目的余额,借记"无形资产"科目,贷记"研发支出——资本化支出"科目。

企业购买正在进行中的研究开发项目,应先按确定的金额,借记"研发支出——资本化支出"科目,贷记"银行存款"等科目。以后发生的研发支出,区分资本化部分和费用化部分比照上述规定进行处理。

3)税收政策分析与税务管控

(1)根据《财政部关于企业加强研发费用财务管理的若干意见》(财企〔2007〕194号)《企业会计准则第6号——无形资产》及其应用指南规定,无形资产是研发费用加计扣除的会计口径。

(2)根据《企业所得税法》第三十条规定,开发新技术、新产品、新工艺发生的研究开发费用在计算应纳税所得额时加计扣除,自2008年1月1日起实施。

(3)根据《企业所得税法实施条例》第九十五条规定,企业为开发新技术、新产品、新工艺发生的研究开发费用,未形成无形资产计入当期损益的,在按照规定据实扣除的基础上,按照研究开发费用的50%加计扣除;形成无形资产的,按照无形资产成本的150%摊销。《财政部 税务总局 科技部关于提高研究开发费用税前加计扣除比例的通知》(财税〔2018〕99号)提高了研发费用加计扣除的口径,规定企业开展研发活动中实际发生的研发费用,未形成无形资产计入当期损益的,在按规定据实扣除的基础上,在2018年1月1日至2020年12月31日期间,再按照实际发生额的75%在税前加计扣除;形成无形资产的,在上述期间按照无形资产成本的175%在税前摊销。《财政部 税务总局关于进一步完善研发费用税前加计扣除政策的公告》(财政部 税务总局公告2021年第13号)制造业企业开展研发活动中实际发生的研发费用,未形成无形资产计入当期损益的,在按规定据实扣除的基础上,自2021年1月1日起,再按照实际发生额的100%在税前加计扣除;形成无形资产的,自2021年1月1日起,按照无形资产成本的200%在税前摊销。

(4)《财政部 国家税务总局 科学技术部关于完善研究开发费用税前加计扣除政策的通知》(财税〔2015〕119号)放宽研发活动范围,采用负面清单方式,进一步扩大可加计扣除研发费用的范围。

(5)《国家税务总局关于企业研究开发费用税前加计扣除政策有关问题的公告》(国家税务总局公告2015年第97号)明确财税〔2015〕119号文件的政策执行口径,简化了研发费用在税务处理中的归集、核算及备案管理,进一步降低优惠的门槛。

(6)《国家税务总局关于研发费用税前加计扣除归集范围有关问题的公告》(国家税务总局公告 2017 年第 40 号)聚焦研发费用归集范围,完善和明确了部分研发费用掌握口径。

(7)《财政部 国家税务总局 科技部关于提高科技型中小企业研究开发费用税前加计扣除比例的通知》(财税〔2017〕34 号)、《国家税务总局关于提高科技型中小企业研究开发费用税前加计扣除比例有关问题的公告》(国家税务总局公告 2017 年第 18 号)、《科技部 财政部 国家税务总局关于印发〈科技型中小企业评价办法〉的通知》(国科发政〔2017〕115 号)、国科火字〔2007〕144 号、《财政部 税务总局关于延长高新技术企业和科技型中小企业亏损结转年限的通知》(财税〔2018〕76 号)、《国家税务总局关于延长高新技术企业和科技型中小企业亏损结转弥补年限有关企业所得税处理问题的公告》(国家税务总局公告 2018 年第 45 号)是科技型中小企业研发费用加计扣除政策和管理体系。

(8)《财政部 税务总局 科技部关于企业委托境外研究开发费用税前加计扣除有关政策问题的通知》(财税〔2018〕64 号)规定了委托境外进行研发活动所发生的费用,按照费用实际发生额的 80% 计入委托方的委托境外研发费用。委托境外研发费用不超过境内符合条件的研发费用三分之二的部分,可以按规定在企业所得税前加计扣除。

(9)《国家税务总局关于修订〈中华人民共和国企业所得税年度纳税申报表(A 类,2017 年版)〉部分表单样式及填报说明的公告》(国家税务总局公告 2018 年第 57 号),适用于 2018 年度及以后年度企业所得税汇算清缴纳税申报。将原表单的"基本信息"相关项目调整至《企业所得税年度纳税申报基础信息表》(A000000)中;根据《财政部 税务总局关于企业委托境外研究开发费用税前加计扣除有关政策问题的通知》(财税〔2018〕64 号)文件取消企业委托境外研发费用不得加计扣除限制的规定,修订"委托研发"项目有关内容,将原行次内容细化为"委托境内机构或个人进行研发活动所发生的费用""委托境外机构进行研发活动发生的费用""其中:允许加计扣除的委托境外机构进行研发活动发生的费用""委托境外个人进行研发活动发生的费用",并调整表内计算关系。

(10)《国家税务总局关于发布修订后的〈企业所得税优惠政策事项办理办法〉的公告》(国家税务总局公告 2018 年第 23 号)规定了企业享受优惠事项采取"自行判别、申报享受、相关资料留存备查"的办理方式。企业应当根据经营情况以及相关税收规定自行判断是否符合优惠事项规定的条件,符合条件的可以按照《目录》列示的时间自行计算减免税额,并通过填报企业所得税纳税申报表享受税收优惠。同时,按照规定归集和留存相关资料备查。

(11)《国家税务总局关于修订企业所得税年度纳税申报表有关问题的公告》(税务总局公告 2019 年第 41 号)规定,企业申报享受研发费用加计扣除政策时,按照《国家税务总局关于发布修订后的〈企业所得税优惠政策事项办理办法〉的公告》(国家税务总局公告 2018 年第 23 号)的规定执行,不再填报《研发项目可加计扣除研究开发费用情况归集表》和报送《"研发支出"辅助账汇总表》。《"研发支出"辅助账汇总表》由企业留存备查。本公告适用于 2019 年度及以后年度企业所得税汇算清缴申报。

【案例4-3-6】 A企业符合固定资产加速折旧政策条件,于2015年12月购进并投入使用一台价值1 200万元的研发设备,会计处理按8年折旧,每年折旧额150万元;税收上享受加速折旧政策按6年折旧,每年折旧额200万元。

【税务管理建议】

2017年度及以后年度汇算清缴申报加计扣除政策时,企业可就其税前扣除的200万元折旧计算加计扣除100万元。若该设备6年内用途未发生变化,每年均符合加计扣除政策规定,则企业6年内每年均可对其税前的"仪器、设备的折旧费"200万元进行加计扣除100万元,不再需要根据比较会计、税收处理的孰小值确认加计扣除金额。

假设A企业会计处理按4年折旧,其他情形不变。企业2016年会计处理折旧额300万元,税收上可扣除的加速折旧额为200万元,此时会计折旧额大于税收折旧额,则2016年度、2017年度及以后年度申报加计扣除政策时,均可仅就其对在实际会计处理上已确认且未超过税法规定的税前扣除金额200万元计算加计扣除100万元。若该设备6年内用途未发生变化,每年均符合加计扣除政策规定,则企业6年内每年均可对其会计处理的"仪器、设备的折旧费"200万元进行加计扣除100万元。

【案例4-3-7】 某公司正在进行一项新工艺的研究与开发,该项研发活动符合企业所得税税前加计扣除条件且报经税务机关备案。2018年度,该公司发生各项研究调查论证等费用100万元,该费用属于研究阶段支出,应予以费用化。

【税务管理建议】

在会计处理中,该费用应计入研发支出,入账金额为100万元。2018年度企业所得税税前扣除研发费用为175万元,在填列纳税申报表时作纳税调减75万元。该差异不属于暂时性差异,不需要确认递延所得税。

在企业开展研发活动中实际发生的研发费用,未形成无形资产计入当期损益的,可在当期的应纳税所得额中加计扣除75%予以税前扣除。对于该类费用,只需要直接在当期纳税申报表填列时作相应的纳税调减。会计和税法之间存在永久性差异,不需要作递延所得税的处理。

【案例4-3-8】 某公司正在进行一项新工艺的研究与开发,该项研发活动符合企业所得税加计扣除条件且报经税务机关备案。2019年度,该公司发生各项材料人工等费用100万元,根据客观情况认定该项新工艺能够开发成功,并满足了资本化条件,该费用应予以资本化。2020年1月,经有关部门鉴证,该新工艺形成无形资产,预计使用期为10年。

【税务管理建议】

在会计处理中,该费用在发生时应计入开发支出中核算,入账金额为100万元。在达到资本化条件时转入无形资产。假设会计摊销年限与税务摊销年限一致,当年应摊销无形资产10万元。2020年度,会计研发费用计入当期损益金额为10万元,企业所得税税前扣除研发费用为17.5万元($100\times175\%\div10$),在填列纳税申报表时作纳税调减7.5万元。该差异属于永久性差异,不需要确认递延所得税。

如果会计摊销年限5年,而税务摊销年限为10年。则会计研发费用计入当期损益20万元,企业所得税税前扣除研发费用为17.5万元(100×175%÷10),在填列纳税申报表时作纳税调增2.5万元,同时应确认递延所得税资产。

企业研发活动形成无形资产且符合研发费用加计扣除条件的无形资产,初始确认时,其计税基础高于账面价值。但是在初始确认时,对会计利润和应纳税所得额均不产生影响,因此不需确认递延所得税资产。企业用于研发活动的仪器、设备,符合税法规定且选择加速折旧优惠政策的,在享受研发费用税前加计扣除时,就已经进行会计处理计算的折旧、费用的部分加计扣除,但不得超过按税法规定计算的金额。

【案例4-3-9】 甲企业2020年发生研发支出500万元,取得政府补助100万元,2020年可计算加计扣除的研发费用为400万元,甲企业2020年收入总额1 000万元,取得政府补助100万元,成本费用700万元,其中研发支出500万元,无其他业务和纳税调整事项。

【税务管理建议】

《企业所得税法实施条例》规定,企业的不征税收入用于支出所形成的费用或者资产,不得扣除或者计算对应的折旧、摊销扣除。据此,《国家税务总局关于企业研究开发费用税前加计扣除政策有关问题的公告》(国家税务总局公告2015年第97号)明确,企业取得作为不征税收入处理的财政性资金用于研发活动所形成的费用或无形资产,不得计算加计扣除。作为征税收入处理的财政性资金用于研发活动所形成的费用或无形资产,可按规定计算加计扣除。

根据企业所得税法规定,甲企业取得的政府补助100万元应确认为收入,计入收入总额。根据《企业会计准则第16号——政府补助》,修订后新增了净额法,将政府补助作为相关成本费用扣减。若甲企业在企业所得税年度纳税申报时将政府补助确认为应税收入,对研发支出不扣减取得的政府补助金额,则当年加计扣除的基数为500万元,加计扣除额为375万元。2020年度应纳企业所得税为6.25万元[(1 000+100-700-375)×25%]。若企业在企业所得税年度纳税申报时将收到的政府补助100万元作为不征税收入,则当年加计扣除的基数为400万元,加计扣除额为300万元。2020年度应纳企业所得税25万元[(1 000-200-400-300)×25%]。

(二) 与土地增值税有关的税务管控

1. 新建房地产转让项目的扣除

(1) 取得土地使用权所支付的金额,包括:①出让方式取得的土地使用权为支付的土地出让金;②以行政划拨方式取得的土地使用权为按规定补缴的土地出让金;③以转让方式取得的土地使用权为支付的地价款。纳税人在取得土地使用权时按国家统一规定缴纳的有关费用(如登记、过户手续费和契税扣除的部分应与计税收入配比)。

(2) 房地产开发成本是指纳税人房地产开发项目实际发生的成本,包括:①土地征用及拆迁补偿费(包含耕地占用税);②前期工程费;③建筑安装工程费;④基础设施费;⑤公共配套设施费;⑥开发间接费用(扣除的部分应与计税收入配比)。

(3) 根据国税函〔2010〕220号及其他相关规定。房地产开发费用—期间费用,即销售费用、管理费用、财务费用。扣除方法取决于财务费用中的利息处理:

① 纳税人能够按转让房地产项目计算分摊利息支出,并能提供金融机构的贷款证明的:

$$房地产开发费用 = 利息 + (取得土地使用权所支付的金额 + 房地产开发成本) \times 5\% 以内$$

利息扣除注意三点:能分摊并提供金融机构证明;不能超过按商业银行同类同期银行贷款利率计算的金额;不包括加息、罚息。

② 纳税人不能按转让房地产项目计算分摊利息支出,或不能提供金融机构贷款证明的:

$$房地产开发费用 = (取得土地使用权所支付的金额 + 房地产开发成本) \times 10\% 以内$$

(4) 与转让房地产有关的税金,包括城市维护建设税、教育费附加(即"一税一费")。

(5) 财政部规定的其他扣除项目。只有从事房地产开发的纳税人可加计20%的扣除,其计算公式为:

$$加计扣除费用 = (取得土地使用权支付的金额 + 房地产开发成本) \times 20\%$$

【案例4-3-10】 某房地产开发公司开发一住宅项目,取得该土地使用权所支付的金额5 000万元,房地产开发成本6 000万元,利息支出600万元(能提供金融机构贷款证明),所在省人民政府规定,能提供金融机构贷款证明的,其他房地产开发费用扣除比例为4%,该公司计算土地增值税时允许扣除开发费用如何确认。

【税务管理建议】

允许扣除的开发费用 = 600 + (5 000 + 6 000) × 4% = 1 040(万元)

2. 不动产转让项目的扣除

(1) 房屋及建筑物的评估价格。计算公式为:

$$评估价格 = 重置成本价 \times 成新度折扣率$$

支付的评估费用允许扣除。但纳税人因隐瞒、虚报房地产成交价格所发生的评估费用,不允许扣除。

凡不能取得评估价格、但能提供购房发票的,旧房及建筑物的评估价格,可按发票所载金额并从购买年度起至转让年度止每年加计5%计算扣除。

计算扣除项目时"每年"按购房发票所载日期起至售房发票开具之日止,每满12个月计1年;超过1年,未满12个月但超过6个月的,可以视同为1年。

(2) 取得土地使用权所支付的地价款和按国家统一规定缴纳的有关费用。对取得土地使用权时未支付地价款或不能提供已支付的地价款凭据的,不允许扣除。转让环节缴纳的税金(城市维护建设税、附加税、印花税)。

对纳税人购房时缴纳的契税,凡能提供契税完税凭证的,准予作为"与转让房地产有关的税金"予以扣除,但不作为加计5%的基数。

【案例4-3-11】 2020年3月,某公司销售自用办公楼,不能取得评估价格,该公司提供的购房发票所载购房款为2 200万元,购买日期为2011年1月1日。允许扣除的购入及转让环节相关税费100万元。该公司在计算土地增值税时允许扣除项目金额为多少?

【税务管理建议】

纳税人转让旧房及建筑物,能提供购房发票的,可按发票所载金额并从购买年度起至转让年度止每年加计5%计算扣除。该公司在计算土地增值税时允许扣除项目金额=2 200×(1+10×5%)+100=3 400(万元)。

3. 企业实际发生的成本不等于土地增值税税前允许扣除的成本

在实操层面,不同地块、不同项目之间基本无法进行成本转移。营改增后,土地增值税纳税人接受建筑安装服务取得的增值税发票,在发票的备注栏注明建筑服务发生地及项目名称,否则不得计入土地增值税扣除项目金额。

第四节 企业商务合同税务管理

所谓商务合同,是指平等主体的自然人、法人、其他组织之间为进行商务活动而设立、变更、终止民事权利义务关系的协议。如商品买卖合同、借款或融资合同、租赁合同、投资合同、联营或合作合同、建筑施工合同、运输合同、技术开发或技术转让合同、承包合同等。依法成立的合同,对当事人具有同等的法律约束力。商务活动必然要涉及税务,合同控税是企业降低税收成本的直接而有效的方法。

一、合同约定条款与纳税义务的关系

(1) 合同约定决定经济业务或经济行为的性质,从而决定应税行为所适用税种和税目的法律依据。

比如企业收到一笔款项,合同约定这笔款项的性质直接决定产生什么纳税义务。以房产使用合同为例,如果合同约定甲方将房屋出租给乙方,甲方收取租金,房屋使用期间发生的物业水电等均由乙方负担,这属于典型的房屋租赁合同,甲方应按不动产租赁缴纳增值税、房产税等,按租赁合同缴纳印花税;如果合同约定甲方提供"公寓式"管理服务,及甲方不仅提供房屋,而且日常管理均由甲方提供,则甲方应按提供生活服务缴纳增值税,按房产余值缴纳房产税,由于生活服务合同不属于印花税征税范围,不需要缴纳印花税。目前有许多母子公司在一起办公,子公司的办公设施均由母公司提供,相关的房屋管理和日常运营都由母公司打理,母子公司间签订合同条款的约定更具有现实意义。

(2) 合同约定决定双方的权利义务关系,进而可作为承担纳税义务的合法依据,合同约定形成的经济关系,相应地也就依法形成了双方承担各自纳税义务的关系。

比如,甲方为商贸公司,乙方为白酒生产企业。甲方和乙方签订了白酒购销合同,甲方向乙方购进白酒,则形成了购销双方的购销关系,销售方要承担增值税、消费税的纳税义务,而购货方则没有该项纳税义务,反而有取得增值税专用发票进项税额抵扣的权利,双方需要按购销合同缴纳印花税。如果合同约定为加工合同,原料由甲方提供,乙方只负责加工,则双方属于加工合同性质,乙方只需要按收取的加工费缴纳增值税,但需按白酒价格代扣代缴消费税,按加工合同缴纳印花税。这样消费税的纳税人则由乙方转为甲方。

(3) 合同约定的交易价格或交易额,直接影响计税依据的大小和税负的高低。

无论是增值税、消费税、印花税等,凡是依据合同进行交易的应税行为都是以合同约定的交易额为计税依据的。比如企业销售货物,需要第三方运输,如果销售价格中包含运费,则属于混合销售行为,一并计算销项税额,如果合同约定为代垫运费,则第三方将运输发票开给购货方,销货方则不承担运费有关的纳税义务。又如房屋出租,如果房屋租金中包含水电费,则水电费一起并入房租需要承担增值税、房产税和印花税等,出租人承担纳税义务,而税负往往会转嫁到承租人头上,加重承租人税负。

(4) 合同约定的付款方式、结算方式、交货方式直接作为判定纳税义务发生时间的依据。

增值税、消费税等主要税种的税收法规中都明确规定了纳税义务发生时间。纳税义务的发生时间是根据合同约定或实际交易发生时间确定的。不同方式自然会导致纳税义务发生时间的不同,而且由于交易中可能会发生某些与合同约定不一的变动,这时往往会出现收入尚未实现却要先垫支税款的情况,或是如果本来可以推迟纳税的,但由于合同约定不当而导致提前纳税等。比如,交易若发生在月底,采用的是委托银行收款的结算方式,按税法规定,纳税义务发生时间为办妥托收手续的当天,这时就可能造成企业月底结算应税收入时要将该笔收入计入应税收入,但此时企业实际并未收到收入款项,而纳税义务却已经产生,企业必须先支付税款。如果交易在此期间因质量检验等发生争议,该笔货款何时能到账还是个未知数,企业税负就会因此而加重。如果企业业务人员很清楚这类影响的关系,自然就会在合同签订条款的谈判过程中设法避免这类情况的发生,进而避免加重税负。

二、常见商务合同中影响税负的重要因素

商务合同的种类很多,不同种类的合同由于其适用的税种不同,影响税负的因素也就不同。这里简要介绍几类常见合同中影响税负的重要因素。

(一) 购销合同

购销合同中影响税负的因素相对较多,如价外费用的处理、结算方式、发票提供、交易方式、货物验收方式等。

(二) 租赁合同

租赁合同中影响税负的重要因素主要是收费项目是否包含转移支付项目。

(三) 资产转让或合作合同

这里主要是指用不动产、无形资产进行转让交易,或是投资合作等合同约定的情况。其考虑的重要因素是:内容是否可以分割,形式是否可以变换,风险是否共担。

在不动产的转让中,可能牵涉电梯、中央空调、水电设备及房屋装修等是否应该分割和能否分割等问题。这种分割可能会影响到双方的税负。比如,房屋的交易可能节省契税、印花税,并且可能加大购入资产的前期折旧(因为装修和设备的折旧年限远远短于房屋),因而可能对减轻企业所得税税负有利。因此,分割可能对双方都有利。当然,实际中往往情况千差万别,不宜一概而论,要视具体情况具体分析。因此,这类合同的签订最好事先经过认真的分析和筹划。

(四) 劳务服务合同

劳务服务合同种类很多,如工程承包、中介服务、维修服务、技术咨询、运输服务、仓储保管服务、旅游服务、金融保险服务等。这类合同主要涉及增值税和企业所得税。合同约定时考虑的重要因素有:税率差异有无通过性质转换或优惠政策而利用的可能;税基扣减额有无增大的可能。

三、利用商务合同约定条款进行合理税务安排

(一) 经营性租赁合同的税务安排

1. 水电费与租金分离

在租赁厂房或房屋时水电费用必须与厂房或房屋的租赁价格进行分离。因为水电费用与厂房或房屋的租赁价格分离,出租人在申报房产税时的计税依据更小,可以少申报缴纳房产税,否则水电费用要并入房产税的计税依据,使出租人多缴纳房产税从而增加税负。

2. 将房屋和设备租金分开签合同

厂房或房屋与厂房和房屋之内的设备或办公设施一起租赁时,必须签订两份合同,一份是厂房或房屋租赁合同,一份是厂房和房屋之内的设备或办公设施租赁合同。这样,一方面,可以使出租人少缴纳房产税,否则厂房和房屋之内的设备或办公设施也要并入厂房或房屋租金价值作为房产税的计税依据,使出租人多缴纳房产税;另一方面,避免兼营行为合并从高适用增值税税率的风险。

【案例4-4-1】 甲公司与其关联企业乙公司签订的租赁合同中的价格条款规定:乙公司出租厂房、办公楼给甲公司,租赁期限5年,每月租金为100 000元,租金包括办公厂区、停车位、厂区道路和绿化带等附属设施费用,还包括办公楼中的办公设备租金和管理服务费用。

【税务管理建议】

1. 原合同存在的问题

根据《财政部 税务总局关于房产税和车船使用税几个业务问题的解释与规定》(财税

地字〔1987〕3号)的规定,房产是以房屋形态表现的财产。房屋是指有屋面和围护结构(有墙或两边有柱),能够遮风避雨,可供人们在其中生产、工作、学习、娱乐、居住或储藏物资的场所。独立于房屋之外的建筑物,如围墙、烟囱、水塔、变电塔、油池油柜、酒窖菜窖、酒精池、糖蜜池、室外游泳池、玻璃暖房、砖瓦石灰窑以及各种油气罐等,不属于房产。基于此规定,办公设备、办公厂区、停车位、厂区道路和绿化带等附属设施和管理服务费用不属于房产,不用交房产税。本案例中,乙公司出租厂房、办公楼给甲公司,租赁期限5年,每月租金为100 000元,租金包括办公厂区、停车位、厂区道路和绿化带等附属设施费用,还包括办公楼中的办公设备租金和管理服务费用。这种业务合同会使乙公司承担更多的房产税。同时出租房产和出租办公设备严格来说属于增值税不同税目的租赁服务,出租不动产税率为9%,出租办公设备适用税率为13%,如果未分别签订合同,存在按13%缴纳增值税的风险。

2. 合理化建议

乙公司与甲公司签订四份合同:一份厂房和办公楼租赁合同,月租金为70 000元;一份物业服务合同,月服务价格为10 000元;一份办公设备租赁合同,月租金为10 000元;一份厂区、绿化带、停车位等附属设施租赁合同,月租金为10 000元。

3. 税收效应分析

5年可少交房产税=30 000×12%×12×5=259 200(元)

5年可少交增值税=70 000×(13%-9%)×12×5=168 000(元)

3. 收取租金的时间约定

非关联企业发生租赁行为,一般情况下肯定会约定提前收取租金。而关联企业,则可以约定在租赁期满时支付租金,将增值税、企业所得税、房产税的纳税义务发生时间后置,产生递延纳税效应。

4. 租赁合同和"公寓式"服务合同的转换

如果出租房屋符合商住两用条件,在房屋建筑物出租的同时,提供物业、住宿、食堂等配套服务,企业可以将租赁合同转换为旅店服务合同,不仅降低增值税税率,而且房产税的计税依据也由租金变成了房产余值。

5. 房屋租赁合同与仓储合同、物流合同的转换

一般情况下,同时提供仓库租赁、仓储、物流业务的企业,如果客户存储的东西只需要常规的保管、搬运时,出租仓库一方可与承租方协商,签订仓储合同或物流服务合同,这样房产税、增值税方面均可节约大量的税收成本。

(二) 销售合同与代销合同的税务安排

生产企业与商贸企业发生业务往来,如果产品比较畅销,购销双方均能及时收到销售款项,当然以直接销售方式进行合同约定。但如果商品不属于畅销产品,购货方一般均在销售货物后才能回款,双方约定为代销合同则更为妥当。这样,双方的法律风险和购销合同相同,但只有销售商销售货物后向生产企业提供代销清单时才计算确认应税收入,确认

增值税和企业所得税,保持企业收款时间和纳税义务发生时间一致,充分体现税收量能负担原则。如果商贸企业能按照平价销售仅收取代理服务费的方式进行会计核算,生产企业税负不变的情况下,商贸企业手续费收入按代理业 6%的税率纳税,就代理费这部分收入而言,可节税 53.8%。

(三) 广告代理合同的税务安排

广告活动包括广告设计、广告策划、广告制作和广告发布等流程,广告业务营改增后,要按照 6%的税率缴纳增值税,同时广告设计、广告策划、广告制作费用不缴纳文化建设费。因此,广告业务应如何进行法务和税务处理,怎样签订减少税负的广告代理合同,对于广告主、广告经营者和广告发布者有着非常重要的意义。

根据《财政部 国家税务总局关于营业税改征增值税试点有关文化事业建设费政策及征收管理问题的通知》(财税〔2016〕25 号)第一条规定,在中华人民共和国境内提供广告服务的广告媒介单位和户外广告经营单位,应按照本通知规定缴纳文化事业建设费。

《财政部 国家税务总局关于全面推开营业税改征增值税试点的通知》(财税〔2016〕36 号)附件 1 第一条第(六)项规定:广告服务,是指利用图书、报纸、杂志、广播、电视、电影、幻灯、路牌、招贴、橱窗、霓虹灯、灯箱、互联网等各种形式为客户的商品、经营服务项目、文体节目或者通告、声明等委托事项进行宣传和提供相关服务的业务活动,包括广告代理和广告的发布、播映、宣传、展示等。

基于以上税收政策规定,广告策划、设计、制作等不属于广告服务的行为,因此不必缴纳文化事业建设费。

财税〔2016〕25 号文件第三条规定,缴纳文化事业建设费的单位(以下简称缴纳义务人)应按照提供广告服务取得的计费销售额和 3%的费率计算应缴费额,计算公式如下:应缴费额=计费销售额×3%。计费销售额,为缴纳义务人提供广告服务取得的全部含税价款和价外费用,减除支付给其他广告公司或广告发布者的含税广告发布费后的余额。缴纳义务人减除价款的,应当取得增值税专用发票或国家税务总局规定的其他合法有效凭证;否则,不得减除。

财税〔2016〕25 号文件第七条规定,增值税小规模纳税人中月销售额不超过 2 万元(按季纳税 6 万元)的企业和非企业性单位提供的应税服务,免征文化事业建设费。自 2015 年 1 月 1 日起至 2017 年 12 月 31 日,对按月纳税的月销售额不超过 3 万元(含 3 万元),以及按季纳税的季度销售额不超过 9 万元(含 9 万元)的缴纳义务人,免征文化事业建设费。《国家税务总局关于营业税改征增值税试点有关文化事业建设费登记与申报事项的公告》(国家税务总局公告 2013 年第 64 号)第二条第(二)项规定,缴纳人计算缴纳文化事业建设费时,允许从提供相关应税服务所取得的全部含税价款和价外费用中减除有关价款的,应根据取得的合法有效凭证逐一填列《应税服务扣除项目清单》,作为申报表附列资料,向主管税务机关同时报送。缴纳人应将合法有效凭证的复印件加盖财务印章后编号并装订成册,作为备查资料并妥善保管,以备税务机关检查审核。

根据税法规定,广告设计费用按照6%税率计算增值税,广告策划费用按照6%税率计算增值税,广告制作费用按照13%税率计算增值税,广告发布费用按照6%税率计算增值税。根据财税〔2016〕36号附件2《营业税改征增值税试点有关事项的规定》第一条规定,试点纳税人销售货物、加工修理修配劳务、服务、无形资产或者不动产适用不同税率或者征收率的,应当分别核算适用不同税率或者征收率的销售额,未分别核算销售额的,按照以下方法适用税率或者征收率:①兼有不同税率的销售货物、加工修理修配劳务、服务、无形资产或者不动产,从高适用税率。②兼有不同征收率的销售货物、加工修理修配劳务、服务、无形资产或者不动产,从高适用征收率。③兼有不同税率和征收率的销售货物、加工修理修配劳务、服务、无形资产或者不动产,从高适用税率。

因此,根据上述分析,广告主在与广告经营者或广告发布者签订广告合同时,必须在合同中将广告设计费、制作费用、占地费、管理费、一次性支付的广告经营权费、网站服务费和广告牌租赁费等非广告发布费与广告发布费分别注明,并在合同中明确广告发布者和广告经营者必须向广告主开具广告发票和广告发布费发票。

这样签合同有两个节税好处:一是对于广告发布者和广告经营者而言,可以节约文化事业建设费;二是对于广告主而言,可以多抵扣增值税(广告制作费用可以抵扣13%的增值税)。

【案例4-4-2】 甲企业某年委托某广告代理公司代理某商品的广告业务,广告费用共计200万元,其中预计广告设计费用50万元,广告制作费用50万元,广告策划费用30万元,广告发布费用100万元,以上费用都是不含增值税的价格。假设甲企业当年的业务总收入为2 000万元。

企业业务部门提供了两种合同签订方式:

第一种合同签订方法:在广告代理合同中约定,广告代理公司全权代理广告设计、广告策划、广告制作和广告发布业务,费用共计200万元(不含增值税)。

第二种合同签订方法:在广告代理合同中约定,广告代理公司全权代理广告设计、广告策划、广告制作和广告发布业务,其中广告设计费用50万元(不含增值税),广告策划费用50万元(不含增值税),广告制作费用50万元(不含增值税),广告发布费用50万元(不含增值税)。

【税务管理建议】

第一种合同签订方法的涉税分析:广告代理公司开给甲企业一张200万元的增值税专用发票,甲企业可抵扣增值税12万元(200×6%)。当年甲企业可以在企业所得税前扣除的广告费用为:2 000×15%=300(万元)>200万元,即甲企业当年发生的广告费用200万元完全可以在企业所得税税前扣除。因此,甲企业可以少缴纳企业所得税50万元(200×25%)。

广告代理公司要缴纳文化事业建设费6万元(200×3%)。

第二种合同签订方法的涉税分析:广告代理公司开给甲企业一张50万元设计费的增值税专用发票,一张50万元策划费的增值税专用发票,一张50万元制作费的增值税专用发票,一张 50 万元广告费的增值税专用发票。甲企业可抵扣增值税 15.5 万元(50×6%+50×6%+50×13%+50×6%)。企业所得税处理与第一种合同签订方法的处理相同。

广告代理公司要缴纳文化事业建设费 1.5 万元(50×3%)。通过比较两种合同签订方法可知,第二种合同签订方法可以使甲企业节省增值税 6.5 万元(15.5－9),同时可以使广告代理公司节省文化事业建设费 4.5 万元(6－1.5)。

通过以上分析,方案二更为合理。

(四) 土地出让或转让合同的税务安排

根据《财政部 国家税务总局关于房产税、城镇土地使用税有关政策的通知》(财税〔2006〕186 号)第二条规定,以出让或转让方式有偿取得土地使用权的,应由受让方从合同约定交付土地时间的次月起缴纳城镇土地使用税,合同未约定交付土地时间的,由受让方从合同签订的次月起缴纳城镇土地使用税。基于此规定,在土地出让或转让合同中,如果注明了土地交付使用时间,则从合同约定交付时间的次月起缴纳城镇土地使用税。如果合同中没有写明土地交付时间,则会引发多缴土地使用税的风险。另外,在土地管理局与企业办理土地交付的实践中,要特别注意两点:一是若是土地管理局与企业办理土地交付使用手续时间滞后于合同约定的交付使用时间,则城镇土地使用税应从合同约定交付土地时间的次月起缴纳;二是若土地管理局与企业办理土地交付使用手续的时间早于合同约定的交付使用时间,则城镇土地使用税从国土局与企业办理土地交接单上时间的次月起缴纳。根据以上分析,企业在签订土地出让和转让合同时,必须在土地出让或转让合同中,注明土地交付使用时间以节省土地使用税。

【案例 4-4-3】 2019 年 11 月,安徽阜阳市某一家房地产公司通过"招、挂、拍"程序,耗资 2 亿元与当地土地储备中心签订了一份土地使用权转让合同。由于当地土地储备中心 2019 年的土地储备指标全部售完,为了实现 2019 年的财政收入目标,当地政府只好把 2020 年的土地指标预先放到 2019 年销售。也就是说,当地土地储备中心销售的是 2020 年的土地指标,而不是真正的土地实物,结果在土地使用权转让合同中没有写清楚土地交付的使用权时间。该房地产公司从土地储备中心索取一张 2 亿元的发票,财务上做无形资产入账。直到 2020 年 12 月份该土地才被房地产公司使用,该房地产公司直到 2021 年 3 月份才办理了土地使用权证书。2021 年 6 月份,当地的税务稽查局抽到该房地产公司进行检查,发现该房地产公司 2019 年 11 月份购买的土地没有缴纳土地使用税,要求该房地产公司补缴 2019 年 12 月份以来的土地使用税,并加收罚款和滞纳金。该房地产公司的老板和财务经理百思不得其解,请问当地税务稽查局的认定结论是否正确?

【税务管理建议】

根据《国家税务总局关于通过招拍挂方式取得土地缴纳城镇土地使用税问题的公告》(国家税务总局公告 2014 年第 74 号)规定,通过招标、拍卖、挂牌方式取得的建设用地,不属于新征用的耕地,纳税人应按照《财政部 国家税务总局关于房产税 城镇土地使用税有关政策的通知》(财税〔2006〕186号)第二条规定执行。本案例中,由于未约定交付土地的时间,房地产公司必须从2019年签订合同的时间11月的次月12月开始申报缴纳土地使用税。

根据《税收征收管理法》第六十二条规定,纳税人未按照规定的期限办理纳税申报和报送纳税资料的,或者扣缴义务人未按照规定的期限向税务机关报送代扣代缴、代收代缴税款报告表和有关资料的,由税务机关责令限期改正,可以处2 000元以下的罚款;情节严重的,可以处2 000元以上10 000元以下的罚款。第六十四条第二款规定,纳税人不进行纳税申报,不缴或者少缴应纳税款的,由税务机关追缴其不缴或者少缴的税款、滞纳金,并处不缴或者少缴的税款50%以上5倍以下的罚款。

根据《财政部 国家税务总局关于印花税若干政策的通知》(财税〔2006〕162号)第二条规定,对土地使用权出让合同、土地使用权转让合同按产权转移书据征收印花税。根据以上政策规定,该公司与政府签订的土地出让合同应该按价款的0.5‰贴花。本案例中,房地产公司没有按规定的期限办理纳税申报,必须补缴2019年12月份以来的土地使用税,缴纳罚款和滞纳金。

如果该房地产公司能提前做好税收筹划,在2019年11月与当地土地储备中心签订土地使用权转让合同时,就能够考虑到当地土地储备中心无法交付土地的客观情况,在当时的土地使用权转让合同中写清楚预计政府能够提供土地交付使用的时间,假设为2021年4月,则根据财税〔2006〕186号文件第二条的规定,该房地产公司缴纳土地使用税的时间为2021年5月份,从而规避当地税务稽查局做出的以上补税、罚款和缴纳滞纳金的税收风险。因此,要使税务筹划没有风险,必须从合同签订入手。

(五)混合型投资合同的税务安排

根据《国家税务总局关于〈企业混合性投资业务企业所得税处理问题的公告〉的解读》第二条规定,混合性投资业务应具备五个条件:①被投资企业接受投资后,需要按投资合同或协议约定的利率定期支付利息,包括支付保底利息、固定利润或固定股息等。也就是说,此类投资回报不与被投资企业的经营业绩挂钩,不是按企业的投资效益进行分配,也不是按投资者的股份份额取得回报,是投资者没有或很少承担投资风险的一种投资,实际为企业的一种融资形式。②有明确的投资期限或特定的投资条件,并在投资期满或者满足特定投资条件后,被投资企业应当偿还本金或按投资合同或协议约定的价格赎回投资。也就是说,投资期限无论是否届满,只要合同或协议约定的、需要由被投资企业偿还本金或赎回投资的条件已经满足,被投资企业必须偿还本金或赎回投资。被投资企业偿还本金或赎回投资后,做减资处理。③被投资企业如果依法停止生产经营活动需要清算的,投资企业的投资额可以按债权进行优先清偿,但对被投资企业净资产不能按投资份额拥有所有权。④投资企业不具有选举权和被选举权。被投资企业在选举董事会、监事会成员时,投资企业不能按持股份比例进行表决或被选为成员。⑤不参与被投资企业日常生产经营活动。但是,投资资金如果指定了专门用途的,投资方企业可以监督其资金运用情况。

根据《国家税务总局关于企业混合性投资业务企业所得税处理问题的公告》（国家税务总局公告 2013 年第 41 号）第二条第（一）项的规定，对于被投资企业支付的利息，投资企业应于被投资企业应付利息的日期，确认收入的实现并计入当期应纳税所得额；被投资企业应于应付利息的日期，确认利息支出，并按税法和《国家税务总局关于企业所得税若干问题的公告》（2011 年第 34 号）第一条的规定，进行税前扣除。根据《国家税务总局关于〈企业混合性投资业务企业所得税处理问题的公告〉的解读》第四条规定，投资期满或满足特定条件后，由被投资企业按投资合同或协议约定价格赎回的，应区分下列情况分别进行处理：①实际赎价高于投资成本时，投资企业应将赎价与投资成本之间的差额，在赎回时确认为债务重组收益，并计入当期应纳税所得额，被投资企业应将赎价与投资成本之间的差额，在赎回当期确认为债务重组损失，并准予在税前扣除。②当实际赎价低于投资成本时，投资企业应将赎价与投资成本之间的差额，在赎回当期按规定确认为债务重组损失，并准予在税前扣除；被投资企业应将赎价与投资成本之间的差额，在赎回当期确认为债务重组收益，并计入当期应纳税所得额。

基于以上分析，混合性投资业务（或房地产信托融资业务）投资双方在签订投资协议时，可以将投资期间支付的固定利息或利润限定在根据银行同期同类贷款利率计算的范围内，超过部分全部计入赎回投资的对价，这样被投资企业支付的全部利息和对价均能在税前扣除。

【案例 4-4-4】 A 房地产企业接受 B 信托投资公司"混合性"投资，由 B 信托投资公司向 A 房地产企业增资 2.5 亿元，双方约定年收益率为 15%，两年后 A 房地产企业应以 2.8 亿元的对价赎回该项投资。假设银行同期同类贷款利率为 6%，该合同如何约定对 A 房地产企业更有利。

【税务管理建议】

1. 原约定税负情况分析

（1）B 信托投资公司在投资期间及投资收回时取得的利息收入和债务重组收入 = 25 000×15%×2+28 000－25 000＝10 500（万元）。

B 信托投资公司该项投资业务需缴纳的企业所得税＝10 500×25%＝2 625（万元）。

（2）A 房地产企业投资期间支付的利息及债务重组损失＝25 000×15%×2+28 000－25 000＝10 500（万元）。

A 房地产企业可以税前扣除的利息支出及债务重组损失＝25 000×6%×2+28 000－25 000＝6 000（万元）。

A 房地产企业需做纳税调增的金额＝10 500－6 000＝4 500（万元）。

A 房地产企业应缴企业所得税税额＝4 500×25%＝1 125（万元）。

2. 合同修改建议

双方应修改投资合同，将年收益率改为 6%，两年后赎回的价格为 3.25 亿元（2.8+0.45）。

3. 合同修改后税负分析

（1）B 信托投资公司在投资期间及投资收回时取得的利息收入和债务重组收入＝

$25\,000 \times 6\% \times 2 + 32\,500 - 25\,000 = 10\,500$(万元)。

B 信托投资公司该项投资业务需缴纳的企业所得税 $= 10\,500 \times 25\% = 2\,625$(万元)。

(2) A 房地产企业投资期间支付的利息及债务重组损失 $= 25\,000 \times 6\% \times 2 + 32\,500 - 25\,000 = 10\,500$(万元)。

A 房地产企业可以税前扣除的利息支出及债务重组损失 $= 25\,000 \times 6\% \times 2 + 32\,500 - 25\,000 = 10\,500$(万元)。

A 房地产企业需做纳税调增的金额为零。

A 房地产企业缴纳企业所得税为零。

4. 合同修订后税收效益分析

合同修订后,B 信托投资公司的税负不变,A 房地产企业的税负减少 1 125 万元。

四、合同履行的税务管控

合同一旦正式签订,企业应严格按合同约定进行税务核算,正确进行发票的开具和使用,做到业务税务一体化,业务、财务、税务相匹配,避免产生税务风险。

第五节　企业人力资源税务管理

一、用工形式的税务管理

灵活用工主要是通过一种新的用工模式(非雇佣关系)来解决企业用人成本,将原有的工资成本转变为经营成本,并能获得增值税专用发票进行税务抵扣,使企业在降低成本的同时,做到税票合法合规。

(一) 用工形式选择

1. 本单位职工

本单位职工是指与用工单位签订劳动合同,从而与用人单位存在劳动关系(包括事实劳动关系)的各种用工形式、各种用工期限的劳动者,包括企业的管理人员、技术人员和工人以及外籍员工等全体人员。

2. 劳务派遣服务

劳务派遣服务是指劳务派遣公司为了满足用工单位对于各类灵活用工的需求,将员工派遣至用工单位,接受用工单位管理并为其工作的服务。

3. 人力资源外包服务

人力资源外包服务是指企业将人力资源部门的全部或部分工作外包给专门的人力资源管理公司,由人力资源管理公司代为办理人员招聘、档案管理、落户、社保开户、发放工资、培训等,类似于人事代理。

(二) 税收政策分析

1. 增值税政策分析

1) 本单位职工

工资薪金不需要发票入账,和企业形成雇佣关系的员工向企业提供的服务不属于增值税应税范围,不需要开具发票。

2) 劳务派遣

(1) 一般纳税人:选择一般计税方法,按照《财政部 国家税务总局关于全面推开营业税改征增值税试点的通知》(财税〔2016〕36号)的有关规定,以取得的全部价款和价外费用为销售额,按照6%计算缴纳增值税;选择差额纳税,以取得的全部价款和价外费用,扣除代用工单位支付给劳务派遣员工的工资、福利和为其办理社会保险及住房公积金后的余额为销售额,按照简易计税方法依5%的征收率计算缴纳增值税。

(2) 小规模纳税人:按照《财政部 国家税务总局关于全面推开营业税改征增值税试点的通知》(财税〔2016〕36号)的有关规定,以取得的全部价款和价外费用为销售额,按照简易计税方法依3%的征收率计算缴纳增值税;选择差额纳税,以取得的全部价款和价外费用,扣除代用工单位支付给劳务派遣员工的工资、福利和为其办理社会保险及住房公积金后的余额为销售额,按照简易计税方法依5%的征收率计算缴纳增值税。

3) 人力资源外包

(1) 一般纳税人:选择一般计税方法,按照《财政部 国家税务总局关于进一步明确全面推开营改增试点有关劳务派遣服务、收费公路通行费抵扣等政策的通知》(财税〔2016〕47号)规定,纳税人提供人力资源外包服务,按照经纪代理服务缴纳增值税,其销售额以取得的全部价款和价外费用,扣除受客户单位委托代为向客户单位员工发放的工资和代理缴纳的社会保险、住房公积金的余额,按照6%计算缴纳增值税;选择简易计税方法,纳税人提供人力资源外包服务,按照经纪代理服务缴纳增值税,其销售额以取得的全部价款和价外费用,扣除受客户单位委托代为向客户单位员工发放的工资和代理缴纳的社会保险、住房公积金的余额,按照5%的征收率计算缴纳增值税。

(2) 小规模纳税人:按照《财政部 国家税务总局关于进一步明确全面推开营改增试点有关劳务派遣服务、收费公路通行费抵扣等政策的通知》(财税〔2016〕47号)规定,小规模纳税人提供人力资源外包服务,按照经纪代理服务缴纳增值税,其销售额以取得的全部价款和价外费用,扣除受客户单位委托代为向客户单位员工发放的工资和代理缴纳的社会保险、住房公积金的余额,按照3%的征收率计算缴纳增值税。

2. 企业所得税政策分析

1) 本单位职工

个人从某个企业获取的劳动报酬在税收上分别按不同标志而形成不同税目,最基本的税目有两个,即"工资薪金"和"劳务报酬"。两者的主要区别在于,前者存在雇佣与被雇佣关系,后者则不存在这种关系。我国现行税制中对人力资源成本的税前扣除附加了诸多限制条件。以工资性支出为例,根据《企业所得税法实施条例》第三十四条规定,企业发生的合理的工资薪金支出,准予扣除。"合理的工资薪金"是指企业按照股东大会、董事会、薪酬委员会或相关管理机构制定的工资薪金制度规定实际发放给员工的工资薪金。

2）劳务派遣

根据《国家税务总局关于企业工资薪金和职工福利费等支出税前扣除问题的公告》（国家税务总局公告 2015 年第 34 号）第三条规定,企业接受外部劳务派遣用工所实际发生的费用,应分两种情况按规定在税前扣除：按照协议（合同）约定直接支付给劳务派遣公司的费用,应作为劳务费支出；直接支付给员工个人的费用,应作为工资薪金支出和职工福利费支出。其中属于工资薪金支出的费用,准予计入企业工资薪金总额的基数,作为计算其他各项相关费用扣除的依据。

3）人力资源外包

企业需要支付中介服务费,计入期间费用。由人力资源外包服务方代发的工资,计入工资、薪金所得,在企业所得税税前扣除。

【案例 4-5-1】 人人科技发展有限公司因生产经营的需要,分别与甲劳务派遣公司和乙劳务派遣公司签订了接受劳务派遣用工的合同,2017 年度按合同约定,分别向甲劳务派遣公司支付费用 80 万元（含劳务员工的工资、五险一金等）；向乙劳务派遣公司支付费用 7 万元,同期还向直接从事生产的劳务员工支付工资 60 万元。

【税务管理建议】

人人科技发展有限公司凭甲劳务派遣公司开具的发票,将 80 万元支出计入劳务费；凭乙劳务派遣公司开具的发票将 7 万元支出计入劳务费,凭工资支付凭证将 60 万元计入工资薪金支出,并计入工资薪金总额的基数,同时作为计算"三项费用"等相关费用扣除的依据。此外,甲劳务派遣公司向派往人人科技发展有限公司的劳务员工支付的工资薪金按本企业员工处理。

3. 个人所得税政策分析

根据《个人所得税法实施条例》第六条规定,工资、薪金所得,是指个人因任职或者受雇而取得的工资、薪金、奖金、年终加薪、劳动分红、津贴、补贴以及与任职或者受雇有关的其他所得。

根据《国家税务总局关于加强个人工资薪金所得与企业的工资费用支出比对问题的通知》（国税函〔2009〕259 号）规定,到企业进行实地核查时,主要审核其税前扣除的工资、薪金支出是否足额扣缴了个人所得税；是否存在将个人工资、薪金所得在福利费或其他科目中列支而未扣缴个人所得税的情况；有无按照企业全部职工平均工资适用税率计算纳税的情况；以非货币形式发放的工资薪金性质的所得是否依法履行了代扣代缴义务；有无隐匿或少报个人收入情况；企业有无虚列人员、增加工资费用支出等情况。

根据《国家税务总局关于促进残疾人就业税收优惠政策相关问题的公告》（国家税务总局公告 2015 年第 55 号）规定,以劳务派遣形式就业的残疾人,属于劳务派遣单位的职工而不是实际用工单位的职工,所以用工单位不能申请享受安置残疾人税收优惠。

二、职工薪酬的税务管理

职工薪酬,是指企业为获得职工提供的服务而给予各种形式的报酬以及其他相关支出,包括职工在职期间和离职后提供给职工的全部货币性薪酬和非货币性福利。

职工薪酬中所指的职工包括以下人员:与企业订立劳动合同的所有人员,含全职、兼职和临时职工,也包括虽未与企业订立劳动合同但由企业正式任命的人员;未与企业订立劳动合同或未由其正式任命,但向企业所提供服务与职工所提供服务类似的人员,也属于职工的范畴,包括通过企业与劳务中介公司签订用工合同而向企业提供服务的人员。

职工薪酬包括短期薪酬、离职后福利、辞退福利和其他长期职工福利。企业提供给职工配偶、子女、受赡养人、已故员工遗属及其他受益人等的福利,也属于职工薪酬。

短期薪酬,是指企业在职工提供相关服务的年度报告期间结束后十二个月内需要全部予以支付的职工薪酬,因解除与职工的劳动关系给予的补偿除外。短期薪酬具体包括:职工工资、奖金、津贴和补贴,职工福利费,医疗保险费、工伤保险费和生育保险费等社会保险费,住房公积金,工会经费和职工教育经费,短期带薪缺勤,短期利润分享计划,非货币性福利以及其他短期薪酬。带薪缺勤,是指企业支付工资或提供补偿的职工缺勤,包括年休假、病假、短期伤残、婚假、产假、丧假、探亲假等。利润分享计划,是指因职工提供服务而与职工达成的基于利润或其他经营成果提供薪酬的协议。

离职后福利,是指企业为获得职工提供的服务而在职工退休或与企业解除劳动关系后,提供的各种形式的报酬和福利,短期薪酬和辞退福利除外。

辞退福利,是指企业在职工劳动合同到期之前解除与职工的劳动关系,或者为鼓励职工自愿接受裁减而给予职工的补偿。其他长期职工福利,是指除短期薪酬、离职后福利、辞退福利之外所有的职工薪酬,包括长期带薪缺勤、长期残疾福利、长期利润分享计划等。职工薪酬发放主要涉及企业所得税和个人所得税,另有少部分涉及增值税。

(一) 工资薪金的涉税管理

1. 业务描述

职工工资薪金具体包括职工工资、奖金、津贴和补贴,是企业在一定时期内支付给本单位全部职工的劳动报酬总和。

企业为职工提供的交通、住房、通信待遇,已经实行货币化改革补贴,应纳入职工工资总额;企业给职工发放的节日补助、未统一供餐而按月发放的午餐费补贴,也纳入职工工资总额。

2. 会计核算要求

企业应当在职工为其提供服务的会计期间,将应付的职工薪酬确认为负债,除因解除与职工的劳动关系给予的补偿外,应当根据职工提供服务的受益对象,分别以下情况处理:①应由生产产品、提供劳务负担的职工薪酬,计入产品成本或劳务成本。生产产品、提供劳务中的直接生产人员和直接提供劳务人员发生的职工薪酬,计入存货成本,但非直接消耗的直接生产人员和直接提供劳务人员发生的职工薪酬,应当在发生时确认为当期损益。②应由在建工程、无形资产负担的职工薪酬,计入建造固定资产和无形资产成本。

上述两项之外的其他职工薪酬,计入当期损益。除直接生产人员、建造固定资产人员、开发无形资产人员以外的职工,包括公司总部管理人员、董事会成员、监事会成员等人员发生的职工薪酬,均应在发生时计入当期损益。

另根据《企业会计准则第9号——职工薪酬》及应用指南有关规定,当期实际发生金额大于预计金额的,应当补提应付职工薪酬;当期实际发生金额小于预计金额的,应当冲回多提的应付职工薪酬。

企业应按照劳动工资制度的规定,根据考勤记录、工时记录、工资标准、工资等级等,编制"工资表",计算各种工资。财务部门应将"工资结算单"进行汇总,编制"工资结算汇总表"。在此基础上,扣除应由职工个人负担而需要由企业代扣代缴的款项,如企业为职工代垫的房租、由企业代扣代缴的个人所得税等,余额即为职工的实得工资。对企业应发放的工资,在月份终了要编制"工资分配表"进行分配时,其中,生产工人工资记入"生产成本"科目,车间管理人员工资记入"制造费用"科目,企业管理部门人员工资记入"管理费用"科目,销售机构人员工资记入"销售费用"科目,应由在建工程、研发支出负担的人员工资,记入"在建工程""研发支出"科目。

3. 税收政策分析

1) 企业所得税政策分析

(1) 合理的工资薪金确认有关税收政策分析。根据《企业所得税法实施条例》第三十四条规定,企业发生的合理的工资薪金支出,准予扣除。根据国税函〔2009〕3号文件规定,"合理工资薪金"是指企业按照股东大会、董事会、薪酬委员会或相关管理机构制订的工资薪金制度规定实际发放给员工的工资薪金。税务机关在对工资薪金进行合理性确认时,可按以下原则掌握:企业制订了较为规范的员工工资薪金制度;企业所制订的工资薪金制度符合行业及地区水平;企业在一定时期所发放的工资薪金是相对固定的,工资薪金的调整是有序进行的;企业对实际发放的工资薪金,已依法履行了代扣代缴个人所得税义务;有关工资薪金的安排,不以减少或逃避税款为目的。属于国有性质的企业,其工资薪金,不得超过政府有关部门给予的限定数额;超过部分,不得计入企业工资薪金总额,也不得在计算企业应纳税所得额时扣除。

(2) 企业安置残疾人员及国家鼓励安置的其他就业人员所支付的工资的加计扣除政策分析。根据《企业所得税法》第三十条规定,企业的下列支出,可以在计算应纳税所得额时加计扣除:安置残疾人员及国家鼓励安置的其他就业人员所支付的工资。根据《企业所得税法实施条例》第九十六条规定,上述所称企业安置残疾人员所支付的工资的加计扣除,是指企业安置残疾人员的,在按照支付给残疾职工工资据实扣除的基础上,按照支付给残疾职工工资的100%加计扣除。残疾人员的范围适用《中华人民共和国残疾人保障法》的有关规定。《企业所得税法》第三十条第(二)项所称企业安置国家鼓励安置的其他就业人员所支付的工资的加计扣除办法,由国务院另行规定。根据财税〔2009〕70号文件规定,企业享受安置残疾职工工资100%加计扣除应同时具备如下条件:依法与安置的每位残疾人签订了1年以上（含1年）的劳动合同或服务协议，并且安置的每位残疾人在企业实际上岗工作；为安置的每位残疾人按月足额缴纳了企业所在区县人民政府根据国家政策规定的基本养老保险、基本医疗保险、失业保险和工伤保险等社会保险；定期通过银行等金融机构向安置的每位残疾人实际支付了不低于企业所在区县适用的经省级人民政府批准的最低工资标准的工资；具备安置残疾人上岗工作的基本设施。

（3）关于季节工、临时工等费用税前扣除问题政策分析。根据国家税务总局2012年第15号公告关于季节工、临时工等费用税前扣除问题的规定，企业因雇佣季节工、临时工、实习生、返聘离退休人员以及接受外部劳务派遣用工所实际发生的费用，应区分为工资薪金支出和职工福利费支出，并按《企业所得税法》规定在企业所得税前扣除。其中属于工资薪金支出的，准予计入企业工资薪金总额的基数，作为计算其他各项相关费用扣除的依据。

（4）税收与会计政策差异分析及纳税调整。根据以上政策分析，在企业所得税方面，会计上计入有关成本费用的工资超过税法规定标准时，超过部分需调增当年度应纳税所得额；若会计核算数在税收核算数范围内，则两者不存在差异；当税法规定工资薪金允许加计扣除时，加计扣除部分需调减当年度应纳税所得额。

2）个人所得税政策分析

个人所得税政策分析已在第三章第三节中做了详细介绍，此处不再赘述。

（二）企业福利的涉税管理

1. 业务描述

职工福利费，主要是尚未实行分离办社会职能或主辅分离、辅业改制的企业，内设医务室、职工浴室、理发室、幼儿园等集体福利机构人员的工资、医务经费、职工因公赴外地就医路费、职工生活困难补助、未实行医疗统筹企业职工医疗费用，以及按规定发生的其他职工福利支出。

非货币性福利，是指企业以自己的产品或外购的商品发放给职工作为福利，企业无偿提供给职工使用的自有房产或租赁资产，免费为职工提供诸如医疗保健等服务，或向职工提供企业支付了一定补贴的商品或服务等，比如以低于成本的价格向职工出售住房。

2. 会计核算要求

（1）根据财企〔2009〕242号文件规定，企业职工福利费是指企业为职工提供的除职工工资、奖金、津贴、纳入工资总额管理的补贴、职工教育经费、社会保险费和补充养老保险费（年金）、补充医疗保险费及住房公积金以外的福利待遇支出，包括发放给职工或为职工支付的以下各项现金补贴和非货币性集体福利：①为职工卫生保健、生活等发放或支付的各项现金补贴和非货币性福利，包括职工因公外地就医费用、暂未实行医疗统筹企业职工医疗费用、职工供养直系亲属医疗补贴、职工疗养费用、自办职工食堂经费补贴或未办职工食堂统一供应午餐支出、符合国家有关财务规定的供暖费补贴、防暑降温费等。②企业尚未分离的内设集体福利部门所发生的设备、设施和人员费用，包括职工食堂、职工浴室、理发室、医务所、托儿所、疗养院、集体宿舍等集体福利部门设备、设施的折旧、维修保养费用以及集体福利部门工作人员的工资薪金、社会保险费、住房公积金、劳务费等人工费用。③职工困难补助,或者企业统筹建立和管理的专门用于帮助、救济困难职工的基金支出。④离退休人员统筹外费用,包括离休人员的医疗费及离退休人员其他统筹外费用。企业重组涉及的离退休人员统筹外费用,按照财企〔2009〕117号文件有关规定执行。国家另有规定的,从其规定。⑤按规定发生的其他职工福利费,包括丧葬补助费、抚恤费、职工异地安家费、独生子女费、探亲假路费,以及符合企业职工福利费定义但没有包括在本通知各条款项目中的其他支出。

(2) 根据《企业财务通则》第四十六条规定,企业不得承担属于个人的下列支出:娱乐、健身、旅游、招待、购物、馈赠等支出;购买商业保险、证券、股权、收藏品等支出;个人行为导致的罚款、赔偿等支出;购买住房、支付物业管理费等支出;应由个人承担的其他支出。

企业以其自产产品发放给职工作为职工薪酬的,借记"生产成本"等科目,贷记"应付职工薪酬——福利费""应交税费——应交增值税(销项税额)"等科目。

无偿向职工提供住房等固定资产使用的,按应计提的折旧额,借记"生产成本"等科目,贷记"应付职工薪酬——福利费"科目;同时,借记"应付职工薪酬——福利费"科目,贷记"累计折旧"科目。

租赁住房等资产供职工无偿使用的,按每期应支付的租金,借记"管理费用""生产成本""制造费用"等科目,贷记"应付职工薪酬——福利费"科目。

企业发生职工福利支出时,应借记"应付职工薪酬——职工福利"科目,贷记有关账户。月末,企业应按照用途对发生的职工福利支出进行分配。在各月实际发生的职工福利支出相差不多的情况下,可以根据实际发生的金额进行分配;如果各月发生的职工福利支出相差较大,则应根据估计的金额进行分配。

企业分配职工福利费时,应借记"生产成本""制造费用""管理费用""销售费用""在建工程"和"研发支出"等科目,贷记"应付职工薪酬——职工福利"科目。

上述业务若涉及代扣代缴个人所得税,应借记"应付职工薪酬——职工福利"科目,贷记"应交税费——个人所得税"科目。

3. 税收政策分析

1) 增值税政策分析

根据《增值税法实施条例》规定,将自产、委托加工的货物用于集体福利或者个人消费的,应按照视同销售行为征收增值税。

2) 企业所得税政策分析

根据《企业所得税法实施条例》第四十条规定,企业发生的职工福利费支出,不超过工资薪金总额14%的部分,准予扣除。

上述所说企业职工福利费,包括以下内容:

(1) 尚未实行分离办社会职能的企业,其内设福利部门所发生的设备、设施和人员费用,包括职工食堂、职工浴室、理发室、医务所、托儿所、疗养院等集体福利部门的设备、设施及维修保养费用和福利部门工作人员的工资薪金、社会保险费、住房公积金、劳务费等。

（2）为职工卫生保健、生活、住房、交通等所发放的各项补贴和非货币性福利，包括企业向职工发放的因公外地就医费用、未实行医疗统筹企业职工医疗费用、职工供养直系亲属医疗补贴、供暖费补贴、职工防暑降温费、职工困难补贴、救济费、职工食堂经费补贴、职工交通补贴等。

（3）按照其他规定发生的其他职工福利费，包括丧葬补助费、抚恤费、安家费、探亲假路费等。

（4）税收与会计政策差异分析。根据以上政策分析，由于会计准则与税法对职工福利费中部分项目规定不同，因此职工福利费税会差异主要有以下几点：

第一，企业内设集体福利部门的差异。企业尚未分离的内设集体福利部门，会计上明确将"职工集体宿舍"作为集体福利部门；而税法规定则不包括。

第二，内设集体福利部门的福利性支出的差异。会计规定的福利部门支出除集体福利部门所发生的设备、设施和人员费用（包括工资薪金、社会保险费、住房公积金、劳务费等）及维修保养费用外，还包括集体福利部门的设备、设施的折旧。而税法规定则不包括福利部门设备、设施的折旧。

第三，离退休人员统筹外费用的差异。会计明确规定在职工福利费中核算，而税法规定的福利费不包括离退休统筹外费用，重组企业发生的相关费用应从重组清算所得中"据实"扣除。

第四，企业为职工提供的交通、住房、通信待遇的差异。会计规定已实行货币化改革，按月按标准发放或支付的住房补贴、交通补贴或者车改补贴、通信补贴，应当纳入职工工资总额，不再纳入职工福利费管理；尚未实行货币化改革的，企业发生的相关支出作为职工福利费管理，但根据国家有关企业住房制度改革政策的统一规定，不得再为职工购建住房。而税法规定将通信补贴排除在职工福利费范围之外，并且不区分是否实行货币化改革，将企业为职工住房、交通等所发放的各项补贴和非货币性福利，作为职工福利费处理。

会计上强调应当由个人承担的有关支出，企业不得作为职工福利费开支。

3）个人所得税政策分析

根据《个人所得税法》第四条规定，福利费、抚恤金、救济金等免征个人所得税。其中福利费，是指根据国家有关规定，从企业、事业单位、国家机关、社会团体提留的福利费或者工会经费中支付给个人的生活补助费；救济金，是指各级人民政府民政部门支付给个人的生活困难补助费。

（1）上述所称生活补助费，是指由于某些特定事件或原因而给纳税人或其家庭的正常生活造成一定困难，其任职单位按国家规定从提留的福利费或者工会经费中向其支付的临时性生活困难补助。

（2）下列收入不属于免税的福利费范围，应当并入纳税人的工资、薪金收入计征个人所得税：从超出国家规定的比例或基数计提的福利费、工会经费中支付给个人的各种补贴、补助；从福利费和工会经费中支付给单位职工的人人有份的补贴、补助；单位为个人购买汽车、住房、电子计算机等不属于临时性生活困难补助性质的支出。

（3）根据财税〔2004〕11号文件及相关规定，对商品营销活动中，企业和单位对营销业绩突出人员以培训班、研讨会、工作考察等名义组织旅游活动，通过免收差旅费、旅游费对个人实行的营销业绩奖励（包括实物、有价证券等），应根据所发生费用全额计入营销人员应税所得，依法征收个人所得税，并由提供上述费用的企业和单位代扣代缴。其中，对企业雇员享受的此类奖励，应与当期的工资薪金合并，按照"工资、薪金所得"项目征收个人所得税；对其他人员享受的此类奖励，应作为当期的劳务收入，按照"劳务报酬所得"项目征收个人所得税。

【案例4-5-2】 每年的中秋节许多单位都会将月饼或月饼券作为福利发放给职工。不少企业订购月饼后将其作为节日礼物，发放给员工，或者采购月饼赠送给客户，当作馈赠客户的礼品，从某种意义上说，月饼成了不少企业公关的一种有效方式。而对一些月饼生产厂家来说，将自制月饼发放给本厂员工就是最应该的福利了。但他们对相关的税收处理却不了解。

月饼从生产到销售，再到个人手中，每一个环节都涉及税收问题。企业不能只看到月饼公关带来的商业利益，对相关税收问题也应该予以足够的重视。

【税务管理建议】

单位发放月饼的来源大致分为外购和自制两种，税务处理也对应地有所区别。对于外购月饼，如果作为职工福利，在账务上应作"应付职工薪酬"处理；如果作为礼品赠送非本单位人员，则应计入业务招待费。需要注意的是，月饼无论送给谁，都应由赠送单位代扣代缴由此产生的个人所得税。根据财政部 税务总局公告2019年第74号文件规定，企业在业务宣传、广告等活动中，随机向本单位以外的个人赠送礼品（包括网络红包，下同），以及企业在年会、座谈会、庆典以及其他活动中向本单位以外的个人赠送礼品，个人取得的礼品收入，按照"偶然所得"项目计算缴纳个人所得税，但企业赠送的具有价格折扣或折让性质的消费券、代金券、抵用券、优惠券等礼品除外。对于自制月饼，根据《增值税暂行条例实施细则》第四条第（八）的规定，单位或个体经营者将自产、委托加工或购买的货物无偿赠送他人，视同销售货物。因此，企业将自制月饼对外赠送应计提销项税额，并按规定缴纳增值税。根据《企业所得税法实施条例》第二十五条规定，企业将货物用于捐赠、偿债、赞助、集资、广告、样品、职工福利或者利润分配等用途的，应当视同销售货物。

根据国家税务总局下发的《关于离退休人员取得单位发放离退休工资以外奖金补贴征收个人所得税的批复》（国税函〔2008〕723号）规定，离退休人员从原任职单位取得的各类补贴、奖金、实物，应在减除费用扣除标准后，按"工资、薪金所得"应税项目缴纳个人所得税。因此，企业发放给离退休人员的月饼也得扣缴个人所得税。

（三）社会保障的涉税管理

1. 业务描述

社会保障是指公司按国务院、各地方政府或企业年金计划规定的基准和比例，向社会保险经办机构缴纳的养老保险、医疗保险、失业保险、工伤保险、生育保险等社会保险和住房公积金。其中工伤保险和生育保险是全部由企业负担的，其他保险则是由单位和个人按一定比例共同缴纳的。企业以购买商业保险形式提供给职工的各种保险待遇（主要是补充养老保险和补充医疗保险）也属于职工薪酬。

2. 会计核算要求

应由职工个人负担的社会保险费和住房公积金，属于职工工资的组成部分，应根据职工工资的一定比例计算，在职工工资中扣除，借记"应付职工薪酬——工资"科目，贷记"应付职工薪酬——社会保险费（或住房公积金）"科目。

应由企业负担的社会保险费和住房公积金，应在职工为其提供服务的会计期间，根据职工工资的一定比例计算，并按照规定的用途进行分配，借记"生产成本""制造费用""管理费用""销售费用""在建工程"和"研发支出"等科目，贷记"应付职工薪酬——社会保险费（或住房公积金）"科目。养老保险费、失业保险等，记入"应付职工薪酬——离职后福利"账户。

企业缴纳社会保险费和住房公积金时，借记"应付职工薪酬——社会保险费（或住房公积金）"科目，贷记"银行存款"科目。

3. 税收政策分析

1）企业所得税政策分析

（1）根据《企业所得税法实施条例》第三十五条规定，企业依照国务院有关主管部门或者省级人民政府规定的范围和标准为职工缴纳的基本养老保险费、基本医疗保险费、失业保险费、工伤保险费、生育保险费等基本社会保险费和住房公积金，准予扣除。企业为投资者或者职工支付的补充养老保险费、补充医疗保险费，在国务院财政、税务主管部门规定的范围和标准内，准予扣除。

（2）根据财税〔2009〕27号文件规定，自2008年1月1日起，企业根据国家有关政策规定，为在本企业任职或者受雇的全体员工支付的补充养老保险费、补充医疗保险费，分别在不超过职工工资总额5%标准内的部分，在计算应纳税所得额时准予扣除；超过的部分，不予扣除。

（3）根据《企业所得税法》第三十六条规定，除企业依照国家有关规定为特殊工种职工支付的人身安全保险费和国务院财政、税务主管部门规定可以扣除的其他商业保险费外，企业为投资者或者职工支付的商业保险费，不得扣除。

（4）根据以上政策分析，会计上将社会保障及住房公积金按职工薪酬原则处理，将本期应承担金额全部分配结转到成本费用等科目中，而税法上规定了税前可扣除限额（按工资的一定比例扣除）。企业所得税方面，当会计计入有关成本费用的社会保障及住房公积金超过税法规定税前扣除限额时，超过部分需调增当年度应纳税所得额；若会计核算数在税法规定扣除限额范围内，则两者不存在差异。

2）个人所得税政策分析

（1）根据财税〔2006〕10号文件规定，企事业单位按照国家或省（自治区、直辖市）人民政府规定的缴费比例或办法实际缴付的基本养老保险费、基本医疗保险费和失业保险费，免征个人所得税；个人按照国家或省（自治区、直辖市）人民政府规定的缴费比例或办法实际缴付的基本养老保险费、基本医疗保险费和失业保险费，允许在个人应纳税所得额中扣除。

企事业单位和个人超过规定的比例和标准缴付的基本养老保险费、基本医疗保险费和失业保险费，应将超过部分并入个人当期的工资、薪金收入，计征个人所得税。

（2）根据《住房公积金管理条例》、建金管〔2005〕5号文件等规定，单位和个人分别在不超过职工本人上一年度月平均工资12%的幅度内，其实际缴存的住房公积金，允许在个人应纳税所得额中扣除。单位和职工个人缴存住房公积金的月平均工资不得超过职工工作地所在设区城市上一年度职工月平均工资的3倍，具体标准按照各地有关规定执行。

单位和个人超过上述规定比例和标准缴付的住房公积金，应将超过部分并入个人当期的工资、薪金收入，计征个人所得税。

（3）根据财税〔2006〕10号文件规定，个人实际领（支）取原提存的基本养老保险金、基本医疗保险金、失业保险金和住房公积金时，免征个人所得税。

（4）根据以上政策分析，当会计计入有关成本费用的社会保障及住房公积金超过税法规定的比例和标准时，应将超过部分并入个人当期的工资、薪金收入，计征个人所得税；当会计核算数在税法规定的比例和标准范围内时，则两者不存在差异。

（四）工会经费和职工教育经费涉税管理

1. 业务描述

工会经费和职工教育经费，是指企业为了改善职工文化生活、为职工学习技术提高文化水平和业务素质，用于开展工会活动和职工教育及职业技能培训等的相关支出。

2. 会计核算要求

根据《工会法》第四十二条规定，建立工会组织的企业、事业单位、机关按每月全部职工工资总额的2%向工会拨缴经费。

根据《企业会计准则第9号——职工薪酬》第二条和第四条的规定，职工教育经费作为职工薪酬的一个组成部分，应当在职工为其提供服务的会计期间，根据职工提供服务的受益对象，将应计提的职工教育经费计入相关资产成本或当期费用，同时确认为应付职工薪酬。

企业计提工会经费和职工教育经费时，应根据职工工资的一定比例计算，按职工工资的用途进行分配，借记"生产成本""制造费用""管理费用""销售费用""在建工程"和"研发支出"等科目，贷记"应付职工薪酬——工会经费（职工教育经费）"科目。

企业支付工会经费和职工教育经费用于工会活动和职工培训时，应借记"应付职工薪酬——工会经费（职工教育经费）"科目，贷记"银行存款"科目。

3. 税收政策分析

1）企业所得税政策分析

根据《企业所得税法实施条例》第四十一条及国家税务总局2010年第24号公告有关规定，企业拨缴的职工工会经费，不超过工资薪金总额2%的部分，凭工会组织开具的《工会经费收入专用收据》在企业所得税税前扣除。

根据财税〔2018〕51号规定,企业发生的职工教育经费支出,不超过工资薪金总额8%的部分,准予在计算企业所得税应纳税所得额时扣除;超过部分,准予在以后纳税年度结转扣除。

根据以上政策分析,会计上将工会经费及职工教育经费按职工提供服务的受益对象计入相关资产成本或当期费用,而税法上规定了税前扣除限额(按工资的一定比例扣除)。当会计计入有关成本费用的工会经费在拨缴给工会组织或由税务机关代收并取得合法凭证后,超过税法规定税前扣除限额时,超过部分应作纳税调整;当会计计入有关成本费用的职工教育经费超过税法规定税前扣除限额时,超过部分准予在以后纳税年度结转扣除;若会计核算数在税收核算数范围内,则两者不存在差异。

2) 个人所得税政策分析

根据国税发〔1998〕155号文件规定,生活补助费,是指由于某些特定事件或原因而给纳税人本人或其家庭的正常生活造成一定困难,其任职单位按国家规定从提留的福利费或者工会经费中向其支付的临时性生活困难补助。而对于"从超出国家规定的比例或基数计提的福利费、工会经费中支付给个人的各种补贴、补助""从福利费和工会经费中支付给本单位职工的人人有份的补贴、补助"不属于免税的福利费范围,应当并入纳税人的工资、薪金收入计征个人所得税。

(五) 辞退福利涉税管理

1. 业务描述

辞退福利即因解除与职工的劳动关系给予的补偿,是指由于分离办社会职能,实行主辅分离、辅业改制,重组、改组计划、职工不能胜任等原因,企业在职工劳动合同到期之前解除与职工的劳动关系,或者为鼓励职工自愿接受裁减而提出补偿建议计划中给予职工的经济补偿。

辞退福利包括两方面的内容:一是职工劳动合同到期前,不论职工本人是否愿意,企业决定解除与职工的劳动关系而给予的补偿;二是职工劳动合同到期前,为鼓励职工自愿接受裁减而给予的补偿,职工有权选择继续在职或接受补偿离职。辞退福利包括当公司控制权发生变动时,对公司管理层人员进行补偿的情况。

2. 会计核算要求

(1) 根据《企业会计准则第9号——职工薪酬》第二条规定,辞退福利包括:①职工劳动合同到期前,不论职工本人是否愿意,企业决定解除与职工的劳动关系而给予的补偿;②职工劳动合同到期前,为鼓励职工自愿接受裁减而给予的补偿,职工有权选择继续在职或接受补偿离职。

辞退福利通常采取在解除劳动关系时一次性支付补偿的方式,也有通过提高退休后养老金或其他离职后福利的标准,或者将职工工资支付至辞退后未来某一期间的方式。

(2) 辞退福利同时满足下列条件的,应当确认因解除与职工的劳动关系给予补偿而产生的预计负债,同时计入生产成本:①企业已经制定正式的解除劳动关系计划或提出自愿裁减建议,并即将实施。该计划或建议应当包括拟解除劳动关系或裁减的职工所在部门、职位及数量;根据有关规定按工作类别或职位确定的解除劳动关系或裁减补偿金额;拟解除劳动关系或裁减的时间。这里所称的"正式的辞退计划或建议"应当经过董事会或类似权力机构的批准;"即将实施"是指辞退工作一般应当在一年内实施完毕,但因付款程序等原因使部分付款推迟到一年后支付的,视为符合辞退福利预计负债确认条件。②企业不能单方面撤回解除劳动关系计划或裁减建议。如果企业能够单方面撤回解除劳动关系计划或裁减建议,则表明未来经济利益流出不是很可能,因而不符合负债的确认条件。

(3) 另根据《国网会计核算办法》,企业应当严格按照辞退计划条款的规定,合理预计并确认辞退福利产生的应付职工薪酬。①对于职工没有选择权的辞退计划,应当根据辞退计划条款规定的拟解除劳动关系的职工数量、每一职位的辞退补偿标准等,计提应付职工薪酬。②企业对于自愿接受裁减的建议,应当预计将会接受裁减建议的职工数量,根据预计的职工数量和每一职位的辞退补偿标准等,计提应付职工薪酬。因接受裁减的职工数量不确定,企业应当参照有关事项的规定。预计将会接受裁减建议的职工数量根据预计的职工数量和每一职位的辞退补偿等计提应付职工薪酬(预计负债)。③实质性辞退工作在一年内实施完毕但补偿款项超过一年支付的辞退计划,企业应当选择适当的折现率,以折现后的金额计量应计入当期损益的辞退福利金额,该项金额与实际应支付的辞退福利款项之间的差额,作为未确认融资费用,在以后各期实际支付辞退福利款项时,计入财务费用。

企业应根据已确定的解除劳动关系计划或自愿裁减建议,借记"管理费用"科目,贷记"应付职工薪酬——辞退福利"科目。实际支付辞退福利时,应借记"应付职工薪酬——辞退福利"科目,贷记"银行存款"科目。

3. 税收政策分析

1) 企业所得税政策分析

职工内部退养支付的一次性生活补贴,以及企业支付给解除劳动合同职工的一次性补偿支出,包括买断工龄支出等,属于国税发〔2000〕84号第二条规定的"与取得应纳税收入有关的所有必要和正常的一次性生活补贴是根据国税函〔2001〕918号文件规定,企业对已达一定工作年限、一定年龄或接近退休年龄的支出",原则上可以在企业所得税税前扣除。各种补偿性支出数额较大、一次性摊销对当年企业所得税收入影响较大的,可以在以后年度均匀摊销,具体摊销年限由省、自治区、直辖市税务局根据当地实际情况予以确定。

虽然国税发〔2000〕84号文件随着《企业所得税暂行条例》在2008年1月1日的废止而失效,但由于企业对辞退职工的经济补偿属于"与取得应纳税收入有关的所有必要和正常的支出",符合《企业所得税法》第八条规定,企业实际发生的与取得收入有关的、合理的支出,包括成本、费用、税金、损失和其他支出,准予在计算应纳税所得额时扣除。所以,对辞退职工经济补偿可以全部在企业所得税税前扣除。

根据以上政策分析,会计上企业支付给职工的解除劳动合同的补偿支出当期一次性支付的应在当期费用中列支;补偿款项超过一年支付的辞退福利计划,企业应当选择恰当的折现率,以折现后的金额计量应计入当期管理费用的辞退福利金额,该项金额与实际应支付的辞退福利之间的差额,作为未确认融资费用,在以后各期实际支付辞退福利款项时,计入财务费用。而税法规定按照实际发生额在企业所得税税前扣除,未实际发放部分应作纳税调增,以后年度实际发放时做纳税调减。个人取得的一次性补偿收入,如超过当地上年职工平均工资3倍数额以外的部分,要按规定缴纳个人所得税。

2)个人所得税政策分析

根据财税〔2018〕164号、财税〔2001〕157号文件关于辞退职工经济补偿的个人所得税征收的有关规定:

(1)个人与用人单位解除劳动关系取得一次性补偿收入(包括用人单位发放的经济补偿金、生活补助费和其他补助费),在当地上年职工平均工资3倍数额以内的部分,免征个人所得税;超过3倍数额的部分,不并入当年综合所得,单独适用综合所得税率表,计算纳税。

(2)个人领取一次性补偿收入时按照国家和地方政府规定的比例实际缴纳的住房公积金、医疗保险费、基本养老保险费及失业保险费,可以在计征其一次性补偿收入的个人所得税时予以扣除。

(3)企业依照国家有关法律规定宣告破产,企业职工从该破产企业取得的一次性安置费收入,免征个人所得税。

第五章

企业资产税务管理

第一节 流动资产税务管理

流动资产是指企业可以在一年或者超过一年的一个营业周期内变现或者运用的资产,是企业资产中必不可少的组成部分。流动资产包括货币资金、交易性金融资产、衍生金融资产、应收票据、应收账款、预付款项、其他应收款、存货、合同资产、持有待售资产、一年内到期的非流动资产、其他流动资产等。鉴于日常工作使用的频率及税会差异的因素,本节内容仅介绍存货、应收款项、合同资产。

一、存货的税务管理

(一)取得环节的涉税管控

1. 业务描述

存货是指企业在日常活动中持有以备出售的产成品或商品、处在生产过程中的在产品、在生产过程或提供劳务过程中耗用的材料和物料等。

存货的取得方式有:购入货物、接受投资和捐赠、生产企业自产、交换、抵债等。在税务核算上,存货以历史成本作为计税基础,即按取得时的实际支出作为计税基础。外购存货按购买价款和相关税费等作为计税基础。投资者投入的、接受捐赠的、非货币性资产交换取得的、债务重组等取得的存货,按该存货的公允价值和应支付的相关税费作为计税基础。

1) 材料采购

(1) 材料的购入,企业应分别下列情况进行处理:支付材料价款和运杂费等,按应计入材料采购成本的金额,借记"材料采购"科目,按专用发票上注明的增值税额,当月取得当月认证的,借记"应交税费——应交增值税(进项税额)"科目,当月取得但尚未认证的,借记"增值税递延税款"科目,按实际支付或应支付的金额,贷记"银行存款""库存现金""其他货币资金""应付账款""应付票据""预付账款"等科目。由企业运输部门以自备运输工具,将外购的材料运回企业,计算购入材料应负担的运输费用时,借记"材料采购"科目,贷记"生产成本"等科目。应向供应单位、外部运输机构等收回的材料短缺或其他应冲减材料采购成本的赔偿款项,应根据有关的索赔凭证,借记"其他应收款"或"应付账款"科目,贷记"材料采购"科目。因遭受意外灾害发生的损失和尚待查明原因的途中损耗,先记入"待处理财产损溢"科目,在资产负债表日之前查明原因,在结账前处理完毕。

(2) 期末,企业应将仓库转来的外购收料凭证,分别下列不同情况进行处理:对于已经付款或已开出承兑商业汇票的收料凭证,应按实际成本和计划成本分别汇总,按计划成本,借记"原材料""低值易耗品"等科目,贷记"材料采购"科目;将实际成本大于计划成本的差异,借记"材料成本差异"科目,贷记"材料采购"科目;实际成本小于计划成本的差异做相反的会计分录。对于尚未收到发票账单的收料凭证,应当分别材料科目,抄列清单,并按计划成本暂估入账,借记"原材料""低值易耗品"等科目,贷记"应付账款——暂估应付账款"科目,下月初用红字作同样的记录,予以冲回。下期收到发票账单的收料凭证,借记"材料采购"科目,按专用发票上注明的增值税额,借记"应交税费——应交增值税(进项税额)"科目,按实际支付或应支付的金额,贷记"银行存款""应付账款""应付票据"等科目。对于发票账单已到,但尚未付款或尚未开出承兑商业汇票的收料凭证,或虽然发票账单未到,但根据合同、随货同行发票等能够计算并确定实际成本的收料凭证,应按实际成本,借记"材料采购"科目,按专用发票上注明的增值税额,借记"应交税费——应交增值税(进项税额)"科目,按应付金额,贷记"应付账款"科目;按计划成本,借记"原材料""事故备品""低值易耗品"等科目,贷记"材料采购"科目,并按规定结转材料成本差异。

2)在途物资

(1)购入材料、商品,按应计入材料、商品采购成本的金额,借记"在途物资"科目,按专用发票上注明的增值税额,借记"应交税费——应交增值税(进项税额)"科目,按实际支付或应支付的金额,贷记"银行存款""应付账款""应付票据"等科目。

(2)所购材料、商品到达验收入库,借记"原材料""库存商品"等科目,贷记"在途物资"科目。

(3)库存商品采用售价核算的,按售价借记"库存商品"科目,按进价贷记"在途物资"科目,进价与售价之间的差额,借记或贷记"商品进销差价"科目。

3)原材料

(1)购入并已验收入库的材料,按计划成本或实际成本,借记"原材料"科目,按实际成本,贷记"材料采购"或"在途物资"科目,同时结转材料成本差异,实际成本大于计划成本的差异,借记"材料成本差异"科目,贷记"材料采购"科目;实际成本小于计划成本的差异,做相反会计分录。

(2)自制并已验收入库的材料,按计划成本或实际成本,借记"原材料"科目,按实际成本,贷记"生产成本"科目,同时结转材料成本差异,实际成本大于计划成本的差异,借记"材料成本差异"科目,贷记"生产成本"科目;实际成本小于计划成本的差异,做相反会计分录。

(3)发出委托外单位加工的材料,借记"委托加工物资"科目,贷记"原材料"科目。委托外单位加工完成并已验收入库的材料,按计划成本或实际成本,借记"原材料"科目,按实际成本,贷记"委托加工物资"科目,按计划成本与实际成本的差异,借记或贷记"材料成本差异"科目。

(4)投资者投入的原材料,按计划成本,借记"原材料"科目,按专用发票上注明的增值税额,借记"应交税费——应交增值税(进项税额)"科目,按合同约定的价值或公允价值,贷记"实收资本"(或"股本")等科目,按计划成本与投资各方确认的价值之间的差额,借记或贷记"材料成本差异"科目。

(5)企业接受捐赠的原材料,记入"营业外收入"科目。

(6)企业接受的债务人以非现金资产抵偿债务方式取得的原材料,或以应收债权换入原材料的,按"企业重组税务管理"的有关规定处理。

(7) 以非货币性交易换入的原材料,按本制度前述章节规定处理。

(8) 生产经营领用材料,应借记"生产成本""制造费用""销售费用""管理费用"等科目,贷记"原材料"科目。

(9) 出售原材料,借记"银行存款""应收账款"等科目,贷记"其他业务收入""应交税费——应交增值税(销项税额)"等科目。月度终了,按出售原材料的实际成本,借记"其他业务成本"科目,贷记"原材料"科目,采用计划成本进行材料日常核算的企业,还应分摊材料成本差异,借记或贷记"材料成本差异"科目。

(10) 基建工程、福利等部门领用的原材料,按实际成本或计划成本加上不予抵扣的增值税额等,借记"在建工程""应付职工薪酬"等科目,按实际成本或计划成本,贷记"原材料"科目,按不予抵扣的增值税额,贷记"应交税费——应交增值税(进项税额转出)"等科目。

(11) 企业的各种原材料,应当定期清查盘点。盘盈的原材料,按照同类或类似存货的市场价格,作为实际成本,借记"原材料"科目,贷记"待处理财产损溢——待处理流动资产损溢"科目。于资产负债表日前查明原因,并根据企业的管理权限,经股东大会或董事会,或经理(厂长)会议或类似机构批准后,在期末结账前处理完毕,冲减当期的生产成本(施工企业、制造企业应冲减管理费用)。盘亏或毁损的存货,如属于计量收发差错和管理不善等原因造成的存货短缺,应先扣除残料价值、可以收回的保险赔偿和过失人赔偿,将净损失计入管理费用;如属于自然灾害等非常原因造成的存货毁损,应先扣除处置收入(如残料价值)、可以收回的保险赔偿和过失人赔偿,将净损失计入营业外支出。

4) 事故备品

事故备品的购入、自制、委托加工完成、在建工程完工后入库、领用、清查盘点核算等,比照"原材料"科目的相关规定进行会计处理。

5) 自制半成品

(1) 制造企业已经生产完成并已检验送交半成品库的自制半成品,应按实际成本,借记"自制半成品"科目,贷记"生产成本"科目。对于从一个车间转给另一个车间继续加工的自制半成品的成本,应在"生产成本"科目核算,不通过"自制半成品"科目核算。

(2) 制造企业从半成品库领用自制半成品继续加工时,应按实际成本,借记"生产成本"科目,贷记"自制半成品"科目。

(3) 委托外单位加工的自制半成品,应在"自制半成品"科目下单独设置"委托外部加工自制半成品"明细科目进行核算。发出加工时,借记"自制半成品——委托外部加工自制半成品"科目,贷记"自制半成品——库存半成品"科目。支付的外部加工费和运杂费等,借记"自制半成品——委托外部加工自制半成品""应交税费——应交增值税(进项税额)"等科目,贷记"银行存款"等科目。加工完成并已验收入库的自制半成品,应按加工后的实际成本,借记"自制半成品——库存半成品"科目,贷记"自制半成品——委托外部加工自制半成品"科目。

"库存半成品"明细科目,应按自制半成品的类别或品种设置明细账。"委托外部加工自制半成品"明细科目,应按加工单位、自制半成品的类别或品种设置明细账。对于基本生产车间领用后需要按照成本项目分别计入产品成本的自制半成品,应按规定的成本项目设置专栏。

6）库存商品

（1）企业生产的产成品一般应按实际成本核算,产成品的入库和出库,平时只记数量不记金额,期（月）末计算入库产成品的实际成本。生产完成验收入库的产成品,按其实际成本,借记"库存商品""农产品"等科目,贷记"生产成本""消耗性生物资产""农业生产成本"等科目。

产成品种类较多的,也可按计划成本进行日常核算,其实际成本与计划成本的差异,可以单独设置"产品成本差异"科目,比照"材料成本差异"科目核算。在这种情况下,产成品的收入、发出和销售,平时可以用计划成本进行核算,月度终了,计算入库产成品的实际成本,按产成品的计划成本记入"库存商品"科目,并将实际成本与计划成本的差异记入"产品成本差异"科目,然后再将产品成本差异在发出、销售和结存的产成品之间进行分配。

采用实际成本进行产成品日常核算的,发出产成品的实际成本,可以采用先进先出法、加权平均法或个别认定法计算确定。

对外销售产成品（包括采用分期收款方式销售产成品）,结转销售成本时,借记"主营业务成本"科目,贷记"库存商品"科目。采用计划成本核算的,发出产成品还应结转产品成本差异,将发出产成品的计划成本调整为实际成本。

（2）购入商品采用进价核算的,在商品到达验收入库后,按商品进价,借记"库存商品"科目,贷记"银行存款""在途物资"等科目。委托外单位加工收回的商品,按商品进价,借记"库存商品"科目,贷记"委托加工物资"科目。

购入商品采用售价核算的,在商品到达验收入库后,按商品售价,借记"库存商品"科目,按商品进价,贷记"银行存款""在途物资"等科目,按商品售价与进价的差额,贷记"商品进销差价"科目。委托外单位加工收回的商品,按商品售价,借记"库存商品"科目,按委托加工商品的账面余额,贷记"委托加工物资"科目,按商品售价与进价的差额,贷记"商品进销差价"科目。

对外销售商品（包括采用分期收款方式销售商品）,结转销售成本时,借记"主营业务成本"科目,贷记"库存商品"科目。采用进价进行商品日常核算的,发出商品的实际成本,可以采用先进先出法、加权平均法或个别认定法计算确定。采用售价核算的,还应结转分摊的商品进销差价。

（3）企业接受的债务人以非现金资产抵偿债务方式取得的库存商品、非货币性交易取得的库存商品等,比照"原材料"科目的有关规定进行核算。

（4）清查盘点中发现的库存商品盘盈,借记"库存商品"科目,贷记"待处理财产损溢"

科目;清查盘点中发现的库存商品盘亏和毁损,借记"待处理财产损溢"科目,贷记"库存商品"科目,并按规定结转不能抵扣的增值税进项税额,借记"待处理财产损溢"科目,贷记"应交税费——应交增值税(进项税额转出)"科目。

记入"待处理财产损溢"科目的库存商品盘盈或盘亏,应于资产负债表日前查明原因,并根据企业的管理权限,经股东大会或董事会,或经理(厂长)会议或类似机构批准后,在结账前处理完毕。盘盈的库存商品,如属于计量手法差错和管理不善等原因造成的存货短缺,应先扣除残料价值、可以收回的保险赔偿和过失人赔偿,将净损失计入管理费用或生产成本;如属于自然灾害等非常原因造成的存货毁损,应先扣除处置收入(如残料价值)、可以收回的保险赔偿和过失人赔偿,将净损失计入营业外支出。

7) 发出商品

(1) 对于未满足收入确认条件的发出商品,应按发出商品的实际成本(或进价)或计划成本(或售价),借记"发出商品"科目,贷记"库存商品"科目。

发出商品发生退回的,应按退回商品的实际成本(或进价)或计划成本(或售价),借记"库存商品"科目,贷记"发出商品"科目。

(2) 发出商品满足收入确认条件时,应结转销售成本,借记"主营业务成本"科目,贷记"发出商品"科目。采用计划成本或售价核算的,还应结转分摊的产品成本差异或商品进销差价。

8) 商品进销差价

(1) 企业购入、加工收回以及销售退回等增加的库存商品,按商品售价,借记"库存商品"科目,按商品进价,贷记"银行存款""委托加工物资"等科目,按售价与进价之间的差额,贷记"商品进销差价"科目。

(2) 期(月)末分摊已销商品的进销差价,借记"商品进销差价"科目,贷记"主营业务成本"科目。

销售商品应分摊的商品进销差价,按以下公式计算:

$$商品进销差价率 = 期末分摊前"商品进销差价"余额 \div ("库存商品"科目期末余额$$
$$+ "委托代销商品"科目期末余额 + "发出商品"科目期末余额$$
$$+ 本期"主营业务收入"科目贷方发生额) \times 100\%$$

本期销售商品应分摊的商品进销差价 = 本期"主营业务收入"科目贷方发生额 × 商品进销差价率

企业的商品进销差价率各期之间比较均衡的,也可以采用上期商品进销差价率计算分摊本期的商品进销差价。年度终了,应对商品进销差价进行核实调整。

9) 委托加工物资

(1) 企业发给外单位加工的物资,按实际成本,借记"委托加工物资"科目,贷记"原材料""库存商品"等科目;按计划成本或售价核算的,还应同时结转材料成本差异或商品进销差价。

(2) 支付加工费、运杂费等,借记"委托加工物资"科目,贷记"银行存款"等科目;需要交纳消费税的委托加工物资,由受托方代收代交的消费税,借记"委托加工物资"(收回后用于直接销售的)或"应交税费——应交消费税"科目(收回后用于继续加工的),贷记"应付账款""银行存款"等科目。

(3) 加工完成验收入库的物资和剩余的物资,按加工收回物资的实际成本和剩余物资的实际成本,借记"原材料""库存商品"等科目,贷记"委托加工物资"科目。

采用计划成本或售价核算的,按计划成本或售价,借记"原材料"或"库存商品"科目,按实际成本,贷记"委托加工物资"科目,按实际成本与计划成本或售价之间的差额,借记或贷记"材料成本差异"或贷记"商品进销差价"科目。

采用计划成本或售价核算的,也可以采用上期材料成本差异率或商品进销差价率计算分摊本期应分摊的材料成本差异或商品进销差价。

10) 周转材料

(1) 企业购入、自制、委托外单位加工完成并已验收入库的周转材料等,比照"原材料"科目的相关规定进行处理。

(2) 采用一次转销法的,领用时应按其账面价值,借记"管理费用""生产成本""销售费用""工程施工"等科目,贷记"周转材料"科目。周转材料报废时,应按报废周转材料的残料价值,借记"原材料"等科目,贷记"管理费用""生产成本""销售费用""工程施工"等科目。

(3) 采用其他摊销法的,领用时应按其账面价值,借记"周转材料——在用"科目,贷记"周转材料——在库"科目;摊销时应按摊销额,借记"管理费用""生产成本""销售费用""工程施工"等科目,贷记"周转材料——摊销"科目。

周转材料报废时应补提摊销额,借记"管理费用""生产成本""销售费用""工程施工"等科目,贷记"周转材料——摊销"科目;同时,按报废周转材料的残料价值,借记"原材料"等科目,贷记"管理费用""生产成本""销售费用""工程施工"等科目;并转销全部已提摊销额,借记"周转材料——摊销"科目,贷记"周转材料——在用"科目。

(4) 周转材料采用计划成本进行日常核算的,领用等发出周转材料时,还应同时结转应分摊的成本差异。

(5) 企业应对在用的周转材料,以及使用部门退回仓库的周转材料加强实物管理,并在备查簿上进行登记。

11) 低值易耗品

(1) 企业购入、自制、委托外单位加工完成并已验收入库的周转材料等,比照"原材料"科目的相关规定进行处理。

(2) 采用一次转销法的,领用时应按其账面价值,借记"生产成本""在建工程"等科目,贷记"低值易耗品"科目。

低值易耗品报废时,应按报废残料价值,借记"原材料"等科目,贷记"生产成本""在建工程"等科目。

(3) 采用五五摊销法的,领用时应按其账面价值,借记"低值易耗品——在用"科目,贷记"低值易耗品——在库"科目,同时借记"生产成本""在建工程"等科目,贷记"低值易耗品——摊销"科目。低值易耗品报废时,借记"生产成本""在建工程"等,贷记"低值易耗品——摊销"科目,同时借记"低值易耗品——摊销"科目,贷记"低值易耗品——在用"科目。

12) 存货跌价准备

(1) 资产负债表日,存货发生减值的,按存货可变现净值低于成本的差额,借记"资产减值损失"科目,贷记"存货跌价准备"科目。

已计提跌价准备的存货价值以后又得以恢复,应在原已计提的存货跌价准备金额内,按恢复增加的金额,借记"存货跌价准备"科目,贷记"资产减值损失"科目。

发出存货结转存货跌价准备的,借记"存货跌价准备"科目,贷记"主营业务成本""生产成本"等科目。

(2) 建造承包商建造合同执行中预计总成本超过合同总收入的,应按其差额,借记"资产减值损失"科目,贷记"存货跌价准备"科目。合同完工时,借记"存货跌价准备"科目,贷记"主营业务成本"科目。

2. 政策分析

1) 会计政策分析

根据《企业会计准则第1号——存货》规定,存货是指企业在日常活动中持有以备出售的产成品或商品、处在生产过程中的在产品、在生产过程或提供劳务过程中耗用的材料和物料等。

2) 税收政策分析

(1) 根据《企业所得税法》规定,存货是指企业持有以备出售的产品或者商品、处在生产过程中的在产品、在生产或者提供劳务过程中耗用的材料和物料等。

(2) 根据《增值税暂行条例》规定,原材料用于下列项目的进项税额不得从销项税额中抵扣,要么在存货购进时即不作为进项,要么在用于下列项目时,作为进项税额转出处理。①用于非增值税应税项目、免征增值税项目、集体福利或者个人消费的购进货物或者应税劳务;②非正常损失的购进货物及相关的应税劳务;③非正常损失的在产品、产成品所耗用的购进货物或者应税劳务;④国务院财政、税务主管部门规定的纳税人自用消费品。

3. 涉税管控

企业在取得存货资产时从增值税角度分析,要做好供货方身份的选择。同时,应当注意发票的购货方是否为本单位全称;发票中的填写资产是否与所取得的资产名称一致;支付该资产的价款时,应当注意开票方企业与收款企业是否一致;在签订合同时,注意合同价格是否包含增值税。

(二) 使用环节的涉税管控

1. 业务描述

(1) 商品在存储时,做好备查记录,分批或月末一次汇总编制"盘点明细表"。

(2) 商品生产领用或摊销低值易耗品,及时做好备查记录。

2. 政策分析

1) 会计政策分析

(1) 根据《企业会计准则第1号——存货》规定，企业应当采用先进先出法、加权平均法或者个别计价法确定发出存货的实际成本。

(2) 根据《企业会计准则——基本准则》第十五条规定，企业提供的会计信息应当具有可比性；同一企业不同时期发生的相同或者相似的交易或者事项，应当采用一致的会计政策，不得随意变更。

(3) 根据《企业会计准则——存货》规定，资产负债表日，存货应当按照成本与可变现净值孰低计量。存货成本高于其可变现净值的，应当计提存货跌价准备，计入当期损益。这里的"成本"，是指期末存货的实际成本，如果企业在存货成本的日常核算中采用计划成本法、售价金额计价法等简化核算方法，则成本应为调整后的实际成本；"可变现净值"，是指在日常活动中，存货的估计售价减去至完工时估计将要发生的成本、估计的销售费用以及相关税费后的金额。

2) 税收政策分析

(1) 根据《企业所得税法实施条例》第七十三条规定，企业使用或销售存货的成本计算方法，可以在先进先出法、加权平均法、个别计价法中选用一种。计价方法一经选用，不得随意变更，如果需要变更，则应报告税务机关备案或者批准。

(2) 根据《企业所得税法实施条件》第五十六条规定，企业的各项资产，包括固定资产、生物资产、无形资产、长期待摊费用、投资资产、存货等，以历史成本为基础；历史成本是指企业取得该项资产时实际发生的支出；企业持有各项资产期间资产增值或者减值，除国务院财政、税务主管部门规定可以确认损益外，不得调整该资产的计税基础。

(3) 根据《企业所得税法》第十六条规定，企业转让资产，该项资产的净值，准予在计算应纳税所得额时扣除。第十九条第二款规定，转让财产所得，以收入全额减除财产净值后的余额为应纳税所得额。

(4) 根据《企业所得税法实施条例》第七十四条规定，《企业所得税法》第十六条所称资产的净值和第十九条所称财产净值，是指有关资产、财产的计税基础减除已经按照规定扣除的折旧、折耗、摊销、准备金等后的余额。

(5) 根据《企业所得税法》第十条规定，企业在计算应纳税所得额时，下列支出不得扣除：①向投资者支付的股息、红利等权益性投资收益款项；②企业所得税税款；③税收滞纳金；④罚金、罚款和被没收财物的损失；⑤本法第九条规定以外的捐赠支出；⑥赞助支出；⑦未经核定的准备金支出；⑧与取得收入无关的其他支出。

3. 涉税管控

存货在使用环节，税收与会计的差异主要体现在增值税和企业所得税上。从增值税角度看，企业购进的货物，如果改变用途，用于非应税项目，则需要做进项税额转出处理，同时增加有关项目成本。从企业所得税方面看，对于期末存货后续计量的，税收和会计两者存在差异，需要进行纳税调整，同时确认该差异的所得税影响额；会计在方法的选用上比较灵活,而税收则要求不得随意变动;当会计在成本计算方法变动时,须按规定办理备案手续,未办理备案手续时,企业所得税汇算清缴时须进行纳税调整,因此企业在运营过程中,应多关注此差异对经营的影响。

(三) 处置环节涉税管控

1. 业务描述

存货处置环节主要涉及盘亏或毁损,如属于计量收发差错和管理不善等原因造成的存货短缺,应先扣除残料价值、可以收回的保险赔偿和过失人赔偿,将净损失计入管理费用;如属于自然灾害等非常原因造成的存货毁损,应先扣除处置收入(如残料价值)、可以收回的保险赔偿和过失人赔偿,将净损失计入营业外支出。

2. 政策分析

1) 会计政策分析

根据《企业会计准则第1号——存货》规定,企业发生的存货毁损,应当将处置收入扣除账面价值和相关税费后的金额计入当期损益。存货的账面价值是存货成本扣减累计跌价准备后的金额。存货盘亏造成的损失,应当计入当期损益。

2) 税收政策分析

(1) 根据《国家税务总局关于发布〈企业资产损失所得税税前扣除管理办法〉的公告》(国家税务总局2011年第25号公告)第二十六条规定,存货盘亏损失,为其盘亏金额扣除责任人赔偿后的余额,应依据以下证据材料确认:①存货计税成本确定依据;②企业内部有关责任认定、责任人赔偿说明和内部核批文件;③存货盘点表;④存货保管人对于盘亏的情况说明。

(2) 根据《国家税务总局关于发布〈企业资产损失所得税税前扣除管理办法〉的公告》(国家税务总局2011年第25号公告)第二十七条规定,存货报废、毁损或变质损失,为其计税成本扣除残值及责任人赔偿后的余额,应依据以下证据材料确认:①存货计税成本的确定依据;②企业内部关于存货报废、毁损、变质、残值情况说明及核销资料;③涉及责任人赔偿的,应当有赔偿情况说明;④该项损失数额较大的(指占企业该类资产计税成本10%以上,或减少当年应纳税所得、增加亏损10%以上,下同),应有专业技术鉴定意见或法定资质中介机构出具的专项报告等。

(3) 根据《国家税务总局关于发布〈企业资产损失所得税税前扣除管理办法〉的公告》(国家税务总局2011年第25号公告)第二十八条规定,存货被盗损失,为其计税成本扣除保险理赔以及责任人赔偿后的余额,应依据以下证据材料确认:①存货计税成本的确定依据;②向公安机关的报案记录;③涉及责任人和保险公司赔偿的,应有赔偿情况说明等。

(4) 根据《国家税务总局关于企业所得税资产损失资料留存备查有关事项的公告》(国家税务总局公告2018年第15号)的规定,企业向税务机关申报扣除资产损失,仅需填报企业所得税年度纳税申报表《资产损失税前扣除及纳税调整明细表》,不再报送资产损失相关资料。相关资料由企业留存备查。企业应当完整保存资产损失相关资料,并保证资料的真实性、合法性。

3. 涉税管控

企业存货资产报废毁损须按照国家税务总局 2011 年第 25 号公告及国家税务总局公告 2018 年第 15 号公告的要求进行申报和留存备查资料整理，否则企业所得税税前不得扣除。如果购进环节未抵扣进项税额，在处置环节不需要进项税额转出；如果抵扣过进项税额，资产损失相对应的进项税额需转出，转出金额要记入损失金额，在购进和领用环节存在的会计与企业所得税差异在处置环节要作相应的纳税调整。

【案例 5-1-1】 2019 年 12 月 31 日，甲公司库存商品 A 成本是 200 万元，可变现净值 180 万元，当日计提存货跌价准备 20 万元。

【税务管理建议】

会计处理如下：

借：资产减值损失　　　　　　　　　　　　　　　　　　　　　　　　200 000
　　贷：存货跌价准备　　　　　　　　　　　　　　　　　　　　　　　　200 000

2019 年度企业所得税汇算清缴时，应该纳税调增 20 万元。在 A105000《纳税调整项目明细表》第 33 行填列。

假如 2020 年 12 月 31 日，甲公司库存商品 A 成本是 200 万元，可变现净值 180 万元，上年度已计提存货跌价准备 20 万元，甲公司当日把库存商品 A 以 339 万元的价格销售给客户。相关的会计处理参考如下：

借：应收账款　　　　　　　　　　　　　　　　　　　　　　　　　　3 390 000
　　贷：主营业务收入　　　　　　　　　　　　　　　　　　　　　　　3 000 000
　　　　应交税费——应交增值税（销项税额）　　　　　　　　　　　　　390 000

借：主营业务成本　　　　　　　　　　　　　　　　　　　　　　　　2 000 000
　　贷：库存商品　　　　　　　　　　　　　　　　　　　　　　　　　2 000 000

借：存货跌价准备　　　　　　　　　　　　　　　　　　　　　　　　　200 000
　　贷：主营业务成本　　　　　　　　　　　　　　　　　　　　　　　　200 000

2020 年度企业所得税汇算清缴时，应该纳税调减 20 万元。在 A105000 纳税调整项目明细表第 33 行填列。

二、应收款项的税务管理

（一）业务描述

企业的各项应收款项，可能会因购货人拒付、破产、死亡等原因而无法收回，这类无法收回的应收款项就是坏账。企业因坏账而遭受的损失称为坏账损失或减值损失。企业应当在资产负债表日对应收款项的账面价值进行评估，应收款项发生减值的，应当将减记的金额确认为减值损失，同时计提坏账准备。企业在进行资金及货物往来时，应注意以下几点内容,以便降低自身的损失。

(1) 确定信用政策。应收款项赊销的效果好坏,依赖于企业的信用政策。企业应实施严密监督,随时掌握应收款项回收情况。实施对应收款项回收情况的监督,可以通过编制账龄分析表进行。

(2) 建立明确的职责分工制度。

(3) 建立备用金领用和报销制度。

(4) 对企业急需物资和紧俏商品必须预付货款的,企业要对供应商进行市场调查和信用评定,严格按照审批制度和合同的规定执行,要坚决杜绝企业多付或者不必要的预付款项的发生。

(5) 企业的货物采购人员要实行定期轮换,以防止采购人员与供应商共同舞弊。

(二) 政策分析

(1) 根据《企业所得税法》第十条规定,未经核定的准备金支出不得税前扣除。未经核定的准备金支出,是指不符合国务院财政、税务主管部门规定的各项资产减值准备、风险准备等准备金支出。因此坏账准备在计提当期不允许税前扣除。企业实际资产损失,应当在其实际发生且会计上已作损失处理的年度申报扣除;法定资产损失,应当在企业向主管税务机关提供证据资料证明该项资产已符合法定资产损失确认条件,且会计上已作损失处理的年度申报扣除。

(2) 根据《企业所得税法实施条例》第三十二条规定,企业已经作为损失处理的资产,在以后纳税年度又全部收回或者部分收回时,应当计入当期收入。

(3) 企业发生的资产损失,应按国家税务总局公告 2011 年第 25 号规定、国家税务总局公告 2014 年第 18 号规定以及国家税务总局公告 2018 年第 15 号的程序和要求向主管税务机关申报扣除。企业在进行企业所得税年度汇算清缴申报时,只需填列 A105090《资产损失税前扣除及纳税调整明细表》,不再报送资产损失相关资料。相关资料由企业留存备查。企业应当完整保存资产损失相关资料,保证资料的真实性、合法性。

(4)《国家税务总局关于发布〈企业资产损失所得税税前扣除管理办法〉的公告》(国家税务总局公告 2011 年第 25 号)规定,坏账损失应依据以下证据材料确认:①相关事项合同、协议或说明;②属于债务人破产清算的,应有人民法院的破产、清算公告;③属于诉讼案件的,应出具人民法院的判决书或裁决书或仲裁机构的仲裁书,或者被法院裁定终(中)止执行的法律文书;④属于债务人停止营业的,应有工商部门注销、吊销营业执照证明;⑤属于债务人死亡、失踪的,应有公安机关等有关部门对债务人个人的死亡、失踪证明;⑥属于债务重组的,应有债务重组协议及其债务人重组收益纳税情况说明;⑦属于自然灾害、战争等不可抗力而无法收回的,应有债务人受灾情况说明以及放弃债权申明;⑧企业逾期三年以上的应收款项在会计上已作为损失处理的,可以作为坏账损失,但应说明情况,并出具专项报告;⑨企业逾期 1 年以上,单笔数额不超过 5 万或者不超过企业年度收入总额 0.1‰的应收款项,会计上已经作为损失处理的,可以作为坏账损失,但应说明情况,并出具专项报告。

(5) 根据《国家税务总局关于发布〈企业资产损失所得税税前扣除管理办法〉的公告》(国家税务总局公告 2011 年第 25 号)第六条规定:企业以前年度发生的资产损失未能在当年税前扣除的,可以按照本办法的规定,向税务机关说明并进行专项申报扣除。其中,属于实际资产损失,准予追补至该项损失发生年度扣除,其追补确认期限一般不得超过 5 年。属于法定资产损失,应在申报年度扣除。根据上述条款,应收账款的坏账损失属于法定损失,则应在申报年度税前扣除,不需追补至发生年度,无需受限于"追补确认期限一般不得超过 5 年"的规定。

(三) 涉税管控

企业在管理应收款项时,应建立交易信用评价体系,健全财务审核机制,制定合法、有效的收账策略,同时强化企业财务款项预警系统,规范债权处理程序,建立相关债权准备金制度,建立灵活的债权转换机制。

【案例 5-1-2】 A 公司 2020 年发生应收账款 1 000 万元,年底确认坏账准备 200 万元。

【税务管理建议】

会计处理如下:

借:资产减值损失——计提坏账准备　　　　　　　　　　　　　　　　2 000 000
　　贷:坏账准备　　　　　　　　　　　　　　　　　　　　　　　　　　　2 000 000

则 A 公司 2021 年度企业所得税汇算清缴时应对计提的 200 万元坏账准备做纳税调增处理。企业所得税汇算清缴时,应填写 A105000《纳税调整项目明细表》第 33 栏"资产减值准备金"调增金额 200 万元。

假如上述 A 公司 2021 年底已经确认 500 万元确实无法收回,A 公司应核销坏账,并计提相关坏账准备。会计处理如下:

(1) 核销坏账。

借:坏账准备　　　　　　　　　　　　　　　　　　　　　　　　　　　5 000 000
　　贷:应收账款　　　　　　　　　　　　　　　　　　　　　　　　　　　5 000 000

(2) 年底计提坏账。

借:资产减值损失　　　　　　　　　　　　　　　　　　　　　　　　　3 000 000
　　贷:坏账准备　　　　　　　　　　　　　　　　　　　　　　　　　　　3 000 000

对于 A 公司这笔 500 万元应收账款坏账损失,企业应按规定提供证据资料申报所得税税前扣除。汇算清缴时,填写 A105000《纳税调整项目明细表》第 33 栏"资产减值准备金"调增金额 300 万元;第 34 栏"资产损失"调减金额 500 万元。

假如 A 公司有 100 万元已确认坏账后又收回来。会计处理如下:

借:应收账款　　　　　　　　　　　　　　　　　　　　　　　　　　　1 000 000
　　贷:坏账准备　　　　　　　　　　　　　　　　　　　　　　　　　　　1 000 000

借：银行存款　　　　　　　　　　　　　　　　　　　　　　　1 000 000
　　贷：应收账款　　　　　　　　　　　　　　　　　　　　　　　1 000 000

收回的已确认坏账损失的应收账款 100 万元，应计入收入，在年度企业所得税汇算清缴时进行纳税调增，填写 A105000《纳税调整项目明细表》第 34 栏"资产损失"调增金额 100 万元。

三、合同资产的税务管理

（一）业务描述

合同资产，是指企业已向客户转让商品所有权收取对价的权利，且该权利取决于时间流逝之外的其他因素。企业应当按照《企业会计准则第 22 号——金融工具确认和计量》评估合同资产的减值，该减值的计量、列报和披露应当按照《企业会计准则第 22 号——金融工具确认和计量》和《企业会计准则第 37 号——金融工具列报》的规定进行会计处理。如企业向客户销售两项可明确区分的商品，企业因已交付其中一项商品而有权收取款项，但收取该款项还取决于企业交付另一项商品的，企业应当将该收款权利作为合同资产。

（二）政策分析

（1）《企业会计准则第 14 号——收入》（财会〔2017〕22 号）、《企业会计准则第 22 号——金融工具确认和计量》（财会〔2017〕7 号）的有关规定，合同资产发生减值的，企业按应减记的金额，借记"资产减值损失"科目，贷记"合同资产减值准备"科目。转回已计提的资产减值准备时，做相反的会计分录。

（2）《企业所得税法》第十条规定，未经核定的准备金支出不得税前扣除。未经核定的准备金支出，是指不符合国务院财政、税务主管部门规定的各项资产减值准备、风险准备等准备金支出。因此坏账准备在计提当期不允许税前扣除。

（三）涉税管控

合同资产是企业拥有的有权收取对价的合同权利，合同资产并不是一项无条件收款权，该权利除了时间流逝之外，还取决于其他条件（如履行合同中的其他履约义务）才能收取相应的合同对价。合同资产除信用风险之外，还可能承担其他风险，如履约风险等，因此企业在运营过程中，应兼顾多方的平衡。

【案例 5-1-3】 A 企业是电梯生产设备制造企业，A 企业与 B 企业签订销售合同，向 B 企业销售一台电梯生产线，不含税价为 3 000 万元，同时约定由 A 企业对生产线进行安装调试，安装费用不含税价 200 万元，合同约定设备安装调试验收后再结算货款。

【税务管理建议】

此处销售生产线应收的款项应计入合同资产是因为该项收款权只有在履行了另一项履约义务——安装调试后，才能确定为一项仅取决于时间流逝因素的权利，此时尚未履行另一项履约义务，除了信用风险外，还承担履约风险，因此应计入合同资产。

A 企业的账务处理：

(1) 销售设备，设备控制权发生转移。

借：合同资产	33 900 000
贷：主营业务收入——产品销售	30 000 000
应交税费——待转销项税	3 900 000

(2) 安装调试合格验收后，双方结算合同价款并开具发票。

借：应收账款	36 080 000
应交税费——待转销项税	3 900 000
贷：主营业务收入——安装收入	2 000 000
应交税费——应交增值税(销项税额)	4 080 000
合同资产	33 900 000

【案例 5-1-4】 2020 年 8 月 1 日，A 公司与客户签订合同，向其销售甲、乙两项商品，甲商品的单独售价为 6 000 元；乙商品的单独售价为 24 000 元，合同价款为 25 000 元。合同约定，甲商品于合同开始日交付，乙商品在一个月之后交付，只有当两项商品全部交付之后，A 公司才有权收取 25 000 元的合同对价。假定甲商品和乙商品分别构成单项履约义务，其控制权在交付时转移给客户。上述价格均不包含增值税，且假定不考虑相关税费影响。

【税务管理建议】

分摊至甲商品的合同价款为 5 000 元[6 000÷(6 000+24 000)×25 000]。

分摊至乙商品的合同价款为 20 000 元[24 000÷(6 000+24 000)×25 000]。

A 公司的账务处理如下：

(1) 交付甲商品时。

借：合同资产	5 000
贷：主营业务收入	5 000

(2) 交付乙商品时。

借：应收账款	25 000
贷：合同资产	5 000
主营业务收入	20 000

第二节　非流动资产税务管理

非流动资产是指不能在 1 年或者超过 1 年的一个营业周期内变现或者耗用的资产。非流动资产包括债权投资、其他债权投资、长期应收款、长期股权投资、其他权益工具投资、其他非流动金融资产、投资性房地产、固定资产、在建工程、生产性生物资产、油气资产、使用权资产、无形资产、开发支出、商誉、长期待摊费用、递延所得税资产、其他非流动资产。本节内容仅介绍固定资产、投资性房地产、使用权资产。

一、固定资产的税务管理

（一）取得环节的涉税管控

1. 业务描述

固定资产取得方式一般有外购、自建、融资租入、接受投资、接受捐赠、上级划转、盘盈等方式。

2. 固定资产业务核算

1）不需要安装的固定资产

（1）企业购入不需要安装的固定资产，应按实际支付的购买价款、相关税费以及使固定资产达到预定可使用状态前所发生的可归属于该项资产的运输费、装卸费和专业人员服务费等，作为固定资产成本，借记"固定资产"科目，贷记"银行存款"等科目。购入已使用不需安装的固定资产，按售出单位原价作为固定资产原价，借记"固定资产"科目，按实际支付价款，贷记"银行存款"科目，按其差额贷记"累计折旧"科目。

（2）购入固定资产超过正常信用条件延期支付价款、实质上具有融资性质的（通常在3年以上），按应付购买价款的现值，借记"固定资产"或"在建工程"科目，按应支付的金额，贷记"长期应付款"科目，按其差额，借记"未确认融资费用"科目。

（3）企业购买固定资产通常在正常信用条件期限内付款，但也会发生超过正常信用条件购买固定资产的经济业务，如采用分期付款方式购买资产，且在合同中规定的付款期限比较长，超过了正常信用条件（通常在3年以上）。在这种情况下，该项合同实质上具有融资性质，购入固定资产的成本不能以各期付款额之和确定，而应以各期付款额之和的现值确定。固定资产购买价款的现值，应当按照各期支付的价款选择恰当的折现率进行折现后的金额加以确定。

折现率是反映当前市场货币时间价值和延期付款债务特定风险的利率。该折现率实质上是供货企业的必要报酬率。各期实际支付的价款之和与其现值之间的差额符合资本化条件的，应当计入固定资产成本，其余部分应当在信用期间内确认为财务费用，计入当期损益。其会计处理为：购入固定资产时，按购买价款的现值，借记"固定资产"或"在建工程"科目，按应支付的金额，贷记"长期应付款"科目，按其差额，借记"未确认融资费用"科目。

2）需要安装的固定资产

购入需要安装的固定资产以及通过基本建设工程、技术改造工程建造完成的固定资产，先记入"在建工程"科目，安装完毕交付使用时，再转入"固定资产"科目，根据编制的竣工决算及财产清单，按决算实际支出数作为固定资产的原价入账，借记"固定资产"科目，贷记"在建工程"等科目。

3）自行建造固定资产

自行建造固定资产的成本，由建造该项资产达到预定可使用状态前所发生的必要支出构成,包括工程物资成本、人工成本、交纳的相关税费、应予资本化的借款费用以及应分摊的间接费用等。企业自行建造固定资产包括自营建造和出包建造两种方式。无论采用何种方式,所建工程都应当按照实际发生的支出确定其工程成本并单独核算。

(1) 企业自营方式建造固定资产,发生的工程成本应通过"在建工程"科目核算。工程完工达到预定可使用状态时,从"在建工程"科目转入"固定资产"科目。

(2) 在出包方式下,"在建工程"科目主要是企业与建造承包商办理工程价款的结算科目,企业支付给建造承包商的工程价款,作为工程成本通过"在建工程"科目核算。企业应按合理估计的工程进度和合同规定结算的进度款,借记"在建工程——建筑工程(××工程)""在建工程——安装工程(××工程)"科目,贷记"银行存款""预付账款"等科目。工程完成时,按合同规定补付的工程款,借记"在建工程"科目,贷记"银行存款"等科目。企业将需安装设备运抵现场安装时,借记"在建工程——在安装设备(××设备)"科目,贷记"工程物资——××设备"科目;企业为建造固定资产发生的待摊支出,借记"在建工程——待摊支出"科目,贷记"银行存款""应付职工薪酬""长期借款"等科目。在建工程达到预定可使用状态时,借记"固定资产"科目,贷记"在建工程——建筑工程""在建工程——安装工程""在建工程——待摊支出"等科目。

(3) 投资者投入的固定资产在办理了固定资产移交手续之后,应按投资合同或协议约定的价值加上应支付的相关税费作为固定资产的入账价值,借记"固定资产"科目,贷记"实收资本(或股本)""资本公积"等科目,但合同或协议约定价值不公允的除外。

4) 融资租入的固定资产

融资租入的固定资产,应单设明细科目进行核算。在租赁开始日按照租入固定资产公允价值与最低租赁付款额现值两者中较低者,加上初始直接费用后的金额,借记"固定资产——融资租入固定资产"科目,按最低租赁付款额,贷记"长期应付款——应付融资租赁款"科目,按支付的初始直接费用金额,贷记"银行存款"科目,差额借记"未确认融资费用"等科目。租赁期满,如合同规定将设备所有权转归承租企业,应将固定资产从"融资租入固定资产"明细科目转入有关明细科目。

5) 改建、扩建的固定资产

改建、扩建的固定资产,应在开工时从"固定资产"科目转入"在建工程——基建工程、技改工程"科目。改建、扩建过程中发生的支出,借记"在建工程——基建工程、技改工程"等科目,贷记"银行存款"等科目,发生的变价收入冲减在建工程成本。改、扩建完成,经验收合格后,将新增加的固定资产借记"固定资产——未使用固定资产"科目,贷记"在建工程——基建工程、技改工程"等科目。改建、扩建后的固定资产转入使用时,借记"固定资产——生产用固定资产"等科目,贷记"固定资产——未使用固定资产"科目。

6) 盘盈的固定资产

盘盈的固定资产,盘盈的非重大固定资产及无法计算前期差错累计影响数的,报经批准后,借记"固定资产"科目,贷记"营业外收入"科目;作为前期差错处理采用追溯重述法更正的盘盈的固定资产,在按管理权限报经批准处理前应通过"以前年度损益调整"科目核算,借记"固定资产"科目,贷记"累计折旧""以前年度损益调整"等科目。盘盈的固定资产,应按以下规定确定其入账价值:如果同类或类似固定资产存在活跃市场的,按同类或类似固定资产的市场价格,减去按该项资产的新旧程度估计的价值损耗后的余额,作为入账价值;如果同类或类似固定资产不存在活跃市场的,按该项固定资产的预计未来现金流量的现值,作为入账价值。

7) 接受捐赠的固定资产

企业接受捐赠的固定资产,应按确定的入账价值,借记"固定资产"科目,贷记"营业外收入"等科目。

8) 企业无偿调入固定资产的处理

(1) 企业集团内部进行固定资产调拨,调入不需要安装的固定资产,调入单位根据固定资产调拨单,按固定资产的原价,借记"固定资产"科目,按已提折旧,贷记"累计折旧"科目,按该项固定资产已计提的减值准备,贷记"固定资产减值准备"科目,按调入固定资产的账面价值,贷记"上级拨入资金""资本公积"等科目。上级主管部门借记"拨付所属资金——调入单位"科目,贷记"拨付所属资金——调出单位"科目。

(2) 企业集团内部进行固定资产调拨,调入需要安装的固定资产,根据调拨单或调出单位注明的原安装成本等资料,调入单位借记"固定资产"科目,贷记"累计折旧""上级拨入资金""资本公积"等科目。发生的安装成本通过"在建工程"科目核算,工程完工交付使用时,结转安装成本,借记"固定资产"科目,贷记"在建工程"科目。上级主管部门借记"拨付所属资金——调入单位"科目,贷记"拨付所属资金——调出单位"科目。

9) 为开发新产品、新技术单台设备价值在规定价值以下的固定资产

企业购置的为开发新产品、新技术单台设备价值在规定价值以下的固定资产按规定可一次计入费用,不再计提折旧的,企业应按实际发生的支出,借记"固定资产"科目,贷记"银行存款"科目;同时借记"研发支出"科目,贷记"累计折旧"科目。

10) 对已达到预定可使用状态,而尚未编制竣工决算的固定资产处理

根据工程预算、造价或者工程实际成本等暂估入账,借记"固定资产"科目,贷记"在建工程"科目。编制竣工决算后,先用红字调整冲回原会计分录,再按决算数,借记"固定资产"科目,贷记"在建工程"等科目,原已计提折旧额无需调整。

11) 固定资产存在弃置义务的核算

固定资产存在弃置义务的,应在取得固定资产时,按预计弃置费用的现值,借记"固定资产"科目,贷记"预计负债"科目。在该项固定资产的使用寿命内,计算确定各期应负担的利息费用,借记"财务费用"科目,贷记"预计负债"科目。

3. 政策分析

1) 会计政策分析

根据《企业会计准则第 4 号——固定资产》规定,固定资产是指同时具有下列特征的有形资产:为生产商品、提供劳务、出租或经营管理而持有的;使用寿命超过一个会计

年度。

使用寿命,是指企业使用固定资产的预计期间,或者该固定资产所能生产产品或提供劳务的数量。

2) 税收政策分析

根据《企业所得税法实施条例》有关规定,固定资产是指企业为生产产品、提供劳务、出租或者经营管理而持有的、使用时间超过12个月的非货币性资产,包括房屋、建筑物、机器、机械、运输工具以及其他与生产经营活动有关的设备、器具、工具等。

4. 风险管控

从增值税角度分析,要做好供货方身份的选择,签订合同时,一定要注意合同价格是否包含增值税。

(二) 使用环节涉税管控

1. 业务描述

固定资产使用涉税管控主要是企业发生的与固定资产运营相关的成本、费用的确认,包括与固定资产运营相关的营业成本、期间费用、资产减值损失、公允价值变动损益、营业外支出。

固定资产业务核算,按期(月)计提固定资产的折旧时,借记"生产成本""在建工程""研发支出""其他业务成本"等科目,贷记"累计折旧"科目。处置固定资产还应同时结转累计折旧。本科目期末贷方余额,反映企业固定资产的累计折旧额。

2. 政策分析

1) 会计政策分析

根据《企业会计准则第4号——固定资产》规定,企业应当根据与固定资产有关的经济利益的预期实现方式,合理选择固定资产折旧方法,折旧方法包括年限平均法、工作量法、双倍余额递减法和年数总和法等,企业应当根据固定资产的性质和使用情况,合理确定固定资产的使用寿命和预计净残值。

固定资产的使用寿命、预计净残值一经确定,不得随意变更。但是,企业至少应当于每年年度终了,对固定资产的使用寿命、预计净残值和折旧方法进行复核。

使用寿命预计数与原先估计数有差异的,应当调整固定资产使用寿命。

预计净残值预计数与原先估计数有差异的,应当调整预计净残值。

与固定资产有关的经济利益预期实现方式有重大改变的,应当改变固定资产折旧方法。

固定资产使用寿命、预计净残值和折旧方法的改变应当作为会计估计变更。

2) 税收政策分析

(1) 根据《企业所得税法实施条例》规定,固定资产按照直线法计算的折旧,准予扣除。企业应当自固定资产投入使用月份的次月起计算折旧;停止使用的固定资产,应当自停止使用月份的次月起停止计算折旧。企业应当根据固定资产的性质和使用情况,合理确定固定资产的预计净残值。固定资产的预计净残值一经确定,不得变更。除国务院财政、税务主管部门另有规定外,固定资产计算折旧的最低年限如下:①房屋、建筑物,为

20年;②飞机、火车、轮船、机器、机械和其他生产设备,为10年;③与生产经营活动有关的器具、工具、家具等,为5年;④飞机、火车、轮船以外的运输工具,为4年;⑤电子设备,为3年。

(2) 根据国家税务总局2014年第29号公告规定,企业固定资产会计折旧年限如果短于税法规定的最低折旧年限,其按会计折旧年限计提的折旧高于按税法规定的最低折旧年限计提的折旧部分,应调增当期应纳税所得额;企业固定资产会计折旧年限已期满且会计折旧已提足,但税法规定的最低折旧年限尚未到期且税收折旧尚未足额扣除,其未足额扣除的部分准予在剩余的税收折旧年限继续按规定扣除。

企业固定资产会计折旧年限如果长于税法规定的最低折旧年限,其折旧应按会计折旧年限计算扣除,税法另有规定除外。

企业按会计规定提取的固定资产减值准备,不得税前扣除,其折旧仍按税法确定的固定资产计税基础计算扣除。

企业按税法规定实行加速折旧的,其按加速折旧办法计算的折旧额可全额在税前扣除。

(3) 根据《企业所得税法实施条例》规定,可以采取缩短折旧年限或者采取加速折旧的方法的固定资产,包括:由于技术进步,产品更新换代较快的固定资产;常年处于强震动、高腐蚀状态的固定资产。

采取缩短折旧年限方法的,最低折旧年限不得低于本条例第六十条规定折旧年限的60%;采取加速折旧方法的,可以采取双倍余额递减法或者年数总和法。

(4) 根据国家税务总局2014年第64号公告规定,企业在2014年1月1日后购进并专门用于研发活动的仪器、设备,单位价值不超过100万元的,可以一次性在计算应纳税所得额时扣除;单位价值超过100万元的,允许按不低于企业所得税法规定折旧年限的60%缩短折旧年限,或选择采取双倍余额递减法或年数总和法进行加速折旧。

企业持有的固定资产,单位价值不超过5 000元的,可以一次性在计算应纳税所得额时扣除。企业在2013年12月31日前持有的单位价值不超过5 000元的固定资产,其折余价值部分,2014年1月1日以后可以一次性在计算应纳税所得额时扣除。

需要特别提示的是应严格区分应当资本化的固定资产的大修理支出与应当费用化的日常维修支出,《企业所得税法实施条例》规定,只有同时符合下列条件的支出才作为固定资产大修理处理,修理支出达到取得固定资产时的计税基础50%以上,修理后固定资产的使用年限延长2年以上。

(5) 根据《财政部 税务总局关于海南自由贸易港企业所得税优惠政策的通知》(财税〔2020〕31号)第三条规定,对在海南自由贸易港设立的企业,新购置(含自建、自行开发)固定资产或无形资产,单位价值不超过500万元(含)的,允许一次性计入当期成本费用在计算应纳税所得额时扣除,不再分年度计算折旧和摊销;新购置(含自建、自行开发)固定资产或无形资产,单位价值超过500万元的,可以缩短折旧、摊销年限或采取加速折旧、摊销的方法。

(6) 根据《财政部 税务总局关于设备器具扣除有关企业所得税政策的通知》(财税〔2018〕54号)规定,企业在2018年1月1日至2020年12月31日期间新购进的设备、器具,单位价值不超过500万元的,允许一次性计入当期成本费用在计算应纳税所得额时扣除,不再分年度计算折旧;单位价值超过500万元的,仍按《企业所得税法实施条例》《财政部 国家税务总局关于完善固定资产加速折旧企业所得税政策的通知》(财税〔2014〕75号)、《财政部 国家税务总局关于进一步完善固定资产加速折旧企业所得税政策的通知》(财税〔2015〕106号)等相关规定执行。

(7) 根据《财政部 税务总局关于延长部分税收优惠政策执行期限的公告》(财政部 税务总局公告2021年第6号)规定,《财政部 税务总局关于设备器具扣除有关企业所得税政策的通知》(财税〔2018〕54号)等16个文件规定的税收优惠政策凡已经到期的,执行期限延长至2023年12月31日。

3. 涉税管控

企业在使用固定资产环节,关于折旧年限和残值率问题,会计根据资产使用情况要及时进行调整;而税收要求相对固定,而且规定了最低折旧年限,一经确定不得变更,当会计折旧年限小于税收折旧年限时,需作纳税调整处理。因税法上加速折旧的影响,固定资产的会计处理并不因为税务加速折旧而改变,税务人员应建立固定资产加速折旧台账,以便当年享受折旧政策后,以后年度备查。

(三) 处置环节的涉税管控

1. 业务描述

固定资产处置,包括固定资产的出售、转让、报废和毁损、对外投资、非货币性资产交换、债务重组等。其财务处理一般经过以下几个步骤:

(1) 固定资产转入清理。按该项固定资产的账面净值,借记"固定资产清理"科目,按已计提的累计折旧,借记"累计折旧"科目,按已计提的减值准备,借记"固定资产减值准备"科目,按固定资产的账面原值,贷记"固定资产"科目。

(2) 发生的清理费用。按固定资产清理过程中发生的有关费用(如支付清理人员的工资等)以及应支付的固定资产清理变价收入增值税,按实际发生数借记"固定资产清理"科目,贷记"银行存款""应交税费——未交增值税"等科目。

(3) 出售收入和残料等的处理。收回出售固定资产的价款、残料价值和变价收入等,借记"银行存款""原材料"等科目,贷记"固定资产清理"科目;应当由保险公司或过失人赔偿的损失,借记"其他应收款"科目,贷记"固定资产清理"科目。

(4) 固定资产修复过程中发生的费用,借记"固定资产清理"科目,贷记"银行存款"等科目。

(5) 清理净损益的处理。固定资产清理完成后的净损失,应区别情况处理:属于筹建期间的,冲减长期待摊费用,借记"长期待摊费用"科目,贷记"固定资产清理"科目;属于生产经营期间正常的处理损失,计入损益,借记"营业外支出——非流动性资产处置损失"科目,贷记"固定资产清理"科目;属于生产经营期间由于自然灾害等非正常原因造成的损失,借记"营业外支出——非常损失"科目,贷记"固定资产清理"科目。固定资产清理完成后的净收益,借记"固定资产清理"科目,贷记"营业外收入——非流动资产处置利得"科目。

固定资产损失经申报后可在企业所得税前扣除,因固定资产减值准备影响造成的差异需进行纳税调整。

2. 政策分析

1) 会计政策分析

根据《企业会计准则第4号——固定资产》规定,固定资产满足下列条件之一的,应当予以终止确认:该固定资产处于处置状态;该固定资产预期通过使用或处置不能产生经济利益。

企业持有待售的固定资产,应当对其预计净残值进行调整。

企业出售、转让、报废固定资产或发生固定资产毁损,应当将处置收入扣除账面价值和相关税费后的金额计入当期损益。固定资产的账面价值是固定资产成本扣减累计折旧和累计减值准备后的金额。

固定资产盘亏造成的损失,应当计入当期损益。

发生的固定资产后续支出计入固定资产成本的,应当终止确认被替换部分的账面价值。

2) 税收政策分析

(1) 根据财税〔2009〕第57号文件规定,资产损失,是指企业在生产经营活动中实际发生的、与取得应税收入有关的资产损失,包括现金损失,存款损失,坏账损失,贷款损失,股权投资损失,固定资产和存货的盘亏、毁损、报废、被盗损失,自然灾害等不可抗力因素造成的损失以及其他损失。

(2) 根据国家税务总局公告2011年第25号第二十九条规定,固定资产盘亏、丢失损失,为其账面净值扣除责任人赔偿后的余额,应依据以下证据材料确认:①企业内部有关责任认定和核销资料;②固定资产盘点表;③固定资产的计税基础相关资料;④固定资产盘亏、丢失情况说明;⑤损失金额较大的,应有专业技术鉴定报告或法定资质中介机构出具的专项报告等。

(3) 根据国家税务总局公告2011年第25号第三十条规定,固定资产报废、毁损损失,为其账面净值扣除残值和责任人赔偿后的余额,应依据以下证据材料确认:①固定资产的计税基础相关资料;②企业内部有关责任认定和核销资料;③企业内部有关部门出具的鉴定材料;④涉及责任赔偿的,应当有赔偿情况的说明;⑤损失金额较大的或自然灾害等不可抗力原因造成固定资产毁损、报废的,应有专业技术鉴定意见或法定资质中介机构出具的专项报告等。

(4) 根据国家税务总局公告2011年第25号第三十一条规定,固定资产被盗损失,为其账面净值扣除责任人赔偿后的余额,应依据以下证据材料确认:①固定资产计税基础相关资料;②公安机关的报案记录,公安机关立案、破案和结案的证明材料;③涉及责任赔偿的,应有赔偿责任的认定及赔偿情况的说明等。

(5)根据《国家税务总局关于企业所得税资产损失资料留存备查有关事项的公告》(国家税务总局公告 2018 年第 15 号)的规定,企业向税务机关申报扣除资产损失,仅需填报企业所得税年度纳税申报表《资产损失税前扣除及纳税调整明细表》,不再报送资产损失相关资料。相关资料由企业留存备查。企业应当完整保存资产损失相关资料,并保证资料的真实性、合法性。

3. 涉税管控

企业在固定资产处置时,从增值税角度分析,报废、毁损的固定资产对应的进项税额需作进项税额转出处理。从企业所得税角度分析,会计上确认损失是在扣除资产减值损失后进行确认,而税法不考虑资产减值损失,由此而少确认的损失需调增当年应纳税所得额;会计上做损失处理后,税法要求必须按规定进行资料留存备查,否则不得在税前扣除,未申报部分需调增当年度应纳税所得额;如果会计折旧年限少于税法规定最低折旧年限时,还需考虑因折旧产生的税收与会计差异,作相应的纳税调整。

资产报废毁损必须按照国家税务总局公告 2011 年第 25 号进行申报,否则企业所得税税前不得扣除。如果购进环节未抵扣进项税额,在处置环节不需要进项税额转出;如果抵扣过进项税额,资产损失相对应的进项税额需转出,转出金额要记入损失金额。在购进和领用环节存在的会计与企业所得税差异在处置环节要作相应的纳税调整。

【案例 5-2-1】 为了给 2021 年产品的生产创造更好的条件,以利于生产计划的圆满完成,诚信公司于 2020 年 12 月初对公司的固定资产进行了多项工作,具体包括以下几个方面:

(1)对一台加工设备进行大修理,12 月底完成,实际发生大修理费 26 000 元,用银行存款支付。

(2)以一辆卡车与小刘公司的一台精加工设备进行交换。卡车的原始价值为 350 000 元,已提折旧 80 000 元,已计提减值准备 6 000 元,对方的补价款 1 000 元,卡车的公允价值为 288 000 元,另外支付的费用 600 元。为了使该设备更好地发挥作用,诚信公司在设备安装前对其进行了改良,实际发生支出 75 600 元,安装时发生安装支出 980 元,上述两项款项均以银行存款支付。

(3)将一台设备上的附属独立装置拆卸下来,进行报废处理,同时又买一个新的装置并安装在该台固定资产上。该设备的原始价值 240 000 元,已提折旧 85 000 元,被拆卸装置的成本为 7 200 元,企业购买新装置时支付款项 8 190 元。

(4)为腾出一定的空间,以安装新的设备,公司将 1 台四成新的设备出售。该设备原始价值为 38 000 元,已提折旧 14 100 元,出售所得价款 22 600 元已存入银行。

(5)为提高工作效率,公司将一台已提足折旧但尚可使用的设备转入报废清理。报废设备的原始价值为 62 000 元,已计提折旧 59 520 元。报废时发生清理费用 300 元,残值收入 450 元(残料)。

(6)一台数控机床由于使用性能有些下降,公司决定对其重新安装。该台机床的原始价值为 320 000 元,已提折旧 108 800 元,初始安装成本为 9 000 元。安装完毕后,共发生新的安装成本为 9 600 元。

(7) 年末时,诚信公司经考核认定,一项固定资产由于实体发生损坏导致其可收回金额大大降低。经计算可收回金额为 83 000 元,该项固定资产账面净值为 112 000 元,已计提减值准备 6 000 元;一台设备由于性能问题,如果再使用会产生大量的不合格产品,因此转为不使用状态,该设备原始价值为 270 000 元,已提折旧 94 000 元。

【税务管理建议】

(1) 本案例中的固定资产支出业务属于资本性支出的业务包括交换的卡车业务、固定资产的改良业务、安装附属独立装置业务以及固定资产的重新安装业务。

应计入固定资产价值的资产支出就是按照资本化的要求来进行处理的;固定资产的改良业务对固定资产质量一般都会有较大的改进或显著提高,而且本案例中此项业务支出金额也比较大,因此应将改良支出作为资本性支出,增加有关固定资产的价值;安装附属独立装置业务属于固定资产的资产单独换新业务,资产具有相对独立性并具有可单独辨认其成本的特点,通过资产单独换新可以恢复固定资产的质量,所以将其作为资本性支出业务;对固定资产的重新安装是为了创造新的生产环境和提高流水作业的合理性,可以起到改善生产组织、提高生产效率、充分发挥资产潜力、降低产品成本的作用,因此会计上同样把固定资产的重新安装业务作为固定资产的资本化支出业务,重新安装的支出应予以资本化,计入固定资产的价值。

$$资本性支出金额合计 = 355\ 180 + 8\ 190 + 9\ 600 = 372\ 970(元)$$

(2) 固定资产原始价值的影响金额 = −350 000 + 355 180 − 7 200 + 8 190 − 38 000 − 62 000 − 9 000 + 9 600 = −93 230(元)。

(3) 公司损益的影响金额 = −26 000 + 24 000 − 4 650 − 3 900 − 2 350 − 5 940 − 56 000 = −74 840(元)。

(4) 各业务的会计处理:

① 借:制造费用　　　　　　　　　　　　　　　　　　　　　　　　26 000
　　　贷:银行存款　　　　　　　　　　　　　　　　　　　　　　　　26 000

② 注销固定资产

借:固定资产清理　　　　　　　　　　　　　　　　　　　　　　　26 400
　　累计折旧　　　　　　　　　　　　　　　　　　　　　　　　　80 000
　　固定资产减值准备　　　　　　　　　　　　　　　　　　　　　　6 000
　　贷:固定资产　　　　　　　　　　　　　　　　　　　　　　　350 000

收到补价款:

借:固定资产清理　　　　　　　　　　　　　　　　　　　　　　　10 000
　　贷:银行存款　　　　　　　　　　　　　　　　　　　　　　　 10 000

支付相关费用:

借：固定资产清理		600
贷：银行存款		600

换入固定资产：

借：在建工程		278 600
贷：固定资产清理		254 600
营业外收入——非货币性资产交换利得		24 000

改良支出：

借：在建工程		75 600
贷：银行存款		75 600

安装成本：

借：在建工程		980
贷：银行存款		980

结转固定资产成本：

借：固定资产		355 180
贷：在建工程		355 180

③ 注销拆卸装置：

$$累计折旧 = (7\,200 \div 240\,000) \times 85\,000 = 2\,550(元)$$

借：累计折旧		2 550
管理费用		4 650
贷：固定资产		7 200

安装新装置：

借：固定资产		8 190
贷：银行存款		8 190

④ 注销出售的固定资产：

借：固定资产清理		23 900
累计折旧		14 100
贷：固定资产		38 000

出售固定资产：

$$不含税价 = 22\,600 \div (1 + 13\%) = 20\,000(元)$$
$$应交增值税 = 20\,000 \times 13\% = 2\,600(元)$$

借：银行存款		22 600
贷：固定资产清理		20 000
应交税费——应交增值税（销项税额）		2 600

结转净损失：

借：营业外支出　　　　　　　　　　　　　　　　　　　　　　　3 900
　　贷：固定资产清理　　　　　　　　　　　　　　　　　　　　3 900

⑤ 注销报废固定资产：

借：固定资产清理　　　　　　　　　　　　　　　　　　　　　　2 480
　　累计折旧　　　　　　　　　　　　　　　　　　　　　　　　59 520
　　贷：固定资产　　　　　　　　　　　　　　　　　　　　　　62 000

支付清理费用：

借：固定资产清理　　　　　　　　　　　　　　　　　　　　　　300
　　贷：银行存款　　　　　　　　　　　　　　　　　　　　　　300

残料入库：

借：原材料　　　　　　　　　　　　　　　　　　　　　　　　　450
　　贷：固定资产清理　　　　　　　　　　　　　　　　　　　　450

结转净损失：

借：营业外支出　　　　　　　　　　　　　　　　　　　　　　　2 350
　　贷：固定资产清理　　　　　　　　　　　　　　　　　　　　2 350

⑥ 注销初始安装成本：

$$累计折旧 = (9\,000 \div 320\,000) \times 108\,800 = 3\,060(元)$$

借：累计折旧　　　　　　　　　　　　　　　　　　　　　　　　3 060
　　管理费用　　　　　　　　　　　　　　　　　　　　　　　　5 940
　　贷：固定资产　　　　　　　　　　　　　　　　　　　　　　9 000

新的安装成本：

借：固定资产　　　　　　　　　　　　　　　　　　　　　　　　9 600
　　贷：银行存款　　　　　　　　　　　　　　　　　　　　　　9 600

⑦ 应计提减值准备 = (112 000 − 6 000 − 83 000) + (127 000 − 94 000) = 56 000(元)

借：资产减值损失　　　　　　　　　　　　　　　　　　　　　　56 000
　　贷：固定资产减值准备　　　　　　　　　　　　　　　　　　56 000

二、投资性房地产的税务管理

(一) 取得环节涉税管控

1. 业务描述

投资性房地产初始计量分为外购和自行建造。外购投资性房地产的成本，包括购买价款、相关税费和可直接归属于该资产的其他支出;自行建造投资性房地产的成本,包括建造该固定资产达到预定可使用状态前发生的必要支出。具体包括:

(1) 已出租的土地使用权(经营租赁方式出租的土地使用权)。

(2) 持有并准备增值后转让的土地使用权(非房地产企业),房地产企业持有的属于存货。

(3) 已出租的建筑物(房地产开发企业已出租的房屋属于投资性房地产,其他的基本属于房地产企业的存货)。

2. 政策分析

(1) 会计上,投资性房地产核算时,企业采取分期付款方式购买资产的,且在合同中规定的付款周期比较长,超过了正常信用条件,通常在3年以上,该类合同实质上就具有融资性质,会计上购入资产的成本是以该资产的公允价值与最低租赁付款额的现值两者中较低者来确定,而最低租赁付款额作为"长期应付款"入账核算,两者的差额作为"未确认融资费用"核算。

(2) 税法规定投资性房地产的计税基础不按现值计价,应按照实际支付的价款确定该资产的计税基础。

3. 涉税管控

企业在进行日常核算时,由于会计和税法对投资性房地产的初始计量标准不一致,这样将导致超过具有融资性质投资性房地产的会计成本小于计税基础,在后续计算折旧或者摊销时出现差异,并且作为"未确认融资费用"核算的资产差额部分在后续期间结转至"财务费用",而税法规定只能进行折旧或者摊销,不允许税前扣除应当在所属年度进行纳税调整。因此,税务会计在进行日常核算时,应特别关注。

【案例5-2-2】 A公司是一家商贸企业,先购入B房地产企业3间办公室作为办公场所使用,该办公室购买价值为11 000 000元,由于经济困难,预计划分5年支付价款,假设该资产的公允价值与最低租赁付款额的现值两者中较低者为10 000 000元,账务核算及纳税事项应如何判断。

会计账务核算:

借:投资性房地产　　　　　　　　　　　　　　　　　　　　10 000 000
　　未确认融资费用　　　　　　　　　　　　　　　　　　　 1 000 000
　　贷:长期应付款　　　　　　　　　　　　　　　　　　　　11 000 000

每期结转时:

借:财务费用　　　　　　　　　　　　　　　　　　　　　　　 200 000
　　贷:未确认融资费用　　　　　　　　　　　　　　　　　　　 200 000

【税务管理建议】

会计上初始入账价值为1 000万元,税法规定的计税基础为1 100万元,会计上计提折旧的标准是1 000万元,而税法规定按照1 100万元计提折旧税前扣除,差异应当进行纳税调整；每期结转确认的财务费用，不允许税前扣除，应当进行纳税调增。

(二) 使用环节涉税管控

1. 业务模式

投资性房地产的后续计量分为成本计量和公允价值计量两种模式，已采用公允价值模式计量的投资性房地产，不得从公允价值模式转变为成本模式。

2. 政策分析

1) 会计政策

(1) 投资性房地产在成本计量模式下存在减值迹象的，计提减值准备时，借记"资产减值损失"科目，贷记"投资性房地产减值准备"科目。

(2) 投资性房地产在公允价值计量模式下简称"不折旧不摊销不减值"。不对投资性房地产计提折旧或者摊销，企业应当按照资产负债表日投资性房地产的公允价值为基础调整其账面价值，公允价值与原账面价值之间的差额记入"公允价值变动损益"科目。

(3) 企业对投资性房地产的计量模式一经确定，不得随意变更。成本模式转为公允价值模式的，应当作为会计政策变更处理，将计量模式变更时公允价值与账面价值的差额，调整期初留存收益（未分配利润）。

2) 税法政策

(1) 税法规定，会计上计提的投资性房地产减值准备不得税前扣除，应当在所属年度进行纳税调整。

(2) 投资性房地产是作为固定资产或者无形资产处理的，投资性房地产公允价值的变动，无论增减均不确认所得或者损失，是否允许计提折旧或者摊销没有具体规定。企业所得税政策规定融资租入的固定资产允许计提折旧或者摊销，同样投资性房地产作为固定资产或者无形资产处理，理应按照税法规定计提折旧或者摊销进行税前扣除。

(3) 投资性房地产成本模式转为公允价值模式，其公允价值与账面价值的差额不确认所得或者损失。由于会计处理不涉及当期损益，变更时无需作纳税调整。但后续处理时，计提折旧或者摊销仍应按照初始计税基础计算确认，进行税前扣除。

【案例5-2-3】 甲企业与乙企业签订房屋租赁协议，将一栋办公楼租赁给乙企业办公使用，一直采用成本模式计量。在2020年1月1日，变更为公允价值模式计量。该办公楼的账面价值700万元，已提折旧300万元，不考虑其他税费，变更日的公允价值为900万元。相关会计处理如下：

借：投资性房地产——办公楼（成本）　　　　　　　　　　　9 000 000
　　投资性房地产累计折旧　　　　　　　　　　　　　　　　3 000 000
　贷：投资性房地产——办公楼　　　　　　　　　　　　　　7 000 000
　　　利润分配——未分配利润　　　　　　　　　　　　　　4 500 000
　　　盈余公积　　　　　　　　　　　　　　　　　　　　　　500 000

【税务管理建议】

转换业务未涉及当期损益,无需进行纳税调整,但后续处理时仍应当按照原有计税基础 700 万元计提折旧税前扣除,形成差异纳税调整。

(三) 处置环节涉税管控

投资性房地产处置采用成本模式计量时,应当按实际收到的金额,借记"银行存款"等科目,贷记"其他业务收入"科目,该投资性房地产的累计折旧或者累计摊销,借记"投资性房地产累计折旧(摊销)"科目,按照该项投资性房地产的账面余额,贷记"投资性房地产"科目,按照其差额,借记"其他业务成本"科目,已计提减值准备的,还应当同时结转减值准备。

【案例 5-2-4】 2020 年 12 月 31 日,某房地产开发公司与甲企业签订房屋租赁协议,将其开发的五间办公室租赁给甲企业办公使用,该办公室的账面价值 500 万元。转换前 2019 年计提"存货跌价准备"100 万元。2021 年 1 月 31 日将该房产转让,假设出售投资性房地产应纳的其他税费忽略不计。

转换日会计处理如下:

借:投资性房地产——成本	4 000 000
存货跌价准备	1 000 000
贷:开发产品	5 000 000

2021 年 1 月 31 日,将该房产转让:

借:银行存款	10 900 000
贷:其他业务收入	10 000 000
应交税费——应交增值税(销项税额)	900 000
借:其他业务成本	4 000 000
贷:投资性房地产——成本	4 000 000

【税务管理建议】

由于在 2021 年 1 月转让,2021 年少扣除的折旧在转让时也未计入资产转让损益中,相同金额调增调减,对当期所得额不影响。而 2020 年少扣除的折旧调减了 2020 年度的应纳税所得额 5 万元,在转让时应当调增 2021 年度应纳税所得额 5 万元。

三、使用权资产税务管理

(一) 业务内容

使用权资产是指承租人可在租赁期内使用租赁资产的权利。使用权资产是《企业会计准则第 21 号—租赁(修订版)》的产物。新准则下,无论是融资租赁还是经营租赁,对于承租人而言都不再进行区分,都要通过统一设置的"使用权资产"科目进行处理。

(1) 使用权资产,是指承租人可在租赁期内使用租赁资产的权利。在租赁期开始日,承租人应当按照成本对使用权资产进行初始计量。

(2) 承租人有可能在租赁期开始日就承担了成本的支付义务,也可能在特定期间内因使用标的资产而承担了相关义务。承租人应在其有义务承担上述成本时,将这些成本确认为使用权资产成本的一部分。

(二) 政策分析

(1)《〈企业会计准则第21号——租赁〉应用指南(2019)》明确:"承租人应当参照《企业会计准则第4号——固定资产》有关折旧规定,自租赁期开始日起对使用权资产计提折旧。使用权资产通常应自租赁期开始的当月计提折旧,当月计提确有困难的,为便于实务操作,企业也可以选择自租赁期开始的下月计提折旧,但应对同类使用权资产采取相同的折旧证明。"

(2) 根据《企业会计准则第8号——资产减值》规定,确定使用权资产是否发生减值,并对已识别的减值损失进行会计处理。使用权资产发生减值的,按应减记的金额,借记"资产减值损失"科目,贷记"使用权资产减值准备"科目。使用权资产减值准备一旦计提,不得转回。

(3) 根据《企业所得税法实施条例》规定,融资租入的固定资产,以租赁合同约定的付款总额和承租人在签订租赁合同过程中发生的相关费用为计税基础,租赁合同未约定付款总额的,以该资产的公允价值和承租人在签订租赁合同过程中发生的相关费用为计税基础。企业应当自固定资产投入使用月份的次月起计算折旧;停止使用的固定资产,应当自停止使用月份的次月起停止计算折旧。以融资租赁方式租入固定资产发生的租赁费支出,按照规定构成融资租入固定资产价值的部分应当提取折旧费用,分期扣除;以经营租赁方式租入固定资产发生的租赁费支出,按照租赁期限均匀扣除。

(4) 根据《企业所得税法》第十条规定,在计算应纳税所得额时,未经核定的准备金支出不得扣除。

(三) 涉税管控

在会计处理上,使用权资产计提折旧,通常与企业自建(购)固定资产开始时期不一致,自租赁期开始日起即按月计提。而税务上首先要区分经营租赁和融资租赁,其区分原则基本上采用的是旧租赁准则里分类的原则,也就是说对于经营租赁的税务处理与旧租赁准则对经营租赁基本一致。会计处理与税法规定不一致,应以税法规定为准,因此会计处理计提的折旧费和分摊的利息费用都不能税前扣除。

第六章

企业重组税务管理

第一节 企业法律形式变更税务管理

一、企业法律形式变更税务管理概述

企业由法人转变为个人独资企业、合伙企业等非法人组织,或将登记注册地转移至中华人民共和国境外(包括港澳台地区),应视同企业进行清算、分配,股东重新投资成立新企业。企业的全部资产以及股东投资的计税基础均应以公允价值为基础确定。

企业发生其他法律形式简单改变的,可直接变更税务登记,除另有规定外,有关企业所得税纳税事项(包括亏损结转、税收优惠等权益和义务)由变更后企业承继,但因住所发生变化而不符合税收优惠条件的除外。

二、企业法律形式变更税务管理策略

对企业由法人转变为个人独资企业、合伙企业等非法人组织,或将登记注册地转移至中华人民共和国境外(包括港澳台地区)的,企业应宏观进行分析,由于企业法律形式的不同,涉及的税种、管理模式也不尽相同。企业法律形式变更除须报送《企业清算所得纳税申报表》外,还应附送以下资料:①企业改变法律形式的工商部门或其他政府部门的批准文件;②企业全部资产的计税基础以及评估机构出具的资产评估报告;③企业债权、债务处理或归属情况说明;④主管税务机关要求提供的其他资料证明。

【案例6-1-1】 A企业是增值税一般纳税人(法人企业),企业所得税税率为25%,2020年8月初经批准改为境内合伙企业。假定8月份未发生收入和成本费用支出,经清算各项资产、负债确认结果为:房屋、机器设备、专有技术、库存商品、低值易耗品等资产公允价值705万元,清算前计税基础410万元;确认应提预提费用余额1万元;一次处理(列支)已发生的待摊费用20万元;所有债权、债务均已结清;最后确认清算所得276万元(705−410+1−20)。则该企业应缴纳清算企业所得税为69万元(276×25%)。假定上述A企业改变企业法律性质前为有限责任公司,有甲、乙、丙三个股东,其中甲、乙为居民个人股东,丙为企业法人股东,投资额分别为19万元、30万元、51万元,截至2020年10月31日累计未分配利润124万元。则三个股东各自应分得的清算所得如下:分配比例=(276−69+124)÷(19+30+51)×100%=331%。甲股东应分得的清算所得=19×331%=62.89(万元);乙股东应分得的清算所得=30×331%=99.3(万元);丙股东应分得的清算所得=51×331%=168.81(万元)。三个股东各自应分得的累计未分配利润为:分配比例=124÷(19+30+51)×100%=124%。甲股东应分得的利润=19×124%=23.56(万元);乙股东应分得的利润=30×124%=37.2(万元);丙股东应分得的利润=51×124%=63.24(万元)。因此,在改变法律形式时三个股东各自应分得的股息合计为:甲股东应分得的股息合计=62.89+23.56=86.45(万元);乙股东应分得的股息合计=

99.3+37.2=136.5(万元)；丙股东应分得的股息合计=168.81+63.24=232.05(万元)。

【税务管理建议】

企业法律形式的改变虽然没有在市场上发生实质性的资产转让，但改变后已经注册为一个新企业，在法律界定上相当于把一个企业的资产变卖给了另一个企业，因此，根据《个人所得税法》第二条，同时参照《财政部 国家税务总局关于个人股票期权所得征收个人所得税问题的通知》(财税〔2005〕35号)有关规定，对于甲、乙两居民个人股东获得的投资清算所得应分别按资产转让所得和股息、红利所得代扣个人所得税。其中，对甲股东应代扣的资产转让所得个人所得税=62.89×20%=12.578(万元)；对乙股东应代扣的资产转让所得个人所得税=99.3×20%=19.86(万元)；对丙企业法人投资者股东分得的168.81万元清算所得减除63.24万元免税的股息所得后应视为投资所得(收益)并入当期所得额征收企业所得税。如果法人股投资人为非居民企业，则应依照《企业所得税法》及相关规定对其获得的全部清算所得代扣代缴非居民企业所得税。

法律形式改变后新企业股东投资的入账价格确定，企业法律形式改变时投资者虽然没有真正收回投资收益，但通过被投资企业的清算，投资者已经获得了投资收益的所有权，通过重新投入改变后的新企业，投资者的控股数额或投资额已经发生变化，并重新取得控股权，但因投资者的身份不同，控股数额变化幅度也不尽相同。假设上述A企业清算后各位股东又与其他企业和个人投资兴办了一家新企业，即原A企业的各位股东将全部资产均投入新企业。则原A企业各位股东对新企业的可控投资额变化如下：甲股东的新股投资额=19+62.89-15.2=66.69(万元)；乙股东的新股投资额=30+99.3-24=105.3(万元)；丙企业股东的新股投资额=51+168.81=219.81(万元)。

第二节　企业债务重组税务管理

一、企业债务重组税务管理概述

企业在经营过程中可能由于种种原因陷入经营困境，遭受财务危机，债权人为了尽快处理和债务人之间的问题，可能采用债务重组的方式来解决。根据《财政部 国家税务总局关于企业重组业务企业所得税处理若干问题的通知》(财税〔2009〕59号)规定，债务人发生财务困难、债权人作出让步是债务重组准则所定义的债务重组的基本特征。"债务人发生财务困难"，是指因债务人出现资金周转困难、经营陷入困境或者其他原因，导致其无法或者没有能力按原定条件偿还债务。"债权人作出让步"，是指债权人同意发生财务困难的债务人现在或者将来以低于重组债务账面价值的金额或者价值偿还债务。债权人作出让步的情形包括债权人减免债务人部分债务本金或者利息、降低债务人应付债务的利率等。

债务重组强调了债务人处于财务困难的前提条件，并突出了债权人作出让步的实质，从而排除了债务人未处于财务困难条件下的债务重组、处于清算或改组时的债务重组,以及虽修改了债务条件,但实质上债权人并未作出让步的债务重组事项,如在债务人发生财务困难时,债权人同意债务人用等值库存商品抵偿到期债务,但不调整偿还金额,实质上债权人并未作出让步,不属于债务重组规范的内容。

债务重组的方式主要包括以资产清偿债务、将债务转为资本、修改其他债务条件以及以上三种方式的组合。其中:以资产清偿债务,是指债务人转让其资产给债权人以清偿债务的债务重组方式。债务人用于清偿债务的资产主要有现金、存货、金融资产、固定资产、无形资产等。将债务转为资本,是指债务人将债务转为资本,债权人将债权转为股权的债务重组方式。债务转为资本时,对股份有限公司而言,是将债务转为股本,对其他企业而言,是将债务转为实收资本。其结果是,债务人因此而增加股本(或实收资本),债权人因此而增加长期股权投资等。修改其他债务条件,是指不包括上述两种方式在内的修改其他债务条件进行的债务重组方式,如减少债务本金、减少或免去债务利息等。以上三种方式的组合,是指采用以上三种方式共同清偿债务的债务重组方式。其组合偿债方式可能是:债务的一部分以资产清偿,一部分转为资本,另一部分则修改其他债务条件。

(一)一般性税务处理管理

1. 减免债务的税务管理

债务人按照支付的债务清偿额低于债务计税基础的差额,确认债务重组所得。债权人按照收到的债务清偿额低于债权计税基础的差额,确认债务重组损失。

2. 以非货币性资产清偿债务的税务管理

债务人分解为转让相关非货币性资产、按非货币性资产公允价值清偿债务两项业务,分别确认资产转让所得与债务重组所得。债权人按照接受的非货币性资产公允价值低于债权计税基础的差额确认债务重组损失,并按照接受的非货币性资产公允价值确认其计税基础。

3. 债权转股权的税务管理

债务人按照债务转为资本部分公允价值低于债务计税基础的差额,确认债务重组所得。债权人按照债权转为股权部分公允价值低于债权计税基础的差额,确认债务重组损失,并按照股权投资的公允价值确定其计税基础。

(二)特殊性税务处理管理

1. 减免债务的税务管理

若债务人企业债务重组确认的应纳税所得额占该企业当年应纳税所得额50%以上,则其债务重组所得可以在5个纳税年度的期间内,均匀计入各年度的应纳税所得额。债权人应按照收到的债务清偿额低于债权计税基础的差额,确认债务重组损失。

2. 以非货币性资产清偿债务税务管理

若债务人企业债务重组确认的应纳税所得额占该企业当年应纳税所得额50%以上,则其债务重组所得可以在5个纳税年度的期间内,均匀计入各年度的应纳税所得额。债权人按照接受的非货币性资产公允价值低于债权计税基础的差额，确认债务重组损失，并按照接受的非货币性资产公允价值确认其计税基础。

3.债权转股权的税务管理

债务人对债务清偿业务暂不确认所得，企业的其他相关所得税事项保持不变。债权人对债权转股权业务暂不确认损失，股权投资的计税基础以原债权的计税基础确定。企业的其他相关所得税事项保持不变。

（三）债务重组适用特殊性税务处理的条件

（1）具有合理的商业目的，且不以减少、免除或者推迟缴纳税款为目的。

（2）企业分立后的连续12个月内不改变重组资产原来的实质性经营活动。

二、企业债务重组税务管理策略

（一）适用一般性税务处理的管理策略

适用一般性税务处理应报送的资料如下：

（1）以非货币资产清偿债务的，应保留当事各方签订的清偿债务的协议或合同，以及非货币性资产公允价格确认的合法证据等。

（2）债权转股权的，应保留当事各方签订的债权转股权协议或合同。

（3）企业（债权人）与债务人达成债务重组协议后，无法收回的应收、预付款项，可以作为坏账损失在计算应纳税所得额时扣除，确认损失的证据材料包括债务重组协议、债务人重组收益纳税情况说明等。

（二）适用特殊性税务处理的管理策略

适用特殊性税务处理应报送的资料如下。

1.基本资料

（1）重组各方应在该重组业务完成当年，办理企业所得税年度申报时，分别向各自主管税务机关报送《企业重组所得税特殊性税务处理报告表及附表》和其他申报资料。重组主导方申报后，其他当事方向其主管税务机关办理纳税申报。申报时还应附送重组主导方经主管税务机关受理的《企业重组所得税特殊性税务处理报告表及附表》（复印件）。

（2）当事各方应在完成重组业务后的下一年度的企业所得税年度申报时，向主管税务机关提交书面情况说明，以证明企业在重组后的连续12个月内，有关符合特殊性税务处理的条件未发生改变。

（3）企业重组业务适用特殊性税务处理的，申报时当事各方还应向主管税务机关提交重组前连续12个月内有无与该重组相关的其他股权、资产交易情况的说明，并说明这些交易与该重组是否构成分步交易，是否作为一项企业重组业务进行处理。

2.其他申报资料

（1）债务重组的总体情况说明，包括债务重组方案、基本情况、债务重组所产生的应纳税所得额，并逐条说明债务重组的商业目的；以非货币性资产清偿债务的，还应包括企业当年应纳税所得额情况。

（2）清偿债务或债权转股权的合同（协议）或法院裁定书，需有关部门（包括内部和外部）批准的，应提供批准文件。

（3）债权转股权的，提供相关股权评估报告或其他公允价值证明；以非货币性资产清偿债务的，提供相关资产评估报告或其他公允价值证明。

（4）重组前连续12个月内有无与该重组相关的其他股权、资产交易，与该重组是否构成分步交易，是否作为一项企业重组业务进行处理情况的说明。

（5）重组当事各方一致选择特殊性税务处理并加盖当事各方公章的证明资料。

（6）债权转股权的，还应提供工商管理部门等有关机关登记的相关企业股权变更事项的证明材料，以及债权人12个月内不转让所取得股权的承诺书。

（7）按会计准则规定当期应确认资产（股权）转让损益的，应提供按税法规定核算的资产（股权）计税基础与按会计准则规定核算的相关资产（股权）账面价值的暂时性差异专项说明。

【案例6-2-1】 A公司地处江苏，为增值税一般纳税人。2009年10月，该公司与B公司签订股权收购协议，约定以A公司10%的股权（公允价值600万元）和一套设备（2008年购进并投入使用，账面价值300万元，公允价值400万元），收购B公司持有的A公司60%的股权（计税基础200万元，公允价值1 000万元）。根据《财政部 国家税务总局关于全国实施增值税转型改革若干问题的通知》（财税〔2008〕170号）和《国家税务总局关于增值税简易征收政策有关管理问题的通知》（国税函〔2009〕90号）的规定，A公司应缴纳增值税7.69万元[400÷(1+4%)×4%÷2]。

【税务管理建议】

股权分置改革中上市公司收到非流通股股东的注入资产或者债务豁免，之所以能够享受到不征企业所得税的待遇，主要是由股权分置改革的经济实质决定的，并非国家给予的一项税收优惠，也就是说从根源上就不具有征税的性质。

股权分置改革是非流通股股东为获得流通权而向流通股股东进行的补偿，实质上是发行股票过程的延续。也就是说非流通股股东还要继续补足其欠缴的入股资本，非流通股股东在补足原来初期投资成本与流通股股东的差异，就是一种溢价认购的投资行为。这样才能维护流通股股东的利益。非流通股股东补交资本，上市公司收到有关的资产，这种行为和企业所得税没有关系。

第三节 企业合并税务管理

一、企业合并税务管理概述

企业合并的当事各方为合并企业、被合并企业、被合并企业股东。

企业合并的主导方为被合并企业，涉及同一控制下多家被合并企业的，以净资产最大的一方为主导方。

企业合并税务管理分为一般性税务处理与特殊性税务处理。

（一）一般性税务处理税务管理

合并企业按公允价值确定接受被合并企业各项资产和负债的计税基础。被合并企业按清算进行企业所得税处理。其亏损不得在合并方结转弥补。被合并企业股东按清算进行企业所得税处理。

（二）特殊性税务处理税务管理

（1）合并企业接受被合并企业资产和负债的计税基础，以被合并企业的原有计税基础确定。

（2）被合并企业合并前的相关企业所得税事项由合并企业承继。

（3）可由合并企业弥补的被合并企业亏损的限额。按税法规定剩余结转年限内，每年可由合并企业弥补的被合并企业亏损的限额为被合并企业净资产公允价值乘以截至合并业务发生当年年末国家发行的最长期限的国债利率。

（4）被合并企业股东取得合并企业股权的计税基础，以其原持有的被合并企业股权的计税基础确定。

（5）股权支付部分暂不确认有关资产的交易所得或损失。

（6）非股权支付部分仍应在交易当期确认相应的资产转让所得或损失，并调整相应资产的计税基础。

（三）企业合并适用特殊性税务处理的条件

（1）具有合理的商业目的，且不以减少、免除或者推迟缴纳税款为主要目的。

（2）企业合并后的连续12个月内不改变合并资产原来的实质性经营活动。

（3）企业股东在该企业合并发生时取得的股权支付金额不低于其交易支付总额的85%。

（4）企业合并中取得股权支付的原主要股东（指原持有转让企业或被收购企业20%以上股权的股东），在合并后连续12个月内，不得转让所取得的股权。

二、企业合并税务管理策略

（一）适用一般性税务处理税务管理

一般性税务处理规定中，被合并企业应当按清算进行所得税处理，在按规定报送《企业清算所得纳税申报表》时，还应同时附送以下资料：

（1）企业合并的工商部门或其他政府部门的批准文件。

（2）企业全部资产和负债的计税基础以及评估机构出具的资产评估报告。

（3）企业债务处理或归属情况说明。

（4）主管税务机关要求提供的其他资料证明。

(二) 适用特殊性税务处理税务管理

1. 基本资料

（1）重组各方应在该重组业务完成当年，办理企业所得税年度申报时，分别向各自主管税务机关报送《企业重组所得税特殊性税务处理报告表及附表》和其他申报资料。重组主导方申报后，其他当事方向其主管税务机关办理纳税申报。申报时还应附送重组主导方经主管税务机关受理的《企业重组所得税特殊性税务处理报告表及附表》(复印件)。

（2）当事各方应在完成重组业务后的下一年度的企业所得税年度申报时，向主管税务机关提交书面情况说明，以证明企业在重组后的连续12个月内，有关符合特殊性税务处理的条件未发生改变。

（3）企业重组业务适用特殊性税务处理的，申报时，当事各方还应向主管税务机关提交重组前连续12个月内有无与该重组相关的其他股权、资产交易情况的说明，并说明这些交易与该重组是否构成分步交易，是否作为一项企业重组业务进行处理。

2. 其他申报资料

（1）企业合并的总体情况说明，包括合并方案、基本情况，并逐条说明企业合并的商业目的。

（2）企业合并协议或决议，需有关部门（包括内部和外部）批准的，应提供批准文件。

（3）企业合并当事各方的股权关系说明，若属同一控制下且不需支付对价的合并，还需提供在企业合并前，参与合并各方受最终控制方的控制在12个月以上的证明材料。

（4）被合并企业净资产、各单项资产和负债的账面价值和计税基础等相关资料。

（5）12个月内不改变资产原来的实质性经营活动、原主要股东不转让所取得股权的承诺书。

（6）有权机关登记的相关企业股权变更事项的证明材料。

（7）合并企业承继被合并企业相关所得税事项（包括尚未确认的资产损失、分期确认收入和尚未享受期满的税收优惠政策等）情况说明。

（8）涉及可由合并企业弥补被合并企业亏损的，需要提供其合并日净资产公允价值证明材料及主管税务机关确认的亏损弥补情况说明。

（9）重组当事各方一致选择特殊性税务处理并加盖当事各方公章的证明资料。

（10）涉及非货币性资产支付的，应提供非货币性资产评估报告或其他公允价值证明。

（11）重组前连续12个月内有无与该重组相关的其他股权、资产交易，与该重组是否构成分步交易、是否作为一项企业重组业务进行处理情况的说明。

（12）按会计准则规定当期应确认资产（股权）转让损益的，应提供按税法规定核算的资产（股权）计税基础与按会计准则规定核算的相关资产（股权）账面价值的暂时性差异专项说明。

【案例6-3-1】 东方航空吸收合并上海航空案例。

2009年12月，东方航空换股吸收上海航空，交易完成后上海航空的所有资产、负债、业务、人员、合同及其他一切权利与义务，包括但不限于上海航空所有的运营许可证照、与飞机有关的许可证照及备案登记以及航线经管权等，将转移至东方航空或其指定的接收方，上海航空终止上市并注销法人资格。在本次吸收合并交易中，每1股上海航空的A股股票，可以按照协议规定换成1.3股东方航空为本次换股吸收合并而发行的A股股票。

【税务管理建议】

1. 企业所得税

（1）合理商业目的原则的判定。从上述对交易目的的描述看，本次交易的主要目的是提高规模，整合资源，并非出于税收目的，应该说是具有合理商业目的的。

（2）权益连续性原则的判定。本次交易中，东方航空以自身股份和现金作为支付对价的手段，可以满足股份支付超过85%的条件。取得东方航空股份的股东也承诺在12个月内不会转让股份。从上述分析来看，本次交易已经满足特殊性税务处理中"权益连续性"的限制条件。

（3）经营连续性原则的判定。本次交易完成后原有资产的经营活动不会改变。从上述分析来看，本次交易可以满足"经营连续性原则"的限制条件。

综上所述，本次交易能够适用于特殊性税务处理，上海航空无须就交易过程中发生的资产转让行为确认所得或者损失。上海航空的有关企业所得税事项由东方航空来承继，上海航空的原股东取得东方航空的股份计税基础以其原来持有上海航空股份的计税基础来确定。

2. 财产和行为税

根据《财政部 国家税务总局关于土地增值税一些具体问题规定的通知》（财税字〔1995〕48号）的规定，上海航空无须就土地使用权和不动产的转移缴纳土地增值税。

根据《财政部 国家税务总局关于企业事业单位改制重组契税政策的通知》（财税〔2012〕4号）规定，东方航空无须就其受让上海航空的土地房屋权属缴纳契税。

由于东方航空发行股票吸收合并上海航空，东方航空账面上的"股本"和"资本公积"会增加，东方航空应该就增加部分按照0.5‰比例贴花。

第四节 企业分立税务管理

一、企业分立税务管理概述

财税〔2009〕59号文件中，对企业分立的界定为一家企业（以下称为被分立企业）将部分或全部资产分离转让给现存或新设的企业（以下称为分立企业），被分立企业股东换取分立企业的股权或非股权支付，实现企业的依法分立。

分立可以采取存续分立和新设分立两种基本类型。存续分立（又称派生分立）是指原企业存续，而其一部分分出设立为一个或数个新的企业，新设分立（又称解散分立）是指原企业解散，分立出的各方分别设立为新的企业。同时，存续分立和新设分立，又包括三种技术处理模式。

企业分立的当事各方分别为分立企业、被分立企业、被分立企业股东。企业分立的主导方为被分立企业。

企业分立税务管理分为一般性税务处理与特殊性税务处理。

（一）一般性税务处理管理

(1) 被分立企业对分立出去资产应按公允价值确认资产转让所得或损失。

(2) 分立企业应按公允价值确认接受资产的计税基础。

(3) 被分立企业继续存在时，其股东取得的对价应视同被分立企业分配进行处理。

(4) 被分立企业不再继续存在时，被分立企业及其股东都应按清算进行所得税处理。

(5) 企业分立相关企业的亏损不得相互结转弥补。

（二）特殊性税务处理管理

(1) 分立企业接受被分立企业资产和负债的计税基础，以被分立企业的原有计税基础确定。

(2) 被分立企业已分立出去资产相应的所得税事项由分立企业承继。

(3) 被分立企业未超过法定弥补期限的亏损额可按分立资产占全部资产的比例进行分配，由分立企业继续弥补。

(4) 被分立企业的股东取得分立企业的股权（以下简称"新股"）：①如需部分或全部放弃原持有的被分立企业的股权（以下简称"旧股"），"新股"的计税基础应以放弃"旧股"的计税基础确定。②如不需放弃"旧股"，则其取得"新股"的计税基础可从以下两种方法中选择确定：直接将"新股"的计税基础确定为零；或者以被分立企业分立出去的净资产占被分立企业全部净资产的比例先调减原持有的"旧股"的计税基础，再将调减的计税基础平均分配到"新股"上。

(5) 股权支付暂不确认有关资产的交易所得或损失。

(6) 非股权支付额仍应在交易当期确认相应的资产转让所得或损失，并调整相应资产的计税基础。

（三）企业分立适用特殊性税务处理的条件

(1) 具有合理的商业目的，且不以减少、免除或者推迟缴纳税款为主要目的。

(2) 企业分立后的连续12个月内不改变资产原来的实质性经营活动。

(3) 被分立企业股东在该企业分立发生时取得的股权支付金额不低于其交易支付总额的85%。被分立企业所有股东按原持股比例取得分立企业的股权，分立企业和被分立企业均不改变原来的实质经营活动。

(4) 企业分立中取得股权支付的原主要股东（指原持有转让企业或被收购企业20%以上股权的股东），在分立后连续12个月内，不得转让所取得的股权。

企业分立如果不满足特殊性税务处理的条件,即应该按照一般性税务处理,则被分立企业应该在当期确认有关的资产转让所得或者损失,被分立企业继续存在时,其股东取得的对价应视同被分立企业分配进行处理;被分立企业不再继续存在时,被分立企业及其股东都应按清算进行所得税处理。分立企业取得资产的计税依据按照交易价格重新确定。

在一般性税务处理条件下,被分立企业的亏损不得在分立企业结转弥补。分立后的存续企业性质及适用税收优惠的条件未发生改变的,可以继续享受分立前该企业剩余期限的税收优惠(此处的税收优惠主要是指过渡期的优惠),其优惠金额按该企业分立前一年的应纳税所得额(亏损计为零)乘以分立后存续企业资产占分立前该企业全部资产的比例计算。

在特殊性税务处理条件下,分立后的企业性质及适用税收优惠条件未发生改变的,可以继续享受分立前各企业剩余期限的税收优惠,并且不受限额的限制。

上述有关的特殊性税务处理的规定,充分体现了被分立企业"性质"不改变,进而和性质有关的税收事项也随之结转。

二、企业分立税务管理策略

(一) 适用一般性税务处理管理

企业分立业务适用一般性税务处理情形的,被分立企业不再继续存在,应按规定进行清算。被分立企业在报送《企业清算所得纳税申报表》时,应附送以下资料:

(1) 企业分立的市场监管部门或其他政府部门的批准文件。

(2) 被分立企业全部资产的计税基础以及评估机构出具的资产评估报告。

(3) 企业债务处理或归属情况说明。

(4) 主管税务机关要求提供的其他资料证明。

(二) 适用特殊性税务处理管理

1. 基本资料

(1) 重组各方应在该重组业务完成当年,办理企业所得税年度申报时,分别向各自主管税务机关报送《企业重组所得税特殊性税务处理报告表及附表》和其他申报资料。重组主导方申报后,其他当事方向其主管税务机关办理纳税申报。申报时还应附送重组主导方经主管税务机关受理的《企业重组所得税特殊性税务处理报告表及附表》(复印件)。

(2) 当事各方应在完成重组业务后的下一年度的企业所得税年度申报时,向主管税务机关提交书面情况说明,以证明企业在重组后的连续12个月内,有关符合特殊性税务处理的条件未发生改变。

(3) 企业重组业务适用特殊性税务处理的,申报时,当事各方还应向主管税务机关提交重组前连续12个月内有无与该重组相关的其他股权、资产交易情况的说明,并说明这些交易与该重组是否构成分步交易,是否作为一项企业重组业务进行处理。

2. 其他申报资料

（1）企业分立的总体情况说明，包括分立方案、基本情况，并逐条说明企业分立的商业目的。

（2）被分立企业董事会、股东会（股东大会）关于企业分立的决议，需有权部门（包括内部和外部）批准的，应提供批准文件。

（3）被分立企业的净资产、各单项资产和负债账面价值和计税基础等相关资料。

（4）12个月内不改变资产原来的实质性经营活动、原主要股东不转让所取得股权的承诺书。

（5）市场监管部门等有权机关认定的分立和被分立企业股东股权比例证明材料。分立后，分立和被分立企业营业执照复印件。

（6）分立当事各方一致选择特殊性税务处理并加盖当事各方公章的证明资料。

（7）涉及非货币性资产支付的，应提供非货币性资产评估报告或其他公允价值证明。

（8）分立企业承继被分立企业所分立资产相关所得税事项（包括尚未确认的资产损失、分期确认收入和尚未享受期满的税收优惠政策等）情况说明。

（9）若被分立企业尚有未超过法定弥补期限的亏损，应提供亏损弥补情况说明、被分立企业重组前净资产和分立资产公允价值的证明材料。

（10）分立前连续12个月内有无与该分立相关的其他股权、资产交易，与该分立是否构成分步交易，是否作为一项企业重组业务进行处理情况的说明。

（11）按会计准则规定当期应确认资产（股权）转让损益的，应提供按税法规定核算的资产（股权）计税基础与按会计准则规定核算的相关资产（股权）账面价值的暂时性差异专项说明。

【案例6-4-1】 2010年2月，东北高速分立为龙江交通、吉林高速。分立后，龙江交通和吉林高速承继及承接东北高速的所有资产、负债、权益、业务和人员；东北高速的股东成为龙江交通和吉林高速的股东；东北高速终止上市并不经过清算程序办理注销手续。龙江交通和吉林高速的股票在获得批准后在证券交易所上市。东北高速的主要股东是黑龙江省高速公路集团公司（以下称龙高集团）持股26.90%、吉林省高速公路集团有限公司（以下称吉高集团）持股22.29%和华建交通经济开发中心（以下称华建交通）持股17.92%，其他公众持有占全部股本的32.89%。在分立日东北高速在册的所有股东，其持有的每股东北高速股份将转换为一股龙江交通的股份和一股吉林高速的股份。在此基础上，龙高集团将其持有的吉林高速的股份与吉高集团持有的龙江交通的股份互相无偿划转，上述股权划转是本次分立上市的一部分，将在分立后公司股票上市前完成。

【税务管理建议】

1. 企业所得税

（1）合理商业目的原则的判定。从上述对交易目的的描述上看，本次交易的主要目的是解决内部治理的问题，并非出于税收目的，应该是具有合理商业目的的。

（2）权益连续性原则的判定。本次交易中分立企业龙江交通和吉林高速以其自身股份向原东北高速股东支付股份,可以满足股份支付超过85%的条件。取得龙江交通和吉林高速股份的主要股东也承诺在12个月内不会转让股份。但龙高集团将其持有的吉林高速的股份与吉高集团持有的龙江交通的股份互相无偿划转,会在一定程度上造成东北高速的股东没有按照原持股比例取得分立企业龙江交通和吉林高速的股份。

从上述分析来看,本次交易不满足特殊性税务处理中"权益连续性原则"的限制条件,主要是因为东北高速的股东龙高集团和吉高集团按照持股比例取得龙江交通和吉林高速的股份,但是龙高集团和吉高集团相互置换股份是有其特定背景的,此次分立主要是因为东北高速内部股东的不合,如果分离后仍然交叉持股,那么将导致此次分立没有取得预先的效果。从宏观层面上看,分立后龙高集团和吉高集团仍然通过持股方式获取东北高速的资产产生的收益,不过是获取收益的资产各有所侧重不同而已。因此,从宏观上看,还是符合"权益的连续性原则"的。

2.货物和劳务税

根据《国家税务总局关于纳税人资产重组有关增值税问题的公告》(国家税务总局公告2011年第13号)的规定,此次交易过程中涉及的货物转移无须缴纳增值税。

课后练习

通达公司由佳乐公司和亿科公司共同投资成立,分别占80%和20%的股份。为满足经营需要,通达公司剥离部分净资产(账面价值300万元,公允价值400万元)给凯乐公司(增值税小规模纳税人)。凯乐公司确认佳乐公司和亿科公司的投资额分别为240万元和60万元,同时分别向佳乐公司支付一批本公司生产的服装(账面价值50万元,公允价值80万元),向亿科公司支付一辆本公司的小汽车(账面价值26万元,公允价值20万元)。如果你是凯乐公司的税务管理人员,请对此项行为进行方案比选,提出合理的税收管理建议。

第七章

企业税务注销管理

第一节　企业纳税地点变更税务注销管理

一、企业纳税地点变更概述

注销税务登记是指纳税人由于法定的原因终止纳税义务时，向原税务机关申请办理的取消税务登记的手续。办理注销税务登记后，该当事人不再接受原税务机关管理。

纳税人因住所、经营地点变动，涉及改变税务登记机关的，应当在向市场监督管理机关或者其他机关申请办理变更、注销登记前，或者住所、经营地点变动前，持有关证件和资料，向原税务登记机关申报办理注销税务登记，并自注销税务登记之日起30日内向迁达地税务机关申报办理税务登记。

根据《税务登记管理办法》第二十九条规定，纳税人办理注销税务登记前，应当向税务机关提交相关证明文件和资料，结清应纳税款、多退（免）税款、滞纳金和罚款，缴销发票、税务登记证件和其他税务证件，经税务机关核准后，办理注销税务登记手续。

根据上述规定，纳税人只有发生住所、经营地点变动时才会涉及改变主管税务机关，不能随意变更主管税务机关。应持有关证件和资料，结清应纳税款、多退（免）税款、滞纳金和罚款，缴销发票、税务登记证件和其他税务证件，向原税务登记机关申报办理注销税务登记，并自注销税务登记之日起30日内向迁达地税务机关申报办理税务登记。

二、税务注销管理

（一）需要的材料

公司地址变更，属于变更税务登记证的内容，应办理变更税务登记，向原税务登记机关如实提供下列证件、资料：

(1) 纳税人变更登记内容的有关证明文件。
(2) 其他有关资料。
(3) 如果已在市场监督管理机关办理变更登记的，还要提供工商登记变更表及营业执照。

（二）办理变更登记的时间规定

(1) 纳税人按照规定不需要在市场监督管理机关办理变更登记，或者其变更登记的内容与工商登记内容无关的，办理时间为自税务登记内容实际发生变化之日起30日内，或者自有关机关批准或者宣布变更之日起30日内。

(2) 纳税人已在市场监督管理机关办理变更登记的，办理时间为自市场监督管理机关变更登记之日起30日内。

三、税务新设登记管理

(一) 需要的材料

(1)《税务登记管理办法》第十一条规定,纳税人在申报办理税务登记时,应当根据不同情况向税务机关如实提供以下证件和资料:①营业执照或其他核准执业证件;②有关合同、章程、协议书;③组织机构统一代码证书;④法定代表人或负责人或业主的居民身份证、护照或者其他合法证件;⑤其他需要提供的有关证件、资料,由省、自治区、直辖市税务机关确定。

(2)《税务登记管理办法》第十二条规定,纳税人在申报办理税务登记时,应当如实填写税务登记表。税务登记表的主要内容包括:①单位名称、法定代表人或者业主姓名及其居民身份证、护照或者其他合法证件的号码;②住所、经营地点;③登记类型;④核算方式;⑤生产经营方式;⑥生产经营范围;⑦注册资金(资本)、投资总额;⑧生产经营期限;⑨财务负责人、联系电话;⑩国家税务总局确定的其他有关事项。

(二) 税务部门受理

(1)纳税人提交的有关变更登记的证件、资料齐全的,应如实填写变更税务登记表,经税务机关审核,符合规定的,税务机关应予以受理;不符合规定的,税务机关应通知其补正。

(2)税务机关应当自受理之日起30日内,审核办理变更税务登记。

【特别提示】

根据目前纳税服务实际工作过程中,纳税人纳税地点变更基本上采用简易处理,在企业进行工商登记变更后,企业持已变更的营业执照到迁入地办税大厅进行迁入预审;预审通过后,迁入地税务机关出具迁入函,纳税人持营业执照和迁入函到迁出地税务机关税务大厅办理增值税清卡手续和迁出手续。税务机关会把纳税人税收档案网迁至迁入地税务机关;纳税人持卡到迁入地税务机关报到并办理增值税开卡手续,该项工作办理完结。但这种处理方法并无相关的文件支持。企业在办理相关手续时一定要咨询迁入地和迁出地税务机关再进行办理,以避免不必要的涉税风险。

第二节 企业注销清算税务管理

一、注销清算概述

(一) 注销清算概念

公司注销是指当一个公司宣告破产、被其他公司收购、规定的营业期限届满不续、或公司内部解散等情形时,公司需要到登记机关申请注销,终止公司法人资格的过程。公司到登记机关办理公司注销程序之前一定要依法进行公司清算,包括终止生产经营销售活动、了结公司事务、了结民事诉讼、清理债权和债务及分配剩余财产等。

（二）注销原因

公司注销有内部和外部两方面的原因。内部原因如公司经营不善、市场不好等。外部原因如被吊销、撤销等，具体包括：①股东或股东会作出公司解散决议；②公司依法宣告破产；③公司章程规定营业期限届满且不续存；④公司章程或法律规定的解散事由出现；⑤公司因合并、分立解散；⑥公司被依法强制解散；⑦公司吊销或撤销后转注销。

二、注销清算的会计处理

企业注销前，应该先成立清算组进入清算。企业清算账务处理的步骤为：编制解散的资产负债表；核算清算费用；核算变卖财产物资的损益；核算收回账面债权，清偿债务及损益；核算弥补以前年度亏损；核算剩余财产及其分配；编制清算损益表，清算结束的资产负债表。

1. 核算清算费用

清算费用是指清算组成员的各类报酬及财产变卖，债权债务处理过程发生的一切费用。

（1）支付清算费用：

借：清算费用
　　贷：银行存款、应收票据等相关科目

（2）结转清算费用：

借：清算损益
　　贷：清算费用

2. 核算变卖资产及其损益

（1）经清查，原材料盘盈时：

借：原材料
　　贷：清算损益

（2）将各类无形资产和递延资产、预提费用全部摊销：

借：清算损益
　　贷：无形资产、递延资产、预提费用等

（3）固定资产拍卖取得收入：

借：银行存款
　　累计折旧
　　贷：固定资产
　　　　清算损益

（4）将上述清算净损益转入"未分配利润"账户：

借：清算损益
　　贷：利润分配——未分配利润

3. 核算收回债权，清偿债务及损益

（1）经认真查核，应收账款确系无法收回：

借：清算损益
　　贷：应收账款

（2）经认真查核，应付账款确系无法清偿：

借：应付账款
　　贷：清算损益

（3）将上述清算净损益转入"未分配利润"账户：

借：清算损益
　　贷：本年利润

借：本年利润
　　贷：利润分配——未分配利润

4. 核算弥补以前年度亏损

（1）用盈余公积弥补以前年度亏损：

借：盈余公积——法定盈余公积
　　贷：利润分配——未分配利润

（2）缴纳清算年度企业所得税：

借：利润分配——未分配利润
　　贷：应交税费——应交所得税

借：应交税费——应交所得税
　　贷：银行存款

5. 核算剩余财产及其分配

将清算后的剩余财产按实收股本的份额，在各个所有者之间进行分配：

借：资本公积/盈余公积/利润分配——未分配利润
　　贷：库存现金/银行存款

三、注销清算的税收问题

（一）企业注销清算的税收政策依据

根据《关于企业清算业务企业所得税处理若干问题的通知》（财税〔2009〕60号）规定，

企业清算的所得税处理包括以下内容：

(1) 全部资产均应按可变现价值或交易价格，确认资产转让所得或损失。

(2) 确认债权清理、债务清偿的所得或损失。

(3) 改变持续经营核算原则，对预提或待摊性质的费用进行处理。

(4) 依法弥补亏损，确定清算所得。

(5) 计算并缴纳清算所得税。

(6) 确定可向股东分配的剩余财产、应付股息等。

(二) 清算资产的税务处理

1. 企业注销时存货的税务处理

1) 一般纳税人公司注销的存货

(1) 报废处理。如果账上的存货已经销售不出去了，那公司注销时可以把账上的存货做报废处理，转入"待处理财产损溢"科目，存货对应的以前抵扣了的进项税额，要通过"应交税费——应交增值税（进项税额转出）"科目转出。

(2) 销售处理。如果账上的存货还可以进行销售，那就做销售处理，开具增值税发票并计提和缴纳增值税和附加税，具体的账务处理和平时销售存货的账务处理是一样的，销售收入记入"主营业务收入"科目，并计提销项税额，记入"应交税费——应交增值税（销项税额）"科目。

(3) 分配股东处理。注销时分配给股东，或者无偿赠送给股东，这些都视同销售，并要缴纳增值税，具体的账务处理方法和税务处理与销售业务相同。

2) 小规模纳税人公司注销的存货

(1) 报废处理。小规模纳税人报废存货的处理方法和一般纳税人不一样，因为小规模纳税人购进存货时是没有抵扣增值税的，所以报废不用计入进项税额转出，直接转入"待处理财产损溢"科目。

(2) 销售和分配股东处理。分配股东存货是视同销售的，所以处理方法和销售是一样的，记入"主营业务收入"科目，并计提应交的增值税，记入"应交税费——应交增值税（销项税额）"科目。

(3) 已注销的公司销售存货。当公司已注销，但已经报废了的存货又有客户要购买，就凭客户与公司签订的购销合同，和客户打款给公司的银行回单去税务大厅代开发票，并按税率或征收率缴纳增值税和附加税。

税法规定，企业将剩余财产分配给股东前要就清算所得缴纳企业所得税。因此企业清算期间的资产无论是否实际处置，一律视同变现，同时确认所得或者损失。确认清算环节企业资产的增值或者损失应按其可变现价值或公允价值进行计算。

在清算期间，企业实际处置资产时按照正常交易价格取得的收入可作为其公允价值。对于清算企业没有实际处置的资产，应按照其可变现价值来确认隐性的资产变现损益。

企业清算期间所得税优惠政策一律不再适用。企业清算期间，企业不是处于正常经营时期，取得的所得已经不是正常的生产经营所得，企业所得税优惠政策的适用对象已经不存在。企业应就其清算所得依照税法规定的25%的法定税率缴纳企业所得税。

2. 企业注销时固定资产的税务处理

企业注销时,对公司固定资产进行处置。清算过程涉及企业所得税和增值税的税务处理问题。当公司对电脑、打印机、汽车等固定资产进行销售或视同销售处理,如果该几项资产都属于使用过的固定资产,那么按"可变现价值或交易价格÷(1+3%)×2%"计算申报缴纳增值税;如果该资产已核算过进项税额,应按正常税率确认销项税额。在处置清算过程中如有清算所得,应在申报缴纳清算所得税后再对股东进行分配。

(三) 清算所得税的计算

根据《关于企业清算业务企业所得税处理若干问题的通知》(财税〔2009〕60号)第四条规定,企业的全部资产可变现价值或交易价格,减除资产的计税基础、清算费用、相关税费,加上债务清偿损益等后的余额,为清算所得。计算公式为:

$$清算所得 = \begin{matrix}企业的全部资产可变现\\价值或交易价格\end{matrix} - \begin{matrix}资产的\\计税基础\end{matrix} - \begin{matrix}清算\\费用\end{matrix} - \begin{matrix}相关\\税费\end{matrix} + \begin{matrix}债务清\\偿损益\end{matrix} - \begin{matrix}弥补以前\\年度亏损\end{matrix}$$

$$清算所得税 = 清算所得 \times 25\%$$

(四) 被清算企业的股东分得财产的税务处理

(1) 根据《关于企业清算业务企业所得税处理若干问题的通知》(财税〔2009〕60号)第五条规定,企业股东从被清算企业分得的剩余财产金额,其中相当于被清算方累计未分配利润和累计盈余公积中按该股东所占股份比例计算的部分,应确认为股息所得;剩余资产扣除股息所得后的余额,超过或低于企业投资成本的部分,应确认为企业的投资转让所得或损失。清算企业的累计未分配利润和累计盈余公积是指清算前的留存收益与清算期间实现的税后留存收益(或损失)的和。

(2) 企业的全部资产可变现价值或交易价格,减除相关费用、补偿金后的剩余财产可以向企业所有者分配,具体计算公式为:

$$\begin{matrix}可以向企业所有者\\分配的剩余财产\end{matrix} = \begin{matrix}企业的全部资产可\\变现价值或交易价格\end{matrix} - \begin{matrix}清算\\费用\end{matrix} - \begin{matrix}相关\\税费\end{matrix} - \begin{matrix}职工\\工资\end{matrix} - \begin{matrix}社会保\\险费用\end{matrix}$$

$$- \begin{matrix}法定\\补偿金\end{matrix} - \begin{matrix}结清清算\\所得税\end{matrix} - \begin{matrix}以前年\\度欠税\end{matrix} - \begin{matrix}清偿企\\业债务\end{matrix}$$

(3) 股东分得的剩余财产:相当于被清算企业累计未分配利润和累计盈余公积中按该股东所占股份比例计算的部分,按股息所得计征个人所得税,免征企业所得税;剩余资产减除股息所得后的余额,超过或低于股东投资成本的部分,按投资转让所得或损失计征个人所得税、企业所得税。

【案例7-2-1】 A企业股东为甲、乙两个企业法人,实收资本2 000万元,其中甲投资1 500万元,占75%,乙投资500万元,占25%。A企业目前停止生产经营进入清算阶段,资产负债表记载:资产的账面价值为5 700万元,负债的账面价值为3 300万元,盈余公积800万元,累计亏损400万元,其中未超过可以税前弥补期的是100万元。该企业全部资产可变现净值6 960万元,资产的计税基础为5 900万元,债务清理实际偿还3 000万元。

企业清算期内支付清算费用80万元,支付职工安置费、法定补偿金300万元,在清算过程中发生的相关税费为20万元。计算企业的清算所得税和可以向企业所有者分配的剩余财产。

【税务管理建议】

清算所得 = 6 960 - 5 900 + (3 300 - 3 000) - 80 - 20 - 100 = 1 160(万元)

清算所得税 = 1 160 × 25% = 290(万元)

可以向企业所有者分配的剩余财产 = 6 960 - 80 - 300 - 20 - 290 - 3 000 = 3 270(万元)

税法确认的累计盈余公积金、未分配利润 = 800 - 100 = 700(万元),按企业股息分配享受免税政策。

甲企业确认投资转让所得 = (3 270 - 700 - 2 000) × 75% = 427.5(万元)

乙企业确认投资转让所得 = (3 270 - 700 - 2 000) × 25% = 142.5(万元)

(五) 税务注销登记

(1) 纳税人发生解散、破产、撤销以及其他情形,依法终止纳税义务的,应当在向市场监督管理机关或者其他机关办理注销登记前,持有关证件和资料向原税务登记机关申报办理注销税务登记;按规定不需要在市场监督管理机关或者其他机关办理注册登记的,应当自有关机关批准或者宣告终止之日起15日内,持有关证件和资料向原税务登记机关申报办理注销税务登记。

《税务登记管理办法》第二十九条规定,纳税人办理注销税务登记前,应当向税务机关提交相关证明文件和资料,结清应纳税款、多退(免)税款、滞纳金和罚款,缴销发票、税务登记证件和其他税务证件,经税务机关核准后,办理注销税务登记手续。

(2) 以下两种情形适用简易注销,免办清税证明:①未办理过涉税事宜的;②办理过涉税事宜但未领用发票、无欠税(滞纳金)及罚款的。

(3) 注销资料不齐,作出承诺后,税务机关当场出具清税文书。目前税务机关已经对清税流程进行了优化,采用了即办注销。在办理税务注销时,若资料不齐,可在作出承诺后,当场出具清税文书。纳税人拿着人民法院终结破产程序裁定书可当场取得清税证明,事后税务部门也会按规定核销欠税。

未处于税务检查状态、无欠税(滞纳金)及罚款、已缴销增值税专用发票及税控专用设备,且符合下列情形之一,若资料不齐,可在其作出承诺后,税务机关即时出具清税文书:①纳税信用级别为A级和B级的纳税人;②控股母公司纳税信用级别为A级的M级纳税人;③省级人民政府引进人才或经省级以上行业协会等机构认定的行业领军人才等创办的企业;④未纳入纳税信用级别评价的定期定额个体工商户;⑤未达到增值税纳税起征点的纳税人。

(4) 纳税信用差,影响公司注销。纳税信用级别为A级或B级的纳税人,可按规定"承诺制"容缺办理税务注销;纳税信用级别为D级的纳税人将进行严格管理。

（5）公司注销前应注意的五个问题：

第一，注销时，企业应清理与投资人的债务。

【案例 7-2-2】 某公司注册资本 30 万元，经营期间，老板一直给公司填补资金。注销时，公司已经无力还款，老板也认为公司是自己的，不需要偿还。因此，账面上还挂着"其他应付款 300 万元""未分配利润－60 万元"。

结果，注销过程中税务局认定，老板放弃债权的 300 万元"其他应付款"，是企业的重组收入，计入当年的应纳税所得额中，最终公司补缴了 62.5 万元的企业所得税，同时由于公司最后的盈余有 38 万元，比注册资本还要多 8 万元，税务局又让老板补缴了个人所得税 1.6 万元，共计补缴了 64.1 万元的税。

该公司感到很冤枉，经营亏损也就算了，注销居然还要补这么多税。为了避免这种情况的发生，企业就要提前进行税务规划。

【税务管理建议】
在清算前，公司管理人员可以自有流动资金对公司进行增资，注意要在转账的备注中注明"增资"，公司有了资金后再归还老板的借款，这样企业的实收资本增加了，同时其他应付款也平账了。企业所得税和个人所得税均无需缴纳。注意，公司一定要有正常的往来流水，不能简单粗暴地做"其他应付款"转为"实收资本"的会计分录。

第二，企业对留抵税额进行清理。根据规定，企业注销后，期初存货中尚未抵扣的已征税款，以及留抵税额，税务机关都是不再退还的。企业可以将相当于该部分进项税额的货物销售给关联公司，产生销项税额，同时能给关联公司开具进项发票，将留抵的税额转嫁给关联公司。但是要注意，和关联公司的交易要符合商业目的，真实存在，虚开发票不可取。

第三，账面上的存货的处理。企业注销，按照清算的规定，账面上的存货应该分配给股东或者销售者，增值税上应该视同销售。但是注意，视同销售的价格是存货的市场价格，而不是成本价。还有一些公司，注销的时候账实不相符，账面上有存货，但仓库是空的。这种情况，可能会被税务局认为瞒报收入。因此，企业在日常经营中，有这种账实不符的情况时，要及时查找原因，进行账务处理。注销时发现的，也要根据实际情况调账或者自行补税。如果是因为管理不善造成损失的，需要计入进项税额转出。

第四，清理与投资人之间的债权。个人投资人向被投资企业借款，一个纳税年度没有归还，也没有用于生产经营的，应该视同分配股息红利，个人投资者应按照 20% 扣缴个人所得税，企业清算时不作为清算财产处理；个人投资人向被投资企业借款，应作为清算财产，投资人应在被投资企业清算时进行清偿后再计入清算程序。

第五，欠供应商的债务无力偿还的税务处理。如果债权人放弃行使债权时，应该计入营业外收入，作为企业所得税清算所得。

（6）公司不经营而不进行注销登记存在的税务风险。①执照放任不管不注销的存在六大风险：工商黑名单公示；无法担任企业高管；无法贷款买房；个人征信黑记录；被限制出行;影响子女教育。②处于非正常状态纳税人在办理税务注销前,需先解除非正常状态,补办纳税申报手续。③办理注销并没有明文规定要查3年的账,由公司经营情况及当地税务机关的征管规定决定,但企业有漏缴税和账务处理不恰当的,在税务注销环节,很可能存在补税的风险。④根据《税收征收管理法》的规定,若企业有偷税、抗税行为的,但却办理了注销手续,注销程序是不合规的,即使注销后也可能会被追征税款。⑤企业即使注销了也应该按照《会计档案管理办法》规定来保存会计凭证。

(7) 企业注销涉税风险及应对:①股东放弃了对企业的债权,企业面临着经营所得纳税的风险,需先将债权转为增资再进行注销。②注销时将剩余货物分配给股东,视同销售,应该缴纳增值税。③注销时账面库存大于实物库存,被税务局认为有漏记收入行为,需在经营过程中及时处理账实不一致,对于实物有毁损的及时查明原因做相应的处理。④投资者个人有长期未归还的借款,面临补缴个人所得税的风险,需及早补税。⑤企业注销后账簿等涉税资料未保存,应当保存10年,不得擅自销毁。

四、注销清算的清理程序

(一) 清算的时限规定

《财政部 国家税务总局关于企业清算业务企业所得税处理若干问题的通知》(财税〔2009〕60号)规定,企业应将整个清算期作为一个独立的纳税年度计算清算所得。无论清算期间实际是长于12个月还是短于12个月都要视为一个纳税年度,以该期间为基准计算确定企业应纳税所得额。企业如果在年度中间终止经营,该年度终止经营前属于正常生产经营年度,此后则属于清算年度。

(二) 清算程序

公司到登记机关办理公司注销程序之前一定要依法进行公司清算,包括终止生产经营销售活动、了结公司事务、了结民事诉讼、清理债权和债务和分配剩余财产等。

公司不论是何性质的清算,均应依下列步骤展开:

(1) 在解散事由出现之日起15日内成立清算组,开始清算。

清算组自成立之日起接管公司,开展以下业务:接管公司财产、了结公司未了业务、收取债权、清理债务、分配剩余财产、注销公司法人资格并吊销营业执照。

(2) 清算组应当自成立之日起10日内通知债权人,并于60日内在报纸上公告。

(3) 清理公司财产,分别编制资产负债表和财产清单。

(4) 资产处置,包括收回应收款项、非现金资产转让等。

(5) 清偿债务。按下列顺序清偿债务:①支付清算费用;②应付未付的职工工资薪金、劳动保险费、法定补偿金等;③应缴未缴的各项税费;④尚未偿付的债务。

(6) 剩余财产分配。

(7) 制作清算报告,申请注销登记。

清算组在清理公司财产、编制资产负债表和财产清单后,拟定提出清算方案,报股东会讨论通过或者主管机关确认。清算方案的主要内容有:清算费用、应支付的职工工资和劳动保险费、应缴纳的税款、清偿公司债务、分配剩余财产、终结清算工作。

当清算完成以后,公司才能进行注销。

(三) 登记

公司注销过程需要分别去以下 7 个部门或机构办理相应账户注销:

(1) 社保局:核查是否有未缴清社保费用,然后注销公司社保账号。

(2) 税务局:核查是否有未缴清税款或费用,然后注销公司税务登记。

(3) 报纸媒体:公司需自行登报公示,宣告公司即将注销。

(4) 市监局:办理公司注销备案,注销营业执照。

(5) 开户行:注销公司开户许可证和银行基本户等其他账户。

(6) 质监局:到质监局注销公司的许可证,如生产许可证。

(7) 公安机关:注销公司印章的法律效应(印章本身可不上交)。

第三节 企业破产清算税务管理

一、破产清算概述

(一) 破产清算概念

国家经济实力的壮大,市场投资环境的改善,吸引了很多人进行市场投资,开设公司进行专门的商业经营。不过市场变化非常快,如果公司的管理者没有做好充分的准备就会在市场环境中,发生失误进而导致公司的破产清算。

破产清算是指宣告股份有限公司破产以后,由清算组接管公司,对破产财产进行清算、评估和处理、分配。清算组由人民法院依据有关法律的规定,组织股东、有关机关及有关专业人士组成。所谓有关机关一般包括国有资产管理部门、政府主管部门、证券管理部门等,专业人员一般包括会计师、律师、评估师等。

(二) 破产清算涉及的相关法律

《公司法》中的破产清算是指处理经济上破产时债务如何清偿的一种法律制度,即在债务人丧失清偿能力时,由法院强制执行其全部财产,公平清偿全体债权人的法律制度。破产概念专指破产清算制度,即对债务人宣告破产、清算还债的法律制度。

要将公司的普通清算和破产清算区别开,它们分别适用不同的法律。《公司法》的相关规定只规范普通清算。

继《企业破产法》和《公司法》之后,最高人民法院于 2002 年 7 月发布了《关于审理企业破产案件若干问题的规定》(简称《破产规定》)。由于破产清算会计原理与常规会计原理大不相同,因此,破产清算的会计核算方法必然与常规会计核算不同。国家有关破产清算会计核算还没有相关的会计准则,主要有1997年财政部制定的《国有企业试行破产有关会计处理问题暂行规定》(简称《暂行规定》)。然而在会计实务中尚存在一些问题有待于解决。

二、破产清算的会计处理

(一) 科目设置

清算组可以参照《暂行规定》的要求设置会计科目并编制会计报表,以满足清算工作中基本会计核算的需要。但实务中感到《暂行规定》中制定的23个会计科目不能完全反映和核算清算工作中的经济业务,因此,可考虑增加一些会计科目。

(1) 增设"用作担保物的资产"和"有财产担保的债务"会计科目,反映和核算企业宣告破产前发生的符合国家法律、法规规定设有合法有效担保的抵押物资产和设有财产担保的有效债务。虽有财产担保但债务数额超过担保物价值部分的债务,不在"有财产担保的债务"科目核算,仍在普通债务中的"其他应付款"科目核算。如果担保物的价值超过经过登记确认的债务数额,也不在"用作担保物的资产"科目核算,仍然在普通资产中的相关科目中核算。

(2) 增设"应付清算费用"科目,反映和核算清算期间根据合同、协议的规定应付而未付的清算费用。

(3) 清算组应当设置备查簿,反映和核算破产企业占有、使用而产权不属于破产企业的他人财产。根据《破产规定》第71条规定,债务人基于仓储、保管、加工承揽、委托交易、代销、借用、寄存、租赁等法律关系占有、使用的他人财产,不属于破产财产,应当由财产权利人取回。同时《破产规定》中还规定,在破产宣告后因清算组的责任损毁灭失的,财产权利人有权获得等值赔偿。因此,清算组应设置相关备查账簿以便妥善保管上述财产。

(4) 可以增设"清算期应付债务"科目,同时可以根据需要增设"清算期借入资产"科目作为"清算期应付债务"的备抵科目。如果破产企业的破产财产一时无法变现,出现资金紧张状况,清算组不得不借入资金支付清算费用;同时清算期间清算组需要支付破产财产的储存、管理、变卖等费用,由于资金紧张等原因不能及时支付。此时需要清算组核算清算期间发生的负债,这些债务又不属于破产债权需要单独核算,可增设这两个科目。

(二) 确认计价

破产清算会计是以企业主体资格灭失和终止生产经营为基本前提,并通过清算来实现消灭特定企业主体资格并终止其生产经营活动。企业被宣告破产后,清算组作为一个新的会计主体出现。在破产清算的情况下,由于企业所处的经济环境的变化,一些基本会计原则难以为破产清算会计采用,如历史成本原则。同时,在破产清算会计中,资产的价值更注重可变现价值。如清算组接管破产企业后,建立新账结转期初余额时,由于持续经营假设不再适用,不能直接按照破产企业有关科目的余额转入,作为期初余额,而应当按照资产的可变现价值进行记账,并对不符合资产定义没有变现价值的账面资产如待摊费用、递延资产予以核销。而按照可变现价值确认记录破产财产价值,就存在如何确定破产财产的可变现价值问题。

(三) 可变现价值确认的途径

可变现价值可以有两种途径获得:一是利用资产评估价值确定可变现价值;二是根据企业执行的会计制度对于历史成本进行调整。但在现实会计实务中,清算组成立时并没有对企业的资产进行全面的资产评估,也就没有评估值可以利用。无论企业原执行的哪种会计制度,清算组接管破产企业后,首先应当按会计准则的要求计提八项减值准备,对历史成本计价原则进行调整,然后可以利用资产账面价值确定资产的可变现价值,以适应破产清算环境下资产计价原则的变化。

(四) 会计处理

1. 破产企业对外担保的会计处理

根据《关于审理企业破产案件若干问题的规定》第23条规定,连带债务人之一或者数人破产的,债权人可就全部债权向该债务人或者各债务人行使权利,申报债权。债权人未申报债权的,其他连带债务人可就将来可能承担的债务申报债权。根据该规定,破产企业如果在宣告破产之前对外提供担保,债权人可以向清算组申报债权。因此,由于企业宣告破产从而使破产企业的潜在义务转化为现时义务并且金额能够可靠地计量,符合《企业会计准则——或有事项》将或有负债确认为负债的条件,故清算组应当将担保债务补计入账,账务处理如下:

借:清算损益
　　贷:其他应付款

清算组向债权人清偿债务之后,可根据有关法律的规定可以在清偿的数额内向被担保人进行追偿。但是被担保企业的财务状况如何、是否具有清偿能力都具有十分的不确定性,更重要的是,在破产工作结束之前破产企业对债权人的清偿比例无法确定,也就是说破产企业由于对外担保而偿还被担保人的债务的数额尚无法确定。因此,破产企业向被担保人追偿金额在破产清算的债权清偿之前无法确定,不符合《企业会计准则——或有事项》规定的作为资产单独确认的条件,只能作为或有事项予以披露。

2. 没有申报债权的破产企业债务的会计处理

根据有关规定,清算组应当通知已知的债权人并在报纸上公告,债权人在规定时间内向清算组申报债权,由清算组和人民法院登记、审查和确认。但由于各种原因,时常有部分债权人在法定期间内没有前来申报债权,对于这部分负债存在是否核销的问题。

虽然《破产法》(2021年1月1日起适用《中华人民共和国民法典》)规定逾期未申报债权的,视为自动放弃债权,但是最高人民法院司法解释《破产规定》中规定,债权人虽未在法定期间申报债权,如果存在不可抗力等原因,在破产财产分配前可向清算组申报债权。也就是说,在清算财产分配完结之前,没有申报债权的债权人随时有可能主张自己的权利。如果将逾期未申报债权的债务核销,就有可能使破产债务失去完整性。另外,由于破产企业多数财务管理松弛，会计账目混乱，债权债务关系记录可能错误，因此，没有前来申报债权的负债可能实际上并不存在。对于未申报债权的负债不予核销有助于将来核实清楚有关账目。但是由于这部分未申报债权的负债金额具有极大的不确定性，已经不符合负债的定义，虽不应当在清算资产负债表中作为负债列示，但可以考虑在报表附注中说明或者在清算资产负债表中债务及清算净损益总计之后单独列示。

三、破产清算中的税收问题

（一）破产程序中的开票问题

破产程序中的开票问题是个难题，关键在于沟通协调，求同存异。管理人在代表破产企业对外清收债权时，债务人往往向管理人索要发票以便入账。在破产财产（特别是不动产）拍卖时，竞买方也需要发票入账和办理过户手续。但很多企业在进入破产程序之前就已被税务部门列为非正常户，开票功能受限。即使之前未被列入非正常户，一旦税务部门得知企业进入破产程序后，基于税收征管方面的顾虑，也会收缴企业未用完的发票并锁死企业开票系统。在管理人未缴清先前所欠税款并预缴后续税款的情况下，税务部门大多不同意破产企业继续开具发票。这就导致管理人迟迟无法收回对外欠款，财产拍卖成交后因无法开具发票而引发纠纷，影响了整个破产进程。

管理人处置变现财产或接受债务人的清偿，就应当依法纳税并为对方开具发票，对此，税务部门应当提供便利。企业是否为他人开具发票不是判断其是否应当纳税的标准，所纳税款能否全额清偿，也不应成为税务部门是否同意开票的考量因素。即使不能全额清偿，也是基于破产法的特殊规定，不能因此认定税务部门工作人员渎职。在现有税收法律未作修改的情况下，急需府院联动机制的建立。2016年11月11日，温州中院与税务机关、国土部门联合发布《关于营改增后司法处置不动产过户问题的会议纪要》，其中指出：无法开具增值税发票情形下，不影响已拍卖不动产的实际过户，温州税务和国土部门在买受人办理过户时予以协助配合，买受人可以凭法院《拍卖成交裁定书》载明的成交价作为不动产购置原价入账。该文件解决了无发票情况下的过户和入账问题，在全国做出了典范。

实践中，也有的税务部门同意企业在提出申请后同意其继续开具发票，但需提前预缴相应税款，以实现对税收的把控。这就涉及破产申请受理后产生的税收如何处理的问题了，如果认为其属于破产费用，提前预缴税款也无可厚非；如果根据之前最高人民法院的有关讲话及答复精神，此时的税款属于普通债权，提前预缴就没有依据了。

（二）破产清算涉税问题分析

1. 增值税政策分析

对处理企业生产的产品或外购货物取得的收入，仍按正常经营一样进行增值税处理：按处理企业生产的产品或外购货物取得的收入计提销项税额，根据销项税额减进项税额的余额缴纳增值税。对处置的为已使用过的且已经依法抵扣了进项税额的固定资产以及处置使用过除固定资产以外的其他物品,应当按照适用税率计提销项税额;处置使用过的属于不得抵扣且未抵扣进项税额的固定资产,按简易办法3%征收率减按2%征收增值税。但企业在注销清算时,对期初存货中尚未抵扣的已征税款,以及征税后出现的进项税额大于销项税额后不足抵扣部分,税务机关不再退税,也不得抵减清算过程中应按简易办法征收的增值税。

2. 土地增值税政策分析

(1) 对企业处置房屋、建筑物、构筑物以及地面附着物及转让土地使用权取得的收入,依法缴纳土地增值税。土地增值税就收入扣除准予扣除项目后的增值部分按规定的税率计算征收。

(2) 清算组处置破产企业国有土地权时应按规定缴纳土地增值税。根据《城市房地产管理法》第四十条规定,以划拨方式取得土地使用权的,转让房地产时,应当按照国务院规定,报有批准权的人民政府审批。有批准权的人民政府准予转让的,应当由受让方办理土地使用权出让手续,并依照国家有关规定缴纳土地使用权出让金。因此,对受让方依照国家有关规定缴纳的土地使用权出让金及按国家统一规定交纳的有关费用可以在计算增值额时扣除。以划拨方式取得土地使用权的,转让房地产报批时,有批准权的人民政府按照国务院规定决定可以不办理土地使用权出让手续的,转让方应当按照国务院规定将转让房地产所获收益中的土地收益上缴国家或者作其他处理。

(3) 企业所得税政策分析。企业清算时,应当以整个清算期间作为一个纳税年度,依法计算清算所得及其应纳所得税。企业应当自清算结束之日起15日内,向主管税务机关报送《企业清算所得税纳税申报表》,结清税款。实务中,为加快破产清算进度,管理人应与税务机关及时沟通,在清算结束前的适当时间,由税务机关提前进场进行企业清算所得税等的税务清缴确认工作。企业清算所得具体涉及内容有:全部资产均应按可变现价值或交易价格,确认资产转让所得或损失;确认债权清理、债务清偿的所得或损失;改变持续经营核算原则,对预提或待摊性质的费用进行处理;依法弥补亏损,确定清算所得;计算并缴纳清算所得税;确定可向股东分配的剩余财产、应付股息等。

(三) 破产清算中的纳税义务的履行

1. 破产之日前已发生的纳税义务的履行

在破产之日前,对于破产人已发生的纳税义务,也即在持续经营期间发生的纳税义务,并不当然免除,除非就某一税种有相应的规范规定可以减免,例如对于房产税、城镇土地使用税的减免。

即便如此,税务机关要想实现其税收债权,仍需按照《破产法》的相应规定,对其税收债权进行申报,未在申报期限内申报的,可以在破产财产最后分配前补充申报,但此前已进行的分配,不再补充分配。申报税收债权经确认的税务机关通过参加债权人会议的方式最终实现其申报税收债权。

如果破产管理人对申报的税收债权有异议,可以向税务机关提出书面意见。税务机关应当对破产管理人提出的异议进行复核,认为异议成立的,应当重新申报;认为异议不成立的,应当向破产管理人提供税收债权的计算方式和征收依据。破产管理人和税务机关对税收债权申报无法达成一致的,税务机关可以向人民法院提起债权确认诉讼。

税务机关在申报税收债权时还应当分别列明税金和滞纳金,对于经确认的税金,优先于普通破产债权清偿;对于经确认的滞纳金,属于普通破产债权,按与其他普通破产债权相同的清偿顺序和清偿比例清偿。而对于在破产之日前税务机关处以的罚款,根据相关司法解释,不属于破产债权。对此如税务机关提出申报,破产管理人仍应予以登记,只是在破产程序终结后,对确实无法清偿的罚款,税务机关依据人民法院终结破产程序的裁定,终结该罚款的执行。实际上,由于破产清算企业大都资不抵债,税务机关的罚款最终都无法执行。

总之,在企业进入破产清算程序后,对于破产之日前已发生的纳税义务,税务机关不能直接征缴,而必须通过向破产管理人申报的方式实现税收债权。如果双方对申报金额有异议而不能达成一致,只能通过司法裁判的方式确定。相比较在持续经营期间,发生纳税争议时,企业必须先行完税,再通过复议或诉讼方式解决争议,在破产清算程序中,税务机关对破产前的税收债权丧失了强制征缴的权力。

2. 破产之日后新增的纳税义务的履行

除了在破产之日前已发生的纳税义务外,破产企业在清算过程中往往会产生新的纳税义务,其中主要包括两个来源:一是管理人依法决定继续营业所产生的纳税义务;另一个是以诸如拍卖等形式处置破产财产所新增的纳税义务。

根据相关规定,人民法院受理破产申请后,破产管理人经人民法院许可,为债权人利益决定继续生产经营的,或者在破产财产的使用、拍卖、变现过程中产生的纳税义务,属于破产费用,依法由破产人的财产随时清偿。相应的,根据破产法的规定,由破产管理人对破产人在破产之日后新增的纳税义务进行依法申报,而无需税务机关对该部分税收债权进行申报,这是与破产之日前产生的纳税义务的缴纳方式大相径庭之处。

根据相关规定,破产之日后新增的纳税义务由破产财产随时清偿,如果此时发生破产财产不足以清偿的情况,则破产程序终止,此时无征收滞纳金和处以罚款的可能性。而破产之日前产生的纳税义务,在破产之日起停止计算滞纳金,破产之日前产生的纳税义务也由之前的纳税人主动申报缴纳变为税务机关主动申报、参与破产财产分配,因此也无产生税收违法的可能性,故不可能产生对破产人处以罚款的事由。

如果因破产管理人违反税收法律、法规,造成破产人未缴或者少缴税款等税收违法行为的,税务机关应当责令限期整改,拒不改正的,由税务机关依法处理。此时,相应的违法责任由破产管理人承担,与破产人无关。

在税收减免方面,如果破产财产的处置是通过将全部或者部分实物资产以及与其相关联的债权、负债和劳动力等一并转让给其他单位和个人,根据《国家税务总局关于纳税人资产重组中有关增值税问题的公告》规定,该转让行为可能因构成资产重组而不属于增值税的征税范围,不征收增值税。此外,对于房产税、城镇土地使用税也可以依当地具体规定申请减免。

(四) 税务注销登记

纳税人发生解散、破产、撤销以及其他情形,依法终止纳税义务的,应当在向市场监督管理机关或者其他机关办理注销登记前,持有关证件和资料向原税务登记机关申报办理注销税务登记;按规定不需要在市场监督管理机关或者其他机关办理注册登记的,应当自有关机关批准或者宣告终止之日起15日内,持有关证件和资料向原税务登记机关申报办理注销税务登记。

《税务登记管理办法》第二十九条规定,纳税人办理注销税务登记前,应当向税务机关提交相关证明文件和资料,结清应纳税款、多退(免)税款、滞纳金和罚款,缴销发票、税务登记证件和其他税务证件,经税务机关核准后,办理注销税务登记手续。

四、破产清算的清理程序

在提出破产申请后,法院通常按下列程序进行。

(一) 成立清算组

法院应当自宣告债务企业破产之日起15日内成立清算组,接管破产企业。清算组由法院从公司的主管部门、政府有关部门和专业人员中指定,也可以聘请中国注册会计师和律师参加。清算组负责破产财产的保管、清理、估价、处理和分配。清算组应对人民法院负责并报告工作,接受法院的监督。我国《公司法》规定,清算组在清算期间行使下列职权:

(1) 清理公司财产,分别编制资产负债表和财产清单。
(2) 通知或者公告债权人。
(3) 处理与清算有关的公司未了结的业务。
(4) 清缴所欠税款。
(5) 清理债权、债务。
(6) 处理公司清偿债务后的剩余财产。
(7) 代表公司参与民事诉讼活动。

(二) 通知债权人申报债权

清算组应当自成立之日起10日内通知债权人,并于60日内在报纸上至少公告三次,公告和通知中应当规定第一次债权人会议召开的日期。

(三) 召开债权人会议

所有债权人均为债权人会议成员。第一次债权人会议由人民法院召集,应当在债权申请期限届满后15日内召开。以后的债权人会议在人民法院或者会议主席认为必要时召开,也可以在清算组或占无财产担保债权总额的1/4以上的债权人要求时召开。

(四) 确认破产财产

破产财产是指用以清偿债务的全部财产,主要包括:

(1) 宣告破产时破产企业经营管理的全部财产。

(2)破产企业在破产宣告后至破产程序终结前所取得的财产。

(3)应当由破产企业行使的其他财产权利。

已作为担保物所担保的债务数额的,超过部分属于破产财产。破产企业内属于他人的财产,应由该财产的权利人通过清算组取回。

(五)确认破产债权

破产债权是指宣告破产前就已成立的、对破产人发生的、依法申报确认并从破产财产中获得公开清偿的可强制性执行的财产请求权,主要包括:

(1)宣告破产前成立的无财产担保的债权和放弃优先受偿权利的有财产担保的债权。

(2)宣告破产时未到期的债权,视为已到期债权,但是应当减去至到期日的利息。

(3)宣告破产前成立的有关财产担保的债权,债权人享有就该担保物优先受偿的权利。如果该项债权数额超过担保物的价款的,未受清偿的部分作为破产债权。债权人参加破产程序的费用不得作为破产债权。

(六)拨付破产费用

破产费用是指在破产程序中为破产债权人的共同利益而由破产财产中支付的费用,主要包括:

(1)破产财产的管理、变卖和分配所需要的费用,包括聘任工作人员的费用。

(2)破产案件的诉讼费用。

(3)为债权人的共同利益而在破产程序中支付的其他费用。

破产费用应当从破产财产中优先拨付。

(七)破产财产清偿顺序

破产财产在优先拨付破产费用后,按照下列顺序清偿:

(1)破产企业所欠职工工资和劳动保险费用。

(2)破产企业所欠税款。

(3)破产债权。破产财产不足清偿同一顺序的清偿要求的,按照比例分配。

(八)破产清算的结束

经过上述破产清算程序后,清算组应当编制破产清算结束报告,并出具清算期内的各种报表连同各种财务账册,经中国注册会计师验证后,报授权部门审批。

(九)登报声明

经批准后再向工商行政管理部门和税务部门注销登记并在省级或者市级以上报纸上刊登公告。

课后练习

企业在进行破产清算时,需进行哪些工作?请提出合理的税收管理建议。

参 考 文 献

［1］高金平.资产重组的会计与税务问题[M].北京:中国财政经济出版社,2013.
［2］刘玉章.房地产开发经营全程财税管控[M].北京:机械工业出版社,2017.
［3］王德敏.成本费用控制精细化管理全案[M].北京:人民邮电出版社,2009.
［4］王家贵.企业税务管理[M].北京:北京师范大学出版社,2007.
［5］肖太寿.合同控税[M].北京:中国市场出版社,2015.
［6］肖太寿.最新税收政策下企业涉税76难点深度解析及经典案例[M].北京:中国市场出版社,2011.
［7］徐贺.资本交易税务管理指南及案例剖析[M].北京:中国税务出版社,2012.
［8］翟继光,姜文新.企业合理节税避税经典案例讲解[M].上海:立信会计出版社,2020.
［9］企业所得税纳税申报表丛书编写组.企业所得税汇算清缴疑难问题解析[M].上海:立信会计出版社,2020.